Heiko Ernst · Ursula Nuber
MITGIFT

Heiko Ernst · Ursula Nuber

MITGIFT

Sind unsere Eltern an allem schuld?

ECON Verlag
Düsseldorf · Wien · New York · Moskau

Die Deutsche Bibliothek – CIP-Einheitsaufnahme

Ernst, Heiko:
Mitgift: Sind unsere Eltern an allem schuld? / Heiko Ernst;
Ursula Nuber. – Düsseldorf; Wien; New York; Moskau:
ECON Verl., 1992
ISBN 3-430-12545-6
NE: Nuber, Ursula:

Lektorat: Ralf Lay
Gesetzt aus der Bembo Berthold
Satz: Dörlemann-Satz, Lemförde
Papier: Papierfabrik Schleipen GmbH, Bad Dürkheim
Druck und Bindearbeiten: Pustet, Regensburg
Printed in Germany
ISBN 3-430-12545-6

Inhalt

Einleitung

Mitgift – das ist, was Eltern ihren Kindern mitgeben, womit sie sie fürs Leben ausstatten und ausrüsten. In diesem Buch geht es jedoch nicht um Geld oder Gene, nicht um die materielle oder biologische »Ausstattung«, sondern um das psychische Erbe: Wie beeinflussen Eltern die Persönlichkeit und das Verhalten ihrer Kinder? Oder, anders gefragt: Was nehmen wir an psychischem Gepäck mit, wenn wir das Elternhaus verlassen? Und wie lange und wie schwer tragen wir daran? Die Frage so zu formulieren erscheint vielleicht ein wenig unfair, denn sie unterstellt, daß dieses »Gepäck« immer eine Last, eine Belastung, ist. Das Wort »Mitgift« beinhaltet ja zwei Bedeutungen des Wortstammes: »Gabe« im Sinne von Geschenk und »Gift«.

Schon immer haben sich Kinder, vor allem erwachsen gewordene Kinder, gefragt, welche Rolle ihre Eltern für das eigene Leben spielten. In Memoiren und Biographien läßt sich durch die Jahrhunderte verfolgen, wie ihr »Beitrag« bewertet und gewürdigt wird, zwischen tiefer Dankbarkeit und Verehrung und haßerfüllter Abrechnung variieren die Urteile. Die Weltliteratur kennt heiter-gnädige Beurteilungen der Mitgift (»Vom Vater hab' ich die Statur, vom Mütterchen die Frohnatur und Lust zu fabulieren«,

Goethe) ebenso wie zerquälte Versuche, mit einer traumatischen Eltern-Erfahrung fertig zu werden (Franz Kafkas Werk ist zu großen Teilen ein literarischer Vater-Exorzismus).

Das fünfte Gebot der Bibel verlangt: »Du sollst Vater und Mutter ehren, damit du lange lebst in dem Land, das der Herr, dein Gott, dir gibt.« In allen Kulturen haben es die Älteren, die Eltern, immer wieder verstanden, sich wirkungsvoll gegen Kritik und Vorwürfe der Kinder zu schützen, indem sie ihnen wie selbstverständlich Respekt, Gehorsam und Ehrfurcht abforderten. Geschriebene und ungeschriebene Gesetze machten jede Regung gegen die Eltern zu besonders verwerflichen Verbrechen. Umgekehrt konnten Eltern ihren Kindern alles, wirklich alles, straflos antun. Kinder waren Eigentum der Eltern, nicht anders wie Vieh und Hausrat auch. Die Geschichte der Kindheit ist zum größten Teil eine Leidensgeschichte, voller physischer und psychischer Grausamkeiten, die Eltern an ihren Kindern begangen haben, ohne sich im geringsten schuldig zu fühlen.

Erst in jüngster Zeit hat sich das Eltern-Kind-Verhältnis – zumindest in den westlichen Industrieländern – verändert hin zu einer bewußteren, verantwortungsvolleren Elternschaft, die nicht länger auf Macht und Autorität gegründet ist, sondern auf Liebe und Fürsorge. Psychohistorisch betrachtet haben wir, zumindest teilweise, eine Phase der Eltern-Kind-Beziehung erreicht, die der Psychoanalytiker Lloyd deMause als »helfend« kennzeichnet. Erst in diesem Jahrhundert haben Eltern begonnen, ihre Hauptaufgabe in der Erziehung als liebevolle Unterstützung der Kinder zu begreifen. Ein langer Weg – er führte historisch von der »mörderischen Phase« (in der Kinder willkürlich getötet und geopfert wurden) über die Praxis des Verstoßens und Verlassens, des Dressierens und Abrichtens, des Manipulierens und Einschüchterns bis in die Neuzeit, die erstmals das Kind als schützens- und liebenswertes Wesen erkannte.

Diese Entwicklung ist jedoch äußerst ungleichmäßig verlaufen, auch heute gibt es noch große »Reste« der früheren Phasen, wie schon ein flüchtiger Blick in die Tageszeitung zeigt. Noch immer werden Kinder von ihren Eltern mißbraucht, geprügelt, gequält und getötet. Eine Statistik des deutschen Kinderschutzbundes geht von jährlich 100 000 schwer mißhandelten Kindern aus, wobei minder schwere physische und seelische Grausamkeiten nicht erfaßt sind. Dennoch: Das Eltern-Kind-Verhältnis hat sich so verändert, daß Elternliebe, Verantwortung und Fürsorge die Norm sind.

Es waren vor allem die noch junge Wissenschaft Psychologie und die Reformpädagogik, die ein breites öffentliches Bewußtsein für die Verletzbarkeit und Sensibilität von Kindern erst erzeugt haben. Eltern begriffen allmählich, wie sehr sie durch ihre Erziehungspraxis das Leben ihrer Kinder weit über die Kindheit hinaus beeinflussen. Erziehungsstile und Erziehungsbedingungen wurden in wachsendem Maße wissenschaftlich erforscht. Die Popularisierung psychologischer Erkenntnisse vor allem in Europa und Nordamerika hat Einstellungen und Erziehungspraxis so stark verändert, daß sich viele Eltern allmählich überfordert fühlen von der vermeintlich unbegrenzten Verantwortung für das Seelenheil ihrer Kinder. Verunsicherung und Angst vor Fehlern lassen sie zu den überreichlich angebotenen Ratgebern greifen, und ihre große Frage lautet heute, ob *sie* überhaupt gut genug sind.

Die Kinder haben ihrerseits begriffen, daß Eltern auch nur Menschen sind, die fehlbar, schwach und unsicher sein können. Und man darf sie heute ungestraft kritisieren. Vor einigen Jahren wäre es in den USA beinahe zu einem grotesken Prozeß gekommen: Ein junger Mann hat seine Eltern wegen gravierender Erziehungsfehler verklagt. Diese Fehler hätten seine Lebenschancen erheblich gemindert ... *Wie* grotesk wäre dieser Prozeß wirklich verlaufen? Hätte er nicht eine Welle weiterer Prozesse nach sich gezogen, in denen Kinder ihre Eltern für das ausbleibende Lebensglück verantwortlich machten? Nun, dieser »Musterprozeß« fand nicht statt. Allein die Duelle der psychologischen Gutachter und Sachverständigen wären ihn schon wert gewesen. Aber wir wissen auch aus anderen Gerichtsverhandlungen, wie hoch der Erziehungseinfluß inzwischen bewertet wird: Die »schwere Kindheit« des Angeklagten ist längst eine juristisch-psychologische Standardfloskel geworden, mit der Nachsicht und Strafmilderung erbeten werden.

Sigmund Freud meinte, daß in der Eltern-Kind-Beziehung immer drei Personen beteiligt sind: der Erwachsene, das Kind und das Kind, das der Erwachsene einmal war. Wenn Eltern ihr Kind erziehen, wirkt also auch das »Kind in ihnen« mit; die eigenen Erfahrungen, Verletzungen, Konflikte aus der Kinderzeit beeinflussen das Verhältnis zur neuen Generation. Es kommt darauf an, sich diesen Kindheitseinfluß bewußtzumachen, um das eigene Kind nicht zur unbewußten Bewältigung dieser Erfahrungen zu benutzen oder gar zu mißbrauchen. Die eigenen Kindheitserfahrungen können also dabei helfen, sich besser und sensibler in das Kind einzufühlen; und die Mitgift von den eigenen Eltern muß nicht zur Hypothek der Enkelgeneration werden, indem sie undurchschaut und unbewußt in der Psyche der Erwachsenen rumort und sich in ihrem Verhalten auswirkt.

Um Bewußtwerden geht es in diesem Buch: Was ist mit uns geschehen, als wir noch Kinder waren? Welche Erfahrungen spielen heute noch eine Rolle in unserem Leben, ohne daß wir uns dessen bewußt wären? Und welchen Anteil haben die Eltern an unseren Erfolgen und Mißerfolgen, an Krisen und Konflikten? Das ist die psychologische Fragestellung, die wir mit Hilfe neuerer Erkenntnisse von Psychologie und Psychoanalyse bearbeiten. Aber diese Fragen lassen sich nie völlig aus einem historischen und politischen Kontext lösen: Erziehung findet nicht in einem Vakuum statt, und die Eltern sind immer auch Agenten der Gesellschaft mit dem Auftrag, ihre Kinder gesellschaftsfähig zu machen.

Diese zweite Perspektive, die psychohistorische, ist um so wichtiger, als wir Eltern-Kind-Beziehungen in einer Zeit dramatischer, aber oft unbewußt bleibender Veränderungen in den zwischenmenschlichen Beziehungen beschreiben. Die psychische Struktur, der Charakter ganzer Generationen hat sich in den letzten fünfzig Jahren mehrfach verändert – Eigenschaften, Tugenden, Verhaltensweisen wandelten sich unter dem Einfluß großer gesellschaftlicher Umwälzungen deutlich und schnell, was »gestern« noch als gut, funktional und richtig galt, ist heute störend und falsch. Die Frage nach den Eltern, nach ihrer »Schuld«, ihrem Einfluß und ihrem Versagen ist deshalb auch eine Suche nach einer Identität, nach Kontinuität, nach einem Selbstbild: Wer sind wir? Und wie sind wir so geworden, wie wir sind?

Diese Fragen treiben heute ganz offensichtlich mehr Menschen um als jemals zuvor, und »Sinnverlust« und »Identitätskrise« sind vor allem in Deutschland zu Zeitkrankheiten geworden, für die noch keine Heilung gefunden ist. In der Verbindung von psychologischer und historischer Selbstanalyse sehen wir eine Möglichkeit, diese Bewußtlosigkeit zu überwinden.

Erstes Kapitel

Der Blick zurück

Dieses Buch zeichnet das Psychogramm einer Generation: Wer heute zwischen dreißig und fünfzig Jahre alt ist, wurde auf besondere Weise durch seine Eltern geprägt, geformt und »ausgestattet«. Die psychische Mitgift ihrer Eltern wirkt und entfaltet sich im Leben der Menschen, die heute den Ton in diesem Land angeben. Wie kaum eine andere vor ihr hat die jetzt in ihren »besten Jahren« lebende Generation begonnen, sich mit den Eltern auseinanderzusetzen und zu untersuchen, welche Seelenwunden und psychischen Verkrüppelungen sie im Prozeß der Erziehung davongetragen hat.

Das Psychogramm dieser Generation soll zum einen ein Spiegel sein, in dem sie Züge und Merkmale entdeckt oder wiedererkennt, die ihr im alltäglichen Leben, im Umgang mit Lebenspartnern, eigenen Kindern, Kollegen und anderen Mitmenschen zu schaffen machen. Gibt es – häufig unbewußte – Muster und Gewohnheiten im eigenen Verhalten, die diese Beziehungen stören und beeinträchtigen? Und welche dieser Verhaltensweisen sind Folgen der »Mitgift«? Das ist die individuelle, autobiographische Neugier, die dieses Buch stimulieren will.

Das zweite Ziel ist, den Blick zu erweitern für Zusammenhänge, in die auch die Eltern eingebunden waren. In welchem Maße sind Eltern »ausführende Organe« nicht nur staatlicher und kultureller Zielvorgaben, sondern auch der ganzen Generationenkette vor ihnen? Das ist die historische, politische Mitgift, die zu untersuchen heute, nach der Wiedervereinigung der Deutschen, eine kaum noch aufschiebbare Aufgabe geworden ist. Nicht nur ein, sondern zwei totalitäre Systeme haben Millionen heute erwachsener Deutscher geprägt.

Es geht in diesem Buch also nicht nur um individuelle Schicksale, sondern auch um die kollektiven Erfahrungen einer Generation, die das Lebensgefühl und die psychische Befindlichkeit der heute Erwachsenen geprägt haben. Sie sind eine »Psychoklasse«, wie der Psychohistoriker Lloyd deMause Altersgruppen bezeichnet, die sehr typische, über alle individuellen Unterschiede hinaus verbindende Erziehungserfahrungen gemacht haben. Eine »Psychoklasse« wird sowohl durch die elterliche Erziehungspraxis geformt als auch durch das besondere gesellschaftliche Klima, in dem diese Erziehung stattfindet. Nur wenn wir beides im Blick behalten – die individuell-familiäre und die gesellschaftliche Erfahrung –, ist die Auseinandersetzung mit den Eltern mehr als nur Schuldzuweisung, Psychogründelei oder verspätete »Abrechnung«.

Anstöße für die Auseinandersetzung mit den Eltern

Die Psychotherapie

Die Geschichte der Herkunftsfamilie aufzudecken, das ist für viele schon deshalb ein Bedürfnis, ja eine Notwendigkeit, weil die Beziehung zu den Eltern anhaltend problematisch ist – noch immer greifen sie mehr oder weniger aktiv, mehr oder weniger subtil in das Leben ihrer schon erwachsenen Kinder ein. Loriots Film »Ödipussy« ist nur die etwas extremere, satirische Beschreibung einer solchen »Einmischung«, und der Genuß an dieser Darstellung einer Eltern-Kind-Beziehung liegt auch im Wiedererkennen eigener Erfahrungen. Selbst wenn die räumliche Distanzierung geschafft ist, wenn äußerlich eine Ablösung stattgefunden hat – die psychische Abnabelung bleibt für die meisten Erwachsenen ein langer, manchmal nie endender und oft quälender Prozeß.

Vielen Menschen gab erst die Psychotherapie, vor allem die Psychoanalyse, den wichtigen Anstoß, in der eigenen Kindheit und bei den eigenen Eltern die Wurzeln und Ursachen gegenwärtiger Lebensprobleme zu suchen. Denn sehr häufig sind die Ursachen für gegenwärtige Schwierigkeiten nicht als »Mitgift« erkennbar, oft wurden sie verdrängt und verleugnet, ins Unterbewußte abgeschoben. Erfahrungen aus der Kindheit und Verletzungen durch die Eltern können oft noch nicht mit aktuellen Lebensproblemen in Zusammenhang gebracht werden. Die unbewußte, innere Welt des »erwachsenen Kindes« hat ihre Ursprünge in den ersten Lebensjahren. Sie bildet sich zwischen Geburt und dem fünften Lebensjahr heran. Die Psychoanalyse hat gezeigt, wie diese frühen Erfahrungen Macht über das Leben des Erwachsenen gewinnen.

Der Psychoanalytiker Gerald von Minden schreibt über diese innere, unbewußte Welt: »Mit oft verhängnisvoller, ja tragischer Wucht bricht sie gerade dann aus dem Dunkel des Unbewußten heraus, wenn in gefühlsgeladenen Situationen des Umgangs mit Intimpartnern, mit Vorgesetzten oder mit Berufskollegen ein Sich-Zeigen … als Person gefordert wird. Immer dort, wo starkes Gefühl, wo Leidenschaft ins Spiel kommt, schießt Vergangenheit in die Gegenwart ein, wird die Wahrnehmung von heute durch die Illusionen, Ängste und Haßaffekte von gestern verzerrt und das denkende Bewußtsein durch die innere Affektwelt des kleinen Kindes überschwemmt, der sich der Erwachsene längst entwachsen glaubte.«

Im Verlauf von Kindheit und Jugend haben wir einen ganzen Mikrokosmos aus Werten, Zielen, Einstellungen und Gewohnheiten verinnerlicht, die psychische Mitgift unserer Eltern. Selbst wenn neue und andere Werte gelebt werden, manchmal in Opposition zu den Eltern, haben sie auch diesen Wandel miterzeugt. Wir können aus unserer Entwicklungsgeschichte nicht aussteigen, und sie zu verfälschen oder zu verleugnen verursacht nur neue Probleme. Viele Lebenslügen basieren auf solchen Verleugnungen, auf allzusehr geschönten Familiengeschichten, und sie können sehr lange funktionieren und unangenehme, schmerzhafte Wahrheiten ausblenden. Aber wenn sie in sich zusammenfallen, reißen sie tiefe neue Wunden in die Psyche.

Der »Familienroman«, ein Begriff, den Sigmund Freud für die kindlichen Phantasien und Wunschvorstellungen über die Eltern erfand, ist eine unendliche Geschichte. Ob es gelingt, seine mittleren Passagen so zu gestalten, daß ein Happy-End für die mittlerweile erwachsenen Helden dieses Romans möglich ist, hängt vor allem davon ab, wie offen und erfolgreich die Auseinandersetzung mit den Eltern geführt wird. Die zentrale Frage lautet: Welchen Einfluß hat ihre psychische Mitgift auf unser Leben? Eine bewußte, kritische Überprüfung der psychischen Ausstattung, die uns mitgegeben wurde, ist möglicherweise ein Ausgangspunkt für die Revision des eigenen Lebensplanes, für die Gestaltung der »mittleren Lebensphase« und für einen bewußteren Umgang mit den eigenen Kindern.

Bei dieser Auseinandersetzung sollte aber immer mitbedacht werden, daß vieles unabänderlich ist, viele Spuren und Narben der Kindheit nicht zu tilgen sind. Und manche Zusammenhänge können nur vermutet, aber nie schlüssig bewiesen werden. Dazu ist eine Familiengeschichte oft zu komplex und die »Beweisführung« nur mit Indizien möglich. Außerdem ist jedes Schicksal so individuell wie ein Fingerabdruck, deshalb sind psychologische Verallgemeinerungen und »Gesetzmäßigkeiten« mit äußerster Vorsicht anzuwenden. In den Eltern-Kind-Beziehungen gibt es kaum Eins-zu-eins-Kausalitäten nach dem Motto: »Vater hat dies getan, Mutter jenes, das Resultat ist Verhalten X, Neurose Y oder Komplex Z ...«

Die Literatur

Nicht nur die Psychotherapie, auch die Literatur über die »schwarze Pädagogik« hat zweifellos den Blick für die vielen physischen und psychischen Gewalttaten gegen Kinder geschärft: Alice Miller sprach in ihren erfolgreichen Büchern offensichtlich einer ganzen Generation geprügelter, seelisch mißhandelter und sich ungeliebt fühlender Menschen aus dem Herzen. Eine Millionen zählende Leserschaft fühlte sich – endlich – verstanden und mußte ihre Erfahrung nicht länger als beschämendes Einzelschicksal verschweigen.

Die Seele ent-giften, über Totgeschwiegenes endlich reden, schlecht oder gar nicht verheilte Seelenwunden behandeln zu können – die Psychologisierung der Gesellschaft hat jenseits ihrer manchmal lächerlichen, manchmal überflüssigen Erscheinungsformen eine bis dahin unbekannte Bereitschaft zum Sichmitteilen, zur Selbstbefragung, zum Reden und Zuhören erzeugt: Nichts muß heute mehr weggeschlossen werden in die eisernen

Schränke der Scham, andere Menschen teilen die oft grausamen Erfahrungen der Kindheit. Und es gibt mehr Leidensgenossen, als die Betroffenen für möglich gehalten hätten. Auch viele andere schleppen ähnliche Verletzungen, eine ebenso »vergiftete Mitgift«, mit sich herum. Dies ist eine befreiende Erkenntnis.

Die Familienstruktur

Schließlich gibt es eine soziologische Ursache dafür, daß sich die heutige Erwachsenengeneration so intensiv mit ihren Eltern beschäftigt: Wie kaum zuvor in der Geschichte sind Familien in den letzten Jahrzehnten geschrumpft auf Klein- und Kernfamilien. Viele Nachkriegsfamilien waren unvollständig – die Väter fielen oder gerieten in Gefangenschaft, Ein-Eltern-Familien, »Onkelehen« und andere neue Lebensformen entstanden. Mehrgenerationen- und Großfamilien existierten kaum noch, und Eltern und Kinder waren in hohem Maße auf sich verwiesen. Der tägliche Kontakt war eng und intensiv, enger und intensiver als zu Zeiten, wo noch mehrere Geschwister, Großeltern, Onkel und Tanten als »Bezugspersonen« präsent waren und den Erziehungsprozeß direkt oder indirekt mit beeinflußten. Sie konnten vermitteln, ausgleichen, relativieren, und sie entlasteten die Eltern von vielen Fürsorge-, Aufsichts- und sonstigen Pflichten. Eltern waren in diesen großfamiliären Konstellationen einfach nicht so wichtig.

Das änderte sich in der Nachkriegszeit, als die Familie zu einer Kleinstgruppe wurde, in der sich Gefühle und Beziehungen enorm verdichteten. Nahezu alle Verantwortung lag nun bei den Eltern: für das wirtschaftliche Überleben der Familie ebenso wie für die Erziehung und das »Familienklima«, in dem sie stattfand. Dieser Zuwachs an Bedeutung war für die Eltern eine zwiespältige Sache; sie vergrößerte zwar den unmittelbaren Einfluß auf die Kinder, aber dieser Einfluß bedeutete auch emotionale Dauerbelastung, ständiges Gefordertsein, wachsende Pflichten. Viele Eltern fühlten sich, oft ohne sich der Ursachen bewußt zu sein, mehrfach überfordert. Ihre Mitgift ist so auch gefärbt von Erschöpfung, Unvermögen, Nichtwissen und Ratlosigkeit. Familien glichen Hochdruckreaktoren, in denen komplizierte emotionale Prozesse abliefen, nicht ungefährlich und immer am Rande kleiner Katastrophen.

Der besondere Generationenkonflikt: Sprachlose Eltern, trauernde Kinder

Die Generation der heute Erwachsenen ist die erste, die nach dem Krieg in materiellem Wohlstand und in relativer sozialer Sicherheit aufwuchs. Auch von dieser »Mitgift« muß die Rede sein, denn sie ist der Hintergrund für die Auseinandersetzung mit den Eltern. Es war ja gerade dieser Wohlstand, erarbeitet in nahezu besinnungslosem Aufbaufleiß durch die Kriegs- und Flakhelfergeneration, der das Unbehagen und schließlich den Protest der Wohlstandskinder hervorrief. Das Versäumnis, die Nazizeit und den Krieg politisch und moralisch aufzuarbeiten, und die Flucht in die Geschäftigkeit des Alltags, die Verdrängung von Schuld, das Ausbleiben von Strafe für einzigartige Verbrechen, kaum wahrnehmbare Scham für die Jahre der Schande: in den Adenauer-Jahren der Bundesrepublik wuchs eine Generation heran, die sich für ihre Eltern zu schämen begann und auf eine Abrechnung drängte. »1968« heißt die Chiffre für diesen besonderen Generationenkonflikt, und im Grunde begann erst mit diesem Datum die Nach-Nachkriegszeit.

Studentenbewegung und außerparlamentarische Opposition waren die ersten systematischen und kollektiven Formen der Auseinandersetzung mit der Elterngeneration, Formen, die in vielen Familien ihr privates, individuelles Vorspiel hatten: als »üblicher« Autoritätskonflikt, als sprachlose Auflehnung und gefühlsbestimmte Rebellion. Der Protest konnte in den sechziger Jahren allerdings immer besser durch Musik, Haarlänge und andere Symbole der neuen Popkultur gelebt und dargestellt werden. Die Nachkriegsgeneration lieh sich ihr Lebensgefühl vor allem von den westlichen Siegermächten. Blue Jeans, Sex and Drugs and Rock 'n' Roll symbolisierten den totalen Bruch mit der spießigen und miefigen Großvaterkultur der Adenauer-Zeit, die politisch auf Restauration und geistig auf ein neues, verlogenes Biedermeier hinauslief.

Entsprechend reagierte diese Nachkriegsgesellschaft auf den Jugendprotest: hilflos, sprachlos, verständnislos, oft auch gewalttätig: Es gab offenbar keinen Konsens, keinen Bestand an gemeinsamen Werten – woher auch? Demokratie und demokratische Spielregeln waren für beide Generationen etwas Neues. Die jüngeren erprobten lustvoll basisdemokratische und anarchische Politikformen, den älteren saß der Obrigkeitsstaat immer noch tief in den Knochen, mit der aufgezwungenen Demokratie konnten sie noch wenig anfangen.

Aber auch wenn die hochfliegenden Ziele des Jugendprotestes letztlich an der eigenen Realitätsferne und der Beharrungskraft der »staatstragenden« Kräfte scheiterten, die Bundesrepublik ist in den sechziger Jahren in Bewegung geraten. Sie wurde allmählich in einen »normalen« Staat transformiert, dessen soziale Institutionen als vorbildlich gelten und dessen Wirtschaftskraft und Stabilität beneidet werden. Dieser Übergang von der Nachkriegszeit in eine neue Epoche deutscher Geschichte mag politisch als gelungen gelten, und die Nachkriegsgeneration hat daran großen Anteil. Sie hat die Verhältnisse zum Tanzen gebracht, aber sie zahlt mit einem hohen psychischen Preis für diese historische Leistung.

Zunächst spaltete sich diese Jugendbewegung jedoch: in eine kleinere Gruppe, die sich mit der Generation der Eltern nicht mehr arrangieren oder gar aussöhnen konnte und wollte, und in eine größere, die sich auf den langen Marsch durch die Institutionen machte und das Elternsystem »evolutionär« überwinden wollte ... Die erste Gruppe propagierte und praktizierte den bewaffneten Kampf gegen das »Schweinesystem« – sie konservierte so ihre Wut im kompromißlosen, aber auch aussichtslosen Aufbegehren und zog die Kraft für diese Existenzform aus dem geradezu gnostisch anmutenden Gefühl, eine Elite zu sein in einer hoffnungslos verrotteten Welt. Die Mehrheit dieser Nachkriegsgeneration jedoch versuchte, möglichst viele Ideale und Ziele in das Berufsleben, in die Existenz als »nützliches Mitglied der Gesellschaft« und in die neugegründeten Familien hinüberzuretten.

Diese erste Phase der Auseinandersetzung mit den Eltern hatte in vielem die Züge des klassischen Generationenkonfliktes, der notwendigen und manchmal tumultartigen Ablösung von den Werten, Vorschriften und Lebensformen der »Alten«. Seine besondere Schärfe gewann er durch die übergroße kollektive Schuld der Elterngeneration. Ihre Weigerung, Trauerarbeit zu leisten für das unendliche Leid, das sie über andere, aber auch über sich selbst gebracht haben, konnte von den Jüngeren nur als Verstocktheit und Verbohrtheit erkannt werden. Den offiziellen Bemühungen um eine »Vergangenheitsbewältigung« standen die privaten, oft verklärenden oder beschönigenden Kriegserzählungen oder aber verdächtiges Schweigen gegenüber. Väter und Mütter schienen sich vor allem als Verführte und als Opfer zu sehen, betrogen um ihre Jugend und oft ihre Gesundheit und ihren Besitz. Um so stolzer waren sie auf das Wiederaufrappeln, um so unverständiger sahen sie das Aufbegehren von Kindern, denen es ja so viel besser ging als ihnen selbst.

Diese Kinder haben aber nicht nur auf einer politischen Abrechnung bestanden, sie waren mittlerweile aufs beste gerüstet für eine psychologische Auseinandersetzung mit den Eltern. In den sechziger und siebziger Jahren wurden die Deutschen nicht nur politisiert, sondern auch psychologisiert. Der Psychoboom veränderte Sprache, Denken und Handeln einer ganzen Generation nachdrücklich. Erziehung, Sexualität, Partnerschaft konnten zunehmend in der Sprache der Psychologie, der Psychoanalyse und neuer Theorien und Therapien beschrieben und untersucht werden. Das blieb nicht ohne Folgen für die Lebenspraxis. Vor allem wurde es nun auch möglich, die volle Bedeutung des elterlichen Einflusses auf die eigene Persönlichkeit auszuleuchten und selbst dort Spuren ihrer Erziehung zu finden, wo man sie nicht vermutet hätte. Das psychologische Instrumentarium für die Selbstanalyse, aber auch für die Untersuchung komplizierter familiärer Beziehungsgeflechte wurde beispielsweise geliefert von Ronald D. Laing, von amerikanischen Kommunikationstheoretikern wie Bateson und Watzlawick oder von der sich schnell entwickelnden Familientherapie. Aber auch Klassiker der Psychoanalyse kamen zu neuen Ehren, etwa Wilhelm Reich, Siegfried Bernfeld und Georg Groddeck.

Die Nachkriegsgeneration setzte sich nun immer häufiger auch literarisch mit den Eltern auseinander: Autoren wie Peter Härtling oder Bernward Vesper reflektierten über das ungelebte Leben der Eltern, ihre Unfähigkeit, Gefühle auszudrücken, ihre Verstrickung in die Verbrechen des Naziregimes. Die erwachsenen Kinder trauerten stellvertretend für ihre Eltern, sie drückten ihren Schmerz über entgangene Liebe und Zärtlichkeit aus. Und sie erkannten, was diese Defizite und Verletzungen für ihr eigenes Leben bedeuteten.

Das wurde in dem Maße zum Bedürfnis, wie diese Generation selbst in die Jahre kam und mit der Aufgabe konfrontiert war, ihre eigenen Kinder zu erziehen. Was von der eigenen Mitgift wird, häufig unbewußt, weitergegeben? Wenn nicht die Fehler der Eltern weitervererbt werden sollten, dann mußte diese Tradition unterbrochen werden – durch eine bewußte theoretische und praktische Anstrengung, durch Selbsttherapie und Aufdeckung der eigenen Geschichte: Die Autobiographie wird zur Voraussetzung zunächst der Selbsthilfe und dann der Unterbrechung des fatalen Zyklus, der in der deutschen Geschichte immer wieder so verheerende »Erziehungsergebnisse« verursacht hat. Ausgangspunkt aber ist die Kenntnis der eigenen »Frühgeschichte«: Welches sind die Kindheitserfahrungen, die die Existenz als Erwachsener immer noch färben oder bestimmen? Was genau haben die Eltern mit welchen Folgen getan oder unterlassen? Welche aktuellen Probleme sind auf ihre »Mitgift« zurückzuführen?

Der Blick zurück auf die eigene Lebensgeschichte, auf Kindheit und Jugend ist nie objektiv und »klinisch«. Aber er wird erst dann sinnvoll und hilfreich, wenn er frei ist von voreiligen Schuldzuweisungen und Passepartout-»Erklärungen«. Ob die Eltern gefördert oder behindert, gebunden oder befreit, verwöhnt oder vernachlässigt haben, ihre Mitgift ist nicht unabänderliches Schicksal. Es mag sehr viel Kraft kosten, sich von einer belastenden, bedrückenden Mitgift zu befreien, aber ein Erwachsener ist spätestens dann für sein Leben selbst verantwortlich, wenn er sich über Eltern, Kindheit und Jugend Klarheit verschafft hat.

Die Voraussetzung für das Erwachsensein

Diese Klarheit ist unabdingbar für das Erwachsenwerden, für die Fähigkeit, generativ zu sein, das heißt, sich um die vorangegangene und die nachfolgende Generation kümmern zu können. Wie der große Psychologe des menschlichen Lebenszyklus Erik H. Erikson aufgezeigt hat, können die Aufgaben, die das Erwachsenenleben dem einzelnen stellt, um so leichter bewältigt werden, je erfolgreicher die typischen Krisen und Konflikte in früheren Lebensphasen bewältigt worden sind. Die Hauptaufgabe des erwachsenen Menschen sieht Erikson in der »Generativität«; damit sind Fortpflanzungsfähigkeit, Produktivität und Kreativität gemeint. Generativität ist eine Art Selbstzeugung, eine Bestätigung der bis dahin entwickelten Identität.

Ähnlich wie Erikson sieht auch der Soziologe Karl Mannheim die Entwicklung des Erwachsenen-Ichs als eine Summe früher Erfahrungen: »Es ist weitgehend entscheidend für die Formierung des Bewußtseins, welche Erlebnisse als ›erste Eindrücke‹, ›Jugenderlebnisse‹ sich niederschlagen und welche als zweite, dritte Schicht und so weiter hinzukommen. Die ersten Eindrücke haben die Tendenz, sich als natürliches Weltbild festzusetzen ... Die Prädominanz der ersten Eindrücke bleibt auch dann lebendig und bestimmend, wenn der ganze darauffolgende Ablauf des Lebens nichts anderes sein sollte als ein Negieren und Abbauen des in der Jugend rezipierten ›natürlichen Weltbildes‹, denn auch in der Negation orientiert man sich grundlegend am Negierten und läßt sich ungewollt durch es bestimmen.«

Ein Psychogramm der heutigen Erwachsenengeneration in der Bundesrepublik Deutschland muß mindestens drei Perspektiven berücksichtigen, drei Einflußbereiche, die eng und nahezu untrennbar miteinander verwoben sind:

- die individuelle Entwicklungsgeschichte, den quasi »privaten« Lebenszyklus mit seinen alters- und generationstypischen Phasen und Krisen,
- den Außeneinfluß, dem diese individuelle Geschichte ausgesetzt ist, also kulturelle und soziale Entwicklungen,
- den speziellen Einfluß historischer Ereignisse, die das Leben einer oder mehrerer Generationen formen und, wie im Falle der deutschen Kriegs- und Nachkriegsgeneration, verformen.

In den individuellen Lebensentwürfen der heute Erwachsenen spiegelt sich also Allgemeines wider, lassen sich Parallelen und Gemeinsamkeiten finden, die dazu berechtigen, von einer »Psychoklasse« zu sprechen – einer Generation, die von ihren Eltern ähnliche Erfahrungen, Botschaften und Probleme mit auf den Lebensweg bekommen hat. Es sind diese geteilten Erfahrungen, die über die Alltagsbewältigung hinaus das Klima einer Gesellschaft prägen, die das »Typische« des heutigen Deutschland ausmachen. Die heute Erwachsenen stehen im Beruf, erziehen ihre Kinder, stellen in Politik, Wirtschaft und Verwaltung die Leitfiguren, formen in Publizistik und Literatur die öffentliche Meinung und das Lebensgefühl, sind in neuen historischen Aufgaben in Europa und in der Welt besonders gefordert. Mit welchem Selbstbewußtsein gehen sie diese Aufgaben an? Wird es ihnen gelingen, trotz einer historisch einmaligen, vergifteten Mitgift eine Identität zu erringen, die den reifen »erwachsenen« Umgang mit der nächsten Generation ermöglicht?

Exkurs: Das Problem der Erinnerung

Wir sind die Autoren unserer eigenen Lebensgeschichte. Diese Geschichte ist eine seltsame Mischung aus Fakten, Mythen, Wünschen und – Lücken. Unsere Autobiographie ist kein objektives Dokument, sondern eine fabrizierte und vielfach »bearbeitete« Erzählung. Wenn wir uns als Erwachsene an unser bisheriges Leben erinnern, rekonstruieren wir unsere Biographie, indem wir zwischen den »Inseln im Strom des Vergessens« Brücken schlagen und eine zusammenhängende Geschichte erfinden.

Wie weit zurück können wir uns überhaupt erinnern? Und welche Ereignisse sind es, an die wir zurückdenken können? Die Bedeutung dieser Fragen kann kaum überschätzt werden, wenn wir unsere eigene Frühgeschichte re-konstruieren und frühkindliche Erfahrungen in den Kontext unseres heutigen Lebens stellen wollen. Sind Erinnerungen an die frühe Kindheit nur vereinzelte Schlaglichter in eine wolkige, diffuse Zeit? Sind es die eher banalen Dinge, die uns einfallen, oder sind es Stimmungen, einschneidende Ereignisse und traumatische Episoden? Und wie präzise sind diese Rückblenden?

In einer Anekdote des berühmten Entwicklungspsychologen Jean Piaget wird diese Problematik sichtbar: Zu seinen wichtigsten Erinnerungen gehörte das Erlebnis, als Zweijähriger beinahe gekidnappt worden zu sein, als ihn sein Kindermädchen in Paris spazierenfuhr. Er konnte viele Jahre danach noch die Kratzer im Gesicht des Kindermädchens beschreiben, die ihr von den Kidnappern zugefügt worden waren, und auch das Handgemenge, das bei der Aktion entstand. Erst sehr viel später erfuhr er von diesem ehemaligen Kindermädchen, daß sie die ganze Geschichte, die so sehr Teil seiner Kindheitserinnerung geworden war, erfunden hatte.

In vielen Autobiographien prominenter Autoren ist das Bemühen erkennbar, frühkindliche, »prägende« Erlebnisse mit der späteren Persönlichkeitsentwicklung in Zusammenhang zu bringen. Solche Erfahrungen werden sogar als Leitmotive dargestellt – wenn etwa Albert Einstein davon berichtet, wie ihn ein geschenkter Kompaß im Alter von vier Jahren derartig faszinierte, daß diese Faszination seine späteren Interessen geformt habe. Der Gedächtnisforscher John Kihlstrom hält diese Suche nach »formenden Ereignissen« für Unsinn. Vielmehr suche die entwickelte Persönlichkeit sich solche Hinweise im Fundus der Erinnerungen, die mit dem Selbstkonzept übereinstimmen und es »bestätigen« können.

Alfred Adler, der Begründer der Individualpsychologie, bewertet die erste Erinnerung eines Menschen als Hinweis auf seine grundlegende Lebenseinstellung. Dabei ist es sekundär, ob diese Erinnerung real oder eingebildet ist; wichtig ist ihr diagnostischer Wert: Wie aus einem leitmotivischen Kern entfalte sich aus der ersten Erinnerung die Einstellung zum Leben und zu anderen Menschen. Adler selbst liefert ein Beispiel für diese Auffassung. Er, der Theoretiker des Minderwertigkeitskomplexes, erinnert sich daran, wie er als krankes Kind abseits sitzen mußte und am Spiel der anderen Kinder nicht teilnehmen konnte.

Erstaunlich ist, daß trotz der Überfülle von Erlebnissen und Ersterfahrungen in der Kindheit so wenige Erinnerungen bleiben. Alle Eindrücke im frühen Lebensalter sind doch so neuartig und frisch, daß sie nachdrückliche und farbige Gedächtnisspuren hinterlassen müßten. Doch in der Regel verfügen wir nur über wenige, oft sehr vage und undeutliche Gedächtnisreste aus dieser Zeit, die allerdings auch nachwirken, wie sich beispielsweise Peter Sloterdijk »erinnert«: »Es klingt seltsam: Obwohl ich meine Mutter erst im Sommer 1947 von außen kennenlernte, habe ich zeitlebens, manchmal schwächer, manchmal deutlicher, das Gefühl mit mir herumgetragen, den letzten Weltkrieg noch selbst erlebt zu haben, genauer: mitten aus diesem Krieg zu stammen. Es sind nicht Ereignisse, die für mich zählen, es sind Stimmungen ... ich habe einen Extrakt vom Weltkrieg übernommen, in dem die Mitwisserschaft vom Schlimmsten aus der Innenperspektive gespeichert ist ... Ich weiß, daß dieses Gefühl kein Privateigentum ist, sondern zu den häufigeren Überempfindlichkeiten der unmittelbar nach dem Krieg Geborenen gehört. Vielleicht ist es eine Sache des kindlichen Gehörs – man hört sich ein in die Welt, bevor man sie mit den Augen entdeckt ... Damals hieß Zurweltkommen Sicheinhören in soeben erst bundesrepublikanisch eingestellte Stimmen ...«

Stimmungen, Gefühle, er-hörte Welterfahrung: können Kinder »nur« so frühe Erinnerungen speichern? Sind sie möglicherweise kognitiv noch nicht entwickelt genug, um zusammenhängende und stimmige Gedächtnisbilder festzuhalten?

Der Psychologe John Kihlstrom glaubt aufgrund seiner Forschungsarbeit, daß unsere frühesten Erinnerungen aus dem vierten Lebensjahr stammen. Es sind vorwiegend Bilder, die uns einfallen, und deren Inhalte lassen sich grob in drei Kategorien einteilen: Traumata, Übergänge und Trivialitäten. Frauen können sich offenbar weiter zurückerinnern als Männer, da sich ihr Gehirn in den ersten Lebensjahren deutlich schneller entwickelt.

Nach Erkenntnissen des Intelligenzforschers Ulrich Neisser gibt es mit dem Schuleintritt im Alter von fünf oder sechs Jahren eine deutliche Steigerung der Merkfähigkeit – einfach deshalb, weil von nun an das Leben sehr viel strukturierter verläuft. Erlebnisse und Erinnerungen können jetzt in einer gewissen Ordnung gespeichert werden. Das bedeutet jedoch nicht, daß Kinder vor dem Schuleintritt nur ein chaotisches oder ein unterentwikkeltes Gedächtnis haben. Neuere Untersuchungen mit Vorschulkindern zeigen, daß schon Dreijährige sich an Ereignisse erinnern können, die mehr als sieben Monate zurückliegen. Mit vier Jahren sind sogar Episoden erinnerbar, die mehr als ein Jahr zuvor geschehen waren. Die Psychologin Marion Perlmutter, die diese Untersuchungen durchführte, war besonders von der Tatsache beeindruckt, daß Kinder Ereignisse beschreiben konnten, die stattgefunden hatten, noch bevor sie richtig sprechen konnten. Dieser Befund widerspricht der häufig vertretenen Auffassung, daß sich das autobiographische Gedächtnis zusammen mit der Sprache entwickelt.

Die Erforschung frühkindlicher Gedächtnisleistungen wird inzwischen auf die Zeit kurz nach der Geburt, aber auch schon auf das Leben im Mutterleib ausgedehnt: Der Psychologe deCasper hat herausgefunden, daß Neugeborene die Stimme ihrer Mutter von anderen Frauenstimmen unterscheiden können. Es gibt also ein pränatales Gedächtnis.

Kinder erarbeiten sich dann im ersten Lebensjahr sogenannte »Scripts«, das heißt, sie strukturieren und verallgemeinern ihre Erfahrungen. Dies gilt vor allem für immer wiederkehrende Abläufe des Alltags, das Essen, Schlafengehen und so weiter. Solche »Scripts» dienen dem Bedürfnis, die unmittelbare Umwelt zu verstehen. Dazu braucht es noch keine Sprache, sondern lediglich wiederkehrende Erfahrungen. Diese frühe Organisationsform des Gedächtnisses erlaubt es dem Kind, sich allgemeine Ereignisse zu merken, gleichzeitig aber können spezielle Erfahrungen blockiert oder auch unterdrückt werden. So können Drei- und Vierjährige ganz allgemein über das Essen sprechen, es fällt ihnen jedoch schwer, eine spezielle Mahlzeit zu beschreiben. Die Psychologin Catherine Nelson, die diese »Scripts« erforscht hat, sieht hierin auch die Erklärung, daß Kinder sehr oft auf der routinemäßigen Einhaltung von ihnen vertrauten Abläufen bestehen. Besondere Ereignisse, wie etwa ein Zirkusbesuch, können deshalb besser im Gedächtnis bleiben, weil sie nicht durch ähnliche Erlebnisse überlagert oder »nivelliert« werden.

Erinnerte Erlebnisse und erlebte Erinnerungen

Für Sigmund Freud existierte das kindliche Gedächtnis nur in Form von »Deckerinnerungen«: Alles, was sich auf die eigene Person bezieht, fällt der »Kindheitsamnesie« anheim. Erinnert werden lediglich Äußerlichkeiten, Wörter, Ereignisse, Menschen und Objekte, die mit dem Gefühlsleben des Kindes nicht in Verbindung stehen. Freud glaubte, daß wir das Wesentliche unserer autobiographischen Erinnerungen nicht ins Bewußtsein gelangen lassen, weil wir die ängstigenden sexuellen und aggressiven Gefühle aus der ödipalen Phase nicht wieder erleben wollen – und sei es nur in der Erinnerung.

Diese Theorie des kindlichen Gedächtnisses verweist so alle Erinnerungen an traumatische Ereignisse in den ersten sechs Lebensjahren in einen Bereich des Zweifels und der Konfabulation. Zwar leugnete Sigmund Freud nicht, daß tatsächlich gravierende und traumatische Ereignisse in dieser Lebensphase erinnert werden können, beispielsweise der sexuelle Mißbrauch durch die Eltern, aber er hielt es für möglich, daß diese Ereignisse nachträglich erfunden, konstruiert wurden, was ihre emotionale Wirkung aber keineswegs mindert. Auch erfundene Erinnerungen können wie echte Traumata wirken, und eine Aufgabe der Psychotherapie ist es nach Freuds Auffassung, diese Pseudoerinnerungen zu entlarven und ihre fatale Wirkung zu entkräften.

Die Brisanz dieser Position wurde in den letzten Jahren besonders deutlich, als Jeffrey Masson und Alice Miller dem Begründer der Psychoanalyse vorwarfen, mit dieser Theorie seine eigenen Kindheitserfahrungen, nämlich den realen sexuellen Mißbrauch durch den eigenen Vater, in eine psychologische Konstruktion verfälscht und somit Verrat an seiner eigenen Erkenntnis begangen zu haben: der Erkenntnis nämlich, daß sexueller Mißbrauch an Kindern durch die eigenen Eltern weitaus häufiger stattfindet, als in der bürgerlichen Gesellschaft zugegeben werden kann. Freud habe, so seine Kritiker, die frühen traumatischen Erfahrungen von mißbrauchten Kindern ins Zwielicht des Zweifels gezogen, um seine eigenen schmerzhaften Erfahrungen nicht zulassen zu müssen.

In der Tat verdrängen viele Jugendliche ihre traumatischen Kindheitserfahrungen, die aber dann im Erwachsenenalter ganz allmählich an die Oberfläche des Bewußtseins gelangen. Jene Bereiche des Gedächtnisses, die abgespalten oder unterdrückt worden waren, geben ihren Inhalt wieder frei, ausgelöst durch Träume, durch das Erleben der eigenen Kinder, durch Psychotherapie. Und selbst jetzt, so beschreiben es viele traumatisierte Opfer, wird die Erinnerung manchmal zensiert, von den Betroffenen selbst als Einbildung abgetan.

Die seit kurzem zu beobachtende Welle von Enthüllungen über Inzesterfahrungen in der Kindheit hat erneut das Problem der kindlichen Erinnerungsfähigkeit in die Diskussion gebracht. Eine repräsentative Studie belegte, daß bis zu einem Viertel aller Frauen und 16 Prozent aller Männer in ihrer Kindheit sexuell mißbraucht worden sind. Sind alle diese Erinnerungen Erfindungen, die möglicherweise sogar induziert wurden durch die ausführliche Berichterstattung über ähnliche Fälle in Büchern und Zeitschriften? Auch heute gibt es Psychologen, wie etwa die Gedächtnisforscherin Elisabeth Loftus, die die meisten dieser »Erinnerungen« für fabriziert halten. Loftus konnte durch Untersuchungen in vielen Strafrechtsprozessen zeigen, wie sehr das Gedächtnis manipulierbar ist, wie oft beispielsweise Zeugenaussagen verzerrt oder schlicht verfälscht werden können. Allerdings bezieht sich ihre Forschung vorwiegend auf Zeugenaussagen über äußerliche Details bei Verbrechen.

Was bei vielen Opfern sexuellen Mißbrauchs jenseits der schmerzhaft wiederkehrenden Erinnerung beeindruckt, ist aber ihre gleichartige Symptomatik: ihre Unfähigkeit, Sexualität genießen zu können, Probleme der Intimität mit dem Partner, »unbegründete« Schuldgefühle, Angst und Konfusion. Für viele Psychotherapeuten sind diese lebensgeschichtlichen Indizien in Verbindung mit den schmerzhaft auftauchenden Erinnerungen im Erwachsenenalter Beweise dafür, daß der Mißbrauch real stattgefunden hat.

Erinnerungen, so vage und unvollständig sie auch sein mögen, sind der Stoff, aus dem wir unsere Lebensgeschichte weben. Von diesen Erinnerungen aus entwerfen wir unsere Existenz. Wir können unsere Erinnerungen verändern, unsere Erinnerungen aber können auch uns prägen. Manès Sperber wies darauf hin, daß es oft weniger die *erinnerten Erlebnisse* sind, die sich auf unsere aktuelle Befindlichkeit auswirken, sondern die *erlebten Erinnerungen.* An welche konkreten Erlebnisse sich die in diesem Buch untersuchte Generation erinnert und wie sie diese Erinnerungen erlebt, wird Aufschlüsse darüber liefern, ob es Gemeinsamkeiten und Übereinstimmungen gibt, die die Annahme einer historisch besonders geprägten »Psychoklasse« rechtfertigen.

Zweites Kapitel
Die traurige Generation

»Den Deutschen gelingt das Leben nicht. Ich kann deutsche Lebensart nicht beschreiben, ich frage mich, ob es überhaupt eine deutsche Lebensart gibt ... Leben in Deutschland macht mich traurig. Die Deutschen erinnern mich an die Unmöglichkeit des Lebens schlechthin.« Der Schriftsteller Peter Bichsel, von dem diese Sätze stammen, ist Schweizer. Sein Urteil über die heute lebenden Deutschen entstand also aus einer Art Halbdistanz. In einer Broschüre der Alexander-von-Humboldt-Stiftung schildern Angehörige anderer Völker ihre Eindrücke vom Leben unter den Deutschen. Ausgeprägter Pessimismus und Schwermut seien vorherrschend, aber auch mangelnde Wärme und Solidarität. Eine brasilianische Wissenschaftlerin faßt ihre Erfahrungen so zusammen: »Die Deutschen sind im allgemeinen zurückhaltend, nehmen das Leben zu ernst, sind kinderfeindlich und denken zu sehr an sich selbst.«

Wenn solche Beobachtungen unseren Widerspruch herausfordern – denn wer möchte schon Angehöriger einer so verkorksten Nation sein? –, sollten wir uns daran erinnern, daß der fremde Blick sehr wohl korrespondiert mit deutschen Selbstbeschreibungen: Trotz nie gekannten Wohlstandes liegt ein Grauschleier von Verdrossenheit über diesem Land, der manchen immer dann besonders bewußt wird, wenn sie von einem Auslandsaufenthalt zurückkehren. Und es gibt neben den subjektiven Urteilen eine Reihe von Daten und Statistiken, die das Bild einer depressiv gefärbten Seelenlage der Deutschen ergänzen.

Diese »deutsche Befindlichkeit«, das psychische Klima in unserem Lande, wird vor allem erzeugt und bestimmt von der Generation, die den Übergang von Kriegs- und Nachkriegszeit in eine neue, normalere Phase deutscher Geschichte meistern mußte. Diese Übergangsgeneration wurde von Eltern erzogen, die selbst autoritäre Härte und »schwarze Pädagogik« am eigenen Leibe erfahren hat. Gegen die politische Mitgift dieser Elterngeneration hat sich die Nachkriegsgeneration aufgelehnt, sie hat den geistigen und politischen Bruch herbeigeführt und sich von den Werten und Zielen der Eltern abgesetzt.

Aber diese Revolte reichte nicht aus, um sich wirklich aus den tiefen und unbewußten Verstrickungen in der persönlichen Vergangenheit zu lösen. Diese Generation muß sich heute fragen, ob diese unverarbeiteten Erfahrungen, diese psychische Mitgift, nicht verantwortlich sind für das beeinträchtigte Lebensgefühl, über das der materielle Wohlstand und die mühsam erworbene Weltläufigkeit nicht hinwegtäuschen können. Die Nachkriegsgeneration hat eine Lebenshaltung entwickelt, bei der ein Mangel an Lebensfreude und Selbstbewußtsein besonders auffällt. Sie ist geprägt von einer seltsamen Melancholie, einer Traurigkeit und dem Gefühl des persönlichen Scheiterns – paradoxerweise trotz beruflicher und wirtschaftlicher Erfolge. Trotz der zur Schau getragenen Attribute eines wohlstandsbürgerlichen Hedonismus wirken die Angehörigen dieser Generation unfroh und verkniffen. Diese »traurige« Generation lag im Dauerclinch mit der »Aufbau«-

und »Wir-sind-wieder-wer«-Generation der eigenen Eltern, und sie gibt sich enttäuscht bis entsetzt über die junge nachfolgende Generation, der sie Verrat der politischen und gesellschaftlichen Ideale vorwirft. Die traurige Generation glaubt, ihren Erfolg in der Wohlstandsgesellschaft Bundesrepublik mit schlechtem Gewissen rechtfertigen zu müssen, und ihre Wünsche nach Sicherheit und Genuß empfindet sie immer noch als zweifelhaft.

Die Nachkriegsgeneration ist in den sechziger und siebziger Jahren angetreten, die bürgerliche Kleinfamilie mit ihren ideologischen Belastungen und einengenden Strukturen zu zerschlagen und die Paarbeziehung von Eifersucht und Besitzdenken zu befreien. Ironischerweise sind aber gerade Partnerschaft und Sexualität zu Problemzonen ihres Lebens geworden – eine ungeheure Menge psychischer Energie wird darauf verwendet und verschwendet, das Glück in der Liebe zu finden. Alle Experimente und Konstellationen haben das erstrebte Glück nicht bringen können. Anspruch und Wirklichkeit, Ideale und Lebenspraxis klaffen oft weit auseinander, und zwischen leiser Resignation und tiefer Melancholie bewegen sich die Gefühle dieser Generation.

Die »moderne Neurose«

Eine diffuse Unzufriedenheit mit dem Leben, Gefühle der Sinnlosigkeit und Ziellosigkeit treiben viele Angehörige der traurigen Generation um, und hinter der Fassade von Erfolg und Wohlstand machen sich innere Leere und Depression breit. Forsches oder cooles Auftreten kaschiert geringe Selbstwertgefühle und Unsicherheit, Betriebsamkeit und Geschäftigkeit verbergen Ängste und Unsicherheiten. Diese Generation ist mit sich selbst nicht im reinen. Sie bevölkert zunehmend die Sprechzimmer der Psychotherapeuten, denen schon lange die auffallend übereinstimmenden Symptome dieser hilfesuchenden Angehörigen der traurigen Generation aufgefallen sind: Das Gefühl der Überforderung, Arbeits- und Konzentrationsstörungen, vegetative Symptome wie Müdigkeit, Schlafstörungen, Versagensängste, die Unfähigkeit zu dauerhaften Partnerbeziehungen, die Angst vor Verantwortung und Bindung quälen sie.

Die Psychoanalytikerin Christiane Bassyouni fragt: »Wie ist es möglich, daß diese Nachkriegsgeneration trotz ihrer Fähigkeit, um Autonomie zu ringen, zugleich durch eine selbstbehindernde Symptomatik der Schwäche, Angst und Kontaktstörung belastet ist?« Und sie glaubt, dieses Störungsbild der heutigen Erwachsenengeneration deutlich von den Neurosen und Störungen der Elterngeneration abgrenzen zu können – die »moderne Neurose« ist eine Persönlichkeitsstörung, deren Wurzeln in der besonderen historischen Situation zu suchen sind, in der diese »traurige Generation« aufwuchs.

Die Nachkriegsgeneration leidet am »Drama des Übergangs«: Sie lebt psychisch und politisch in einer Zeit friedlicher, aber dramatischer Veränderungen. Angesiedelt zwischen der Generation der Eltern, die sich scheinbar problemlos mit den Errungenschaften des Wiederaufbaus und der Verdrängung der jüngsten Geschichte arrangieren konnte, und der »Wendegeneration« der späten siebziger Jahre hatte die »traurige Generation« die historische Chance, gesellschaftliche und familiäre Machtstrukturen umzustürzen. Materiell abgesichert und durch ein demokratisiertes Bildungssystem intellektuell befähigt, war sie gerüstet, die überkommenen Strukturen in Frage zu stellen.

Vor allem aber hatte sie es mit geschwächten, demoralisierten oder gar nicht vorhandenen Trägern dieser alten Strukturen zu tun; sie wuchs in der »vaterlosen Gesellschaft« auf, die Alexander Mitscherlich beschrieben hatte. Wenn die Väter überhaupt aus dem Krieg und aus der Gefangenschaft zurückkehrten, dann hatten sie deutlich an Macht und Einfluß verloren: Mehr oder weniger verstrickt in das Naziregime, unfähig, mit den Kindern offen zu sprechen oder Einsicht und Reue zu zeigen, hatten sie an moralischer Autorität eingebüßt. Sie waren keine Vorbilder mehr, eine Identifikation mit ihnen und mit ihrer durch Gewalt und Erziehung aufgebauten Autorität war nicht mehr möglich. Die Väter waren in mehrfacher Hinsicht »Verlierer«. Sie verloren den Krieg, die kollektive Ehre, den Respekt und die Achtung der Nachgeborenen, sie verloren materiell und ideell. Und sie »verschwanden« auch deshalb, weil sie sich in den Wiederaufbau und in die Alltagsgeschäfte stürzten. Ursprünglich bezeichnete der Begriff der »vaterlosen Gesellschaft«, den Paul Federn, ein früher Mitarbeiter Sigmund Freuds, 1919 prägte, einen durchaus positiven Zustand, eine Chance: nämlich ohne Bindungen, Verpflichtungen und Traditionen etwas Neues versuchen, alternative Lebensentwürfe proben zu können. Aber diese »Vaterlosigkeit« der Nachkriegsgeneration war nicht frei gewählt, sie war ein gesellschaftlicher Zustand, der das vorläufige Ende einer unglückseligen korrumpierten Tradition markierte.

Die Generation der Eltern stand ihren aufbegehrenden und rebellierenden Kindern fassungs- und verständnislos gegenüber. Eine Mutter drückte dieses Unverständnis so aus: »Wir wuchsen auf in der Überzeugung, daß dem Tüchtigen die Welt gehört, im unbeirrbaren Glauben an die freie Marktwirtschaft, an Fortschritt, Technik und Chemie. Was wollten sie eigentlich, die jungen Leute ..., die ewig bloß diskutierten, theoretisierten, ideologische

Gebäude errichteten und wahrscheinlich nicht einmal dazu fähig waren, einen Nagel in die Wand zu schlagen? Was sollte das Gerede von mehr Menschlichkeit, und was meinten sie mit mehr Lebensqualität? Es ist nicht etwa Mangel an Phantasie, der uns davon abgehalten hat, den Krempel hinzuschmeißen und auszusteigen. Eher hat es mit Verantwortungs- und Pflichtbewußtsein zu tun und auch mit der Tatsache, daß wir dazu erzogen worden sind, dem Lustprinzip nicht so schnell nachzugeben.« Arbeit, Pflicht und Wiederaufbau als Lebensinhalt, Verantwortungsgefühl, Selbstkontrolle und die Unterdrückung der eigenen Gefühle und Wünsche als die Tugenden der Nachkriegszeit.

Rebellion mit Schuldgefühlen

Trotz ihrer Kriegs- und Leidenserfahrungen hatte diese Elterngeneration nach wie vor ein ungebrochenes Verhältnis zur Macht, zur staatlichen Autorität, zur Marktwirtschaft. Sie ist deshalb so »unbefangen« an den Wiederaufbau herangegangen, sie konnte sich deshalb so leichtfüßig vom materiellen und moralischen Trümmerhaufen der Nazizeit entfernen, weil diese Generation in ihrer eigenen Erziehung gelernt hat, daß ihre eigenen Wünsche nach Autonomie, nach der Verwirklichung ihrer Träume und Begierden gefährlich sind. Sie hat verinnerlicht, daß es solche Wünsche zwar gibt, sie aber als »Weichheit«, Schwäche, Gefühlsduselei unterdrückt werden müssen – um angeblich höherer Ziele willen. Der Schweizer Psychologe Arno Gruen meint, daß solche, um ihre Gefühle »reduzierten« Menschen in dieser Welt am besten zurechtzukommen scheinen. Wenn auch Unterdrückung, Anpassung, Unterwerfung gefordert waren, so herrschten doch »klare Verhältnisse«. Es blieb nichts anderes übrig, als sich den autoritären Erziehern zu unterwerfen, sich mit ihnen zu identifizieren und selbst eine versachlichte, emotionslose bis gefühlskalte Haltung zu erwerben. Die so geformte Elterngeneration, ausgestattet mit den »Sekundärtugenden« Fleiß, Ordnungsliebe und Sparsamkeit, fand im Nachkriegsdeutschland ein nahezu ideales Betätigungsfeld. Und das Wirtschaftswunder gelang ja auch, war der sichtbare Beweis für die Lebenstüchtigkeit einer Generation.

Und doch war es diese ungebrochene Tüchtigkeit, die den Bruch zwischen Eltern und Kindern mit herbeiführte. Zu groß waren die Widersprüche geworden, zu peinlich die ins Politische verlängerten Lebenslügen der Eltern. Die neue Generation empfand es als ungeheuerliche Zumutung, im selben Geist erzogen zu werden, die deutsche Geschichte als Wirtschafts- und Erfolgsgeschichte fortzusetzen, ohne wenigstens zu versuchen, sich mit der ungeheuren Schuld der jüngsten Vergangenheit auseinanderzusetzen. Sie nahm ihren Eltern nicht ab, daß diese nichts gewußt hätten, daß Widerstand und Auflehnung sinnlos und lebensgefährlich gewesen seien, und gerade das Totschweigen und Verharmlosen, das Schwelgen in Erinnerungen aus »großer Zeit« machten sie mißtrauisch. Die ach so erfolgreichen Eltern hatten bis auf wenige Ausnahmen ihren moralischen Kredit verspielt. Ihre verengte, beschränkte Weltsicht rief Ablehnung und Hohn hervor, ihre Erziehungsmethoden wurden oft erlitten, kaum aber akzeptiert.

In dieser Antihaltung, in der Auflehnung der Nachkriegsgeneration, liegen die Wurzeln für die meisten psychischen Probleme dieser Kinder, liegt auch die Erklärung für ihr schwieriges Verhältnis zur Macht. Die Nachkriegsgeneration war geistig und politisch fähig zur Auflehnung, und sie entwickelte ihre Sehnsucht nach Freiheit und Unabhängigkeit. Sie lehnte sich gegen die oktroyierten Werte und Zwänge auf und proklamierte die Nichtanpassung. Aber für diese Rebellion fühlte sie sich gleichzeitig schuldig, sie wurde ihrer kleinen und großen Freiheiten nicht recht froh. Dieser Zwiespalt zwischen Rebellion und Selbstbefreiung einerseits und Schuldgefühlen andererseits ist die Folge davon, daß auch diese Generation ihre frühkindlichen Erziehungserfahrungen in einem immer noch ungebrochenen autoritären Klima machte. Zwar waren die Väter schwach, abwesend und in ihrer Autorität geschwächt, aber der alte Geist beherrschte immer noch die Erziehungspraxis. Hinzu kam eine enge Bindung der Nachkriegskinder an ihre Mütter. Gerade weil die Väter als Erziehungsinstanz oft gebrochene, unglaubwürdige Kleinsttyrannen waren oder sich in Arbeit und Wiederaufbau flüchteten und als Erzieher »ausfielen«, übernahmen die Mütter der Nachkriegsgeneration sämtliche Erziehungsaufgaben.

Trotz der Veränderungen in der Nachkriegsgesellschaft und trotz der weitgehend »vaterlosen Erziehung« war beiden Generationen eines gemeinsam: Ihre Bestrebungen nach Autonomie, Abgrenzung und Individuation wurden mit »Erziehung«, und das hieß in den meisten Fällen Bestrafung, quittiert. Das kindliche Streben nach Autonomie und Abgrenzung wurde als Trotz oder Unartigkeit (miß)verstanden und unterdrückt. Auch die Nachkriegsgeneration konnte sich, in die Jugendjahre gekommen, nur äußerlich vom Druck und Zwang der Eltern befreien, im Innersten blieben sie Kinder, die noch immer Strafe und Liebesentzug für ihren »Trotz« fürchteten. In psychoanalytischen Begriffen: Eine verinnerlichte Strafinstanz, das Über-Ich, wirkt auch in Erwachsenen. Die Psychoanalytikerin Christiane Bassyouni beschreibt diese

Kluft zwischen Rebellion und schlechtem Gewissen so: »Es ist eine Wendung gegen sich selbst und bedeutet im Grunde nichts anderes als: Ich hätte nicht nein sagen dürfen.«

Die mißlungene Abrechnung

Sich schuldig fühlen für das Streben nach Freiheit und Autonomie, das ist die Mitgift der frühen Mutter-Kind-Beziehung, in der eine Ablösung des Kindes nicht gestattet war und seine Suche der »Entfernung« auf unterschiedlichste Weise bestraft wurde. Anfang der siebziger Jahre hat der Soziologe Ronald Grossarth-Maticek eine Studie durchgeführt, in der er die Familiengeschichte von Studenten untersuchte. Waren die Studentenunruhen eine »Revolution der Gestörten«? fragte Grossarth-Maticek und mußte sich für diese Titulierung seiner Arbeit heftige Kritik gefallen lassen. Er hatte es, vielleicht noch zu früh, gewagt, die psychischen Antriebe jenseits der politischen und gesellschaftlichen Ursachen für die Revolte zu untersuchen.

Seine Ergebnisse brachte er auf folgende Formel: »Durch dominante, frustrierende und beziehungsunwillige Eltern haben die linksradikalen Studenten weniger (oder nicht) gelernt, ihre eigene emotional-erotische Erregung und Phantasiewelt als Teil des eigenen Selbst zu akzeptieren. Der große Tyrann heißt Über-Ich. Dieses setzt sich nicht nur aus Verboten und deren Internalisierung zusammen, sondern auch aus zahlreichen Prozessen, wie zum Beispiel der Fixierung an eine dominant-frustrierende Mutter, der gegenüber man keine Zärtlichkeit zu äußern gelernt hat. Das Ich kann sich aus der Lage nur auf zwei Arten sozial relevanten Verhaltens retten. Entweder werden die Repräsentanten der Sozialisation, der Gesellschaft und damit das Über-Ich durch antiautoritäres Verhalten angegriffen, oder es wird ein äußerst Über-Ich-konformes Verhalten angestrebt (wie zum Beispiel in einigen kommunistischen Gruppen), in dem jede emotionale Regung für höhere Ziele verneint, verdrängt wird.« Aber selbst diese »Strategien« ersparen nicht Schuldgefühle und Bestrafungsängste, denen zum Teil mit Aktionen, die Selbstbestrafungen gleichen, zuvorgekommen werden soll.

Seinen literarischen Niederschlag hat dieses psychische Gemisch aus Auflehnung, Schuldgefühl und Selbstbestrafung in vielen Romanen und Büchern gefunden, etwa Bernhard Vespers »Die Reise« (1977) oder Niklas Franks »Der Vater« (1988). In diesen Büchern haben sich Söhne von ihren schuldbeladenen Über-Vätern losgesagt, haben sie in Grund und Boden verdammt, und doch ist dies kein wirklicher Akt der Befreiung geworden. Verzweiflung und Depression schwingen bei diesen Abrechnungen mit, verursacht durch unbewältigte und unbewußte Schuldgefühle.

Zwar gibt es auch eine »Mütter«-Literatur, aber mit den Müttern wurde wenigstens in politischer Hinsicht glimpflicher verfahren, und die Töchter der Nachkriegsgeneration sind mit beiden, mit Vätern und Müttern, eher vorsichtig umgegangen – zumindest literarisch. Die Journalistin Dörthe von Westernhagen, Tochter eines gefallenen hohen Wehrmachtsoffiziers, beschreibt ihr kompliziertes Verhältnis zur Mutter so: »Zwischen uns war ein kunstvolles double-bind entstanden. Wir konnten einander nichts recht machen. Die beidseitige, tiefe Unsicherheit in allem, was mit Gefühlen zu tun hatte, übertönten beide auf dieselbe Weise: tapfer, laut und lustig.« Und selbst als Studentin noch hielt diese komplizierte gefühlsmäßige Verklammerung mit der Mutter an: »Als ich nach

Jahren die Briefe nach Hause aus dieser Zeit wieder las, war ich verblüfft: Mit welchem Geschick war in ihnen alles ausgespart, was mich wirklich betraf. Sie enthielten lediglich einen Vorzeige-Rest, zugeschnitten auf das schon lange unbewußt erkannte Bedürfnis der Mutter, es möge mir gutgehen, ich solle ›weiterkommen‹. Damals wiegten wir beide uns in der Vorstellung, ich sei viel unabhängiger als andere Mädchen meines Alters. In Wahrheit handelte es sich um eine trotzig zur Schau getragene Schein-Autonomie. Denn ... ich war innerlich hoffnungslos an sie gebunden geblieben, erfüllt von Sehnsucht nach Bestätigung und Anerkennung, die nichts mit Leistung und Wohlverhalten zu tun hatten.«

Alice Miller glaubt am Beispiel von Niklas Frank und dessen verbitterter Abrechnung mit dem Nazivater und Generalgouverneur von Polen Hans Frank zeigen zu können, warum diese Form der Vergangenheitsbewältigung und Auseinandersetzung mit den Eltern kein Befreiungsschlag werden und zu wirklicher Autonomie führen konnte: Sie glaubt, die Öffentlichkeit könne nicht der richtige Ort sein, »an dem die Auseinandersetzung mit den eigenen Eltern mit Gewinn für einen selbst geleistet werden kann. Sich einer derartigen Öffentlichkeit mit den kindlichen Gefühlen schutzlos auszusetzen kann einer Art Selbstbestrafung gleichen, die man sucht, wenn man sich für die geäußerte Kritik trotz allem noch schuldig fühlt und die Haßreaktionen als verdiente Strafe in Kauf nimmt.«

Die »traurige Generation« der Nachkriegskinder hat viel erreicht: Sie hat das öffentliche Bewußtsein in der Bundesrepublik verändert, hat die politische Vergangenheitsbewältigung betrieben und viele Reformen durchgesetzt. Aber sie wird dieser Erfolge nicht froh, sie ist kaum stolz darauf und leidet in einem ungeahnten Ausmaß an psychischen Problemen. Dem Ziel, eine bessere und menschlichere Welt zu schaffen, steht die eigene verletzte Menschlichkeit im Wege, wie Arno Gruen meint. Die Nachkriegsgeneration ist mit sich selbst nicht im reinen, weil sie keine wirkliche Autonomie erkämpfen konnte – jenen Zustand also, »in dem ein Mensch in voller Übereinstimmung mit seinen Gefühlen und Bedürfnissen lebt« (Arno Gruen). Solange diese Bedürfnisse und Gefühle nicht erkannt werden oder durch Schuldgefühle deformiert sind, bleibt die Autonomiebemühung in der Rebellion stecken.

Autonomie und unerfüllte Sehnsucht

Die Studentenbewegung war »von Bedürfnissen getrieben, die sie selber nicht formulieren konnte«, wie einer ihrer Wortführer, Daniel Cohn-Bendit, erkannte. Wie unverarbeitet und unbewußt die eigenen Kindheitserfahrungen und verinnerlichten Familienstrukturen geblieben sind, zeigt sich vor allem darin, wie diese »traurige Generation« mit ihren Beziehungen und Liebesverhältnissen zurechtkommt. Zwischen den programmatisch vorgetragenen und theoretisch fundierten Idealen der freien Beziehungen, frei vor allem von Zwang und Einschränkung, von Eifersucht und Besitzdenken, und der Wirklichkeit klafft ein tiefer Abgrund. In der forcierten Liberalität oder Libertinage der sechziger und siebziger Jahre sollten die alten bürgerlichen Vorstellungen, vor allem von Treue und Bindung, überwunden werden. Das neue Ideal war die sogenannte offene Beziehung, in der alles gesagt und getan werden konnte, ohne daß der Partner Einwände erheben durfte, wollte er nicht als rückständig und kleinbürgerlich gelten. Es verwundert kaum, daß diese hohen Ansprüche und Ziele nicht erreicht wurden; die verborgenen unbewußten Bedürfnisse, die diesem Streben nach Freiheit und Bindungslosigkeit zugrunde lagen, wurden nicht erkannt.

Die Revolutionierung des Privatlebens scheiterte, weil die geheime Hoffnung hinter diesen Aktionen nicht bewußt wurde. Die immer noch vorhandene Abhängigkeit von der Mutter, die nicht gelungene Ablösung von ihr, sollte jetzt endlich nachgeholt werden. Vom Liebespartner wurde jetzt das Verständnis für die eigenen Autonomiewünsche verlangt, die die Mutter einst verweigert hatte. Gleichzeitig aber wird dem anderen all das vorgeworfen, was die Eltern einem selbst angetan haben. Der Psychoanalytiker Peter Schellenbaum bringt es auf diese Formel: »Du setzt mich unter Druck, damit ich mich dir anpasse, passe ich mich dir nicht an, läufst du mir aber weg.« Der Partner wird unbewußt wie die Mutter in der frühkindlichen Abgrenzungsphase behandelt, unbewußt wird ihm unterstellt, es gehe von ihm Einengung und Überforderung aus und er behindere die Entfaltung des eigenen Selbst.

In dem Erwachsenen, der sich nicht aus der engen Bindung, aus der Symbiose mit seiner Mutter lösen durfte, lebt noch immer das Kind, das eigentlich nichts darf, aber ständig unter dem Druck steht, zu etwas gezwungen zu werden. Das führt zu dem starken Wunsch nach Abgrenzung vom Partner, und so sind die Beziehungen in dieser Generation ständig trennungsgefährdet. Denn die Individuation, die Befreiung von Einengung und Unterdrükkung, wird vom Partner erhofft. Der aber, ähnlich geschädigt, kann diese Hoffnungen nicht erfüllen.

So ist diese Generation gebeutelt vom Widerspruch zwischen Ideal und Wirklichkeit: Sie leidet an ihrer Sehnsucht nach Veränderung, die sie aber nicht verwirklichen kann, weil die unbewußt gebliebene Mitgift der eigenen Erziehung sie an der Erfüllung hindert. Wie sehr gerade die politisch so bewußten jungen Erwachsenen der Nachkriegsgeneration an ihrer Übergangssituation leiden und wie bemüht sie waren, die proklamierten Ideale doch noch zu verwirklichen, zeigt die Aufsplitterung der »Bewegung«: Ein Teil flüchtete sich in die strenge und asketische Ordnung einer politischen Sekte, ein anderer wandte sich religiösen und spirituellen Gruppen zu. Gerade Bhagwan war im Grunde ein »deutscher« Guru, sein zynisches Spiel mit den unterwerfungsbereiten, frustrierten deutschen Intellektuellen ist besonders Beobachtern in anderen Ländern aufgefallen, deren Bürger weit weniger anfällig für diese Heilslehre waren.

Der selbstzerstörerischste Weg dieser Generation führte in den Terrorismus, die extreme Form der Auflehnung gegen die Elterngeneration und ihre Werte. Die Selbstzeugnisse der Terroristen beweisen ihren ungelösten Autonomiekonflikt, ihre familiäre Vorbelastung und die Verzweiflung darüber, diesen Konflikt nicht lösen zu können.

Wer den »langen Marsch durch die Institutionen« gewählt hat, wer heute resigniert, angepaßt oder zynisch über seine »Jugendsünden« spricht oder etwa bei den Grünen versucht, auf den letzten Zug zur politischen Karriere aufzuspringen, ist zwar den weniger spektakulären Weg gegangen, aber auch er bleibt lebenslang ein Angehöriger dieser »Psychoklasse«, der traurigen Generation.

Das Ende der Übergangszeit

Und doch gibt es einen positiven Aspekt in diesem scheinbar so tristen Bild von der psychischen Verfassung einer ganzen Generation. Denn allein die Tatsache, daß sich ein

Mensch überhaupt auflehnen kann, zeigt, daß die autoritäre Erziehung nicht vollständig erfolgreich war. Alle Spielarten der Rebellion, auch der Terrorismus, sind für Alice Miller ein »Alarmsignal«, das zeigt, »was einmal im Namen der hohen Ideale von Erziehung geschehen ist«.

So enthält auch die »revolutionäre Neurose« mit ihren Symptomen Hinweise auf fundamentale Veränderungen, die sich in unserer Gesellschaft abzeichnen. Die »Übergangsgeneration« macht in diesen Symptomen den Erziehungsstil früherer Generationen mit all seiner Unterdrükkung und versteckten und offenen Gewalt erkennbar. Wenn es gelingt, viele der aktuellen Probleme im Erwachsenenleben als Folge dieser schädigenden Erziehung zu erkennen, dann sind Veränderungen möglich. Voraussetzung für solche Veränderungen ist, daß die Zusammenhänge zwischen dem jetzigen Erziehungsverhalten und frühen Erfahrungen transparent werden. Peter Schellenbaum meint in seinem Buch »Die Wunde der Ungeliebten«, daß gerade aus dem Beziehungsverhalten der heute Erwachsenen sich ablesen läßt, in welcher Weise sie in der Kindheit nicht geliebt wurden: »Wer das Beziehungsverhalten der Ungeliebten zu entschlüsseln weiß, erfährt dabei Genaueres über Art und Ort der Wunde als durch das Zusammentragen von Kindheitserinnerungen.« In den gegenwärtigen Beziehungen und Problemen wird die frühe Beziehung zu den Eltern unbewußt wieder inszeniert. Diese »Wiederholung« zu durchschauen ist der erste Schritt zur Selbsttherapie der Nachkriegsgeneration. Sie hat – trotz aller aktuellen Probleme, trotz ihrer Depressivität und weitverbreiteten Beziehungsunfähigkeit – das Wissen und das Instrumentarium, um Veränderungen herbeizuführen. Peter Schellenbaum konstatiert eine »Wende von der Bedrückung in die Befreiung: Das defensive Empfinden im Zeitschmerz der sechziger und siebziger Jahre gegen Kälte, Brutalität, wirtschaftliche, technologische und politische Machtmechanismen weicht nach und nach dem aktiven Sichspüren und der Entdeckung des lebendigen Körpers und der lebendigen Umwelt.«

Während für die Nachkriegsgeneration die »Wunde der verfehlten autoritären, faschistischen Weltanschauung zum bestimmenden Lebensgefühl wurde und zu einer Haltung des Dagegenseins, einer Antihaltung führte, geht es heute nicht mehr darum, gegen etwas zu fühlen, sondern es geht darum, unmittelbar zu erleben«. Dieses Erleben ist jedoch nur möglich, wenn die Antihaltung überwunden wird, denn sie ist den gleichen Normen verpflichtet, gegen die sie rebelliert. Anstatt sich an diesen Normen abzuarbeiten, muß die Fähigkeit entwickelt werden, sie in Frage zu stellen, sie ganz zu sprengen. Voraussetzung dafür jedoch ist der Abbau von Abhängigkeiten und Identifizierungen. »Ein autonomes Individuum ist insofern bezogen«, schreibt Schellenbaum, »als es sich selbst und seine Beziehungen und seine Weltanschauung als relativ erlebt. Das heißt, es ist ein Individuum, das immer wieder Absolutheitsansprüche abbaut, das immer wieder bereit ist, bisherige Lebensnormen außer Kraft zu setzen.«

Die *Kinder* der Nachkriegsgeneration, die heute Jugendlichen, sind möglicherweise dieser neue Menschentyp, der das vermag. Sie lehnen die elterlichen Werte und Haltungen oft noch heftiger und kritischer ab, als es die Nachkriegsgeneration ihren Eltern gegenüber gewagt hatte. Aber im Gegensatz zu ihr bleiben sie in ihrer Kritik »bezogen«. Das entschärft zwar nicht die Kontroverse, im Gegenteil, die Konflikte werden noch deutlicher formuliert und ausgetragen, doch es führt zu Strukturveränderungen in den Familien, Klassenverbänden und Schulen. Der Pädagoge Helmut Fend schreibt in seiner »Sozialgeschichte des Aufwachsens«, daß die Konflikte der heute jungen Generation mit ihren Eltern nicht weniger geworden seien. Aber Kinder stellen bereits in einem frühen Alter die Autorität der Eltern in Frage, sie lehnen sich direkt gegen sie als Personen auf, sie wollen mehr Gleichberechtigung, Selbständigkeit und Handlungsautonomie. »Es scheint beinahe so«, spekuliert Fend, »als ob die Kinder, die ja eine veränderte Elterngeneration – im Vergleich zur Nachkriegszeit – erlebt haben, zur Artikulation, ja zur Eskalation dieser Erwartungen erst fähig geworden sind, weil ihre Eltern bereits einen anderen Erziehungsstil mit mehr Freiheit, weniger Strenge und größerer Freizügigkeit praktiziert haben!«

Ist es also gerade die Nachkriegsgeneration gewesen, die durch ihre Trauerarbeit und ihre Antihaltung für die sie mit Melancholie und Frustration bezahlen mußte, unbeabsichtigt doch ein Vorbild gewesen? Ist in dieser »Übergangszeit« die Voraussetzung dafür geschaffen worden, daß eine neue, unbeschwertere Generation heranwachsen konnte? Die Kritik an dieser neuen Generation, die angeblich so »unpolitisch« und konsumfreudig ist, darf nicht darüber hinwegtäuschen, daß sie möglicherweise einen großen Schritt weiter auf dem Weg zur Autonomie gekommen ist als ihre Eltern. Und auch das scheinbare Paradoxon darf nicht verwirren, daß diese Generation zwar den Slogan »No Future« geprägt hat, ihre eigene Zukunft aber trotz der Informiertheit über mögliche Probleme bei der zukünftigen Berufsfindung optimistisch einschätzt. Die Aussicht auf Arbeitslosigkeit versetzt sie keineswegs in Panik, sie trauen sich im Rahmen ihrer Möglichkeiten durchaus Lösungen für alle kommenden Probleme zu. Diese vielleicht noch unterschätzte Generation fängt an, sich dagegen aufzulehnen, zum »doppelten Opfer« degradiert zu werden: nämlich Alltagsprobleme zu haben und darunter auch noch psychisch zu leiden. Sie vertraut nicht mehr auf die »großen Entwürfe« – gleichgültig, ob sie von der Marke »Aufschwung«, »Apokalypse«, heile Familienwelt oder ökologische Gesellschaft sind.

Exkurs: Die Generation der Eltern

»... meine Pädagogik ist hart. Das Schwache muß weggehämmert werden. In meinen Ordensburgen wird eine Jugend heranwachsen, vor der sich die Welt erschrecken wird. Eine gewalttätige, herrische, unerschrockene, grausame Jugend will ich. Jugend muß das alles sein. Schmerzen muß sie ertragen. Es darf nichts Schwaches und Zärtliches an ihr sein. Das freie, herrliche Raubtier muß erst wieder aus ihren Augen blitzen. Stark und schön will ich meine Jugend. Ich werde sie in allen Leibesübungen ausbilden lassen. Ich will eine athletische Jugend ... Ich will keine intellektuelle Erziehung. Mit Wissen verderbe ich mir die Jugend ... Aber Beherrschung müssen sie lernen. Die sollen mir in den schwierigsten Proben die Todesfurcht besiegen lernen. Das ist die Stufe der heroischen Jugend. Aus ihr wächst die Stufe des Freien, des Menschen, der Maß und Mitte der Welt ist, des schaffenden Menschen, des Gottmenschen.« Die Eltern der Nachkriegsgeneration waren dazu bestimmt, nach diesem »Pädagogikprogramm« Adolf Hitlers zu Herrenmenschen, zu Eroberern und Soldaten erzogen zu werden. Die Perversität dieses Erziehungsprogrammes liegt auch in der seltsamen Vermengung von rebellischen und repressiven Motiven, wie Heinz Bude in seiner Studie »Deutsche

Karrieren« hervorhebt: Rebellisch wirke die Verkündung eines »freien Raubtiers«, das »Pathos der Befreiung der unterdrückten inneren Natur von den einschnürenden kulturellen Zwängen«. Diese rebellische Komponente in Hitlers »Pädagogik« braucht jedoch ihr Gegengewicht in Unterdrückung und Kontrolle dieser entfesselten »Raubtiernatur«. Die Gefährlichkeit der rebellischen Instinkte muß durch Selbstbeherrschung und die Schulung des unbedingten Willens in Schach gehalten werden – durch eine erst äußerlich auferlegte, dann verinnerlichte Selbstzucht, die Bereitschaft, Schmerzen zu ertragen und alles Schwache und Zärtliche in sich selbst zu besiegen.

Die Methoden zur Erreichung dieses ambivalenten Erziehungszieles, Rebellion gepaart mit Selbstunterwerfung, sind Leibesübungen, soldatische Disziplinierung, Gruppenerziehung. Die populärste Formel der nationalsozialistischen Zurichtung einer ganzen Jugend auf Eroberung und Krieg lautet »schnell wie die Windhunde, zäh wie Leder und hart wie Kruppstahl«. Vom zehnten Lebensjahr an wurde die deutsche Jugend in einem System von Organisationen »erfaßt« und im Sinne dieser Zielvorgaben sozialisiert: Deutsches Jungvolk, Hitlerjugend, Jungmädchen, Bund Deutscher Mädchen, schließlich der Reichsarbeitsdienst und die Frauenorganisationen. Am Ende dieses Zurichtungssystems standen die Partei und die Wehrmacht. Alle diese Organisationen waren quasimilitärisch auf Sport und Gruppenaktivitäten zentriert, mit Zeltlagern, Geländespielen, weltanschaulichen Schulungen. Eine ehemalige BDM-Führerin schildert, wie zwei Prinzipien der Nazierziehung sich immer wieder ergänzten: »Es gehörte zur Natur der nationalsozialistischen Jugendführung, daß fast alles in Form von Wettkämpfen abgewickelt wurde. Man kämpfte nicht nur im Sport und im Beruf um die beste Leistung. Jede Einheit wollte das schönste Heim, das interessanteste Fahrtenbuch, das höchste Ergebnis bei den Spendensammlungen fürs Winterhilfswerk haben.« Gruppe kämpfte gegen Gruppe, Leistungswille und Durchsetzungskraft des einzelnen wurden angestachelt und gefördert, gleichzeitig aber eingebunden in die jeweilige Gruppierung.

In dieser Verbindung von egoistischer Rücksichtslosigkeit und kollektivistischem Symbiosestreben erkannte Ernst Wiechert das »Boxerethos« des Nationalsozialismus. An die Stelle des »Ich denke, also bin ich« tritt die Maxime »Ich boxe, also bin ich«. Nicht mehr Bewußtsein, Sprache und Reflexion sind die Ideale, sondern die rücksichtslose Tat, das Losschlagen, das auf Gründe und Beweisführung verzichtet. Heinz Bude schreibt: »Es handelt sich um die verzweifelte Gegenwehr angesichts einer existentiellen Gefahr. Das nationalsozialistische Subjekt boxt dagegen an, niemand und nichts zu sein. Die drohende Gefahr ist seine Vernichtung. Deshalb vielleicht diese Radikalität, die letztlich über Leichen geht. Aber der boxende einzelne spürt die Vergeblichkeit seines militanten Aktivismus, und das macht ihn nur noch rasender.« Sicherheit, ja Geborgenheit findet der so erzogene Mensch nur im großen ganzen, in der »Volksgemeinschaft«. Nur wenn er selbstlos und aufopfernd in dieser Gemeinschaft aufgeht, ist er von der Vergeblichkeit und existentiellen Bedrohung gerettet. Die unbewußte Angst vor dieser Verlorenheit ist so groß, daß dafür sogar die Selbstvernichtung, die Selbstopferung, für »Volk und Vaterland« kein zu hoher Preis mehr ist.

Diese Lebens»philosophie«, die der Elterngeneration in einem totalitären System vermittelt wurde, mußte keineswegs »eingebleut« werden. Sie griff zum einen die Bereitschaft der Jugendlichen auf, sich in der Gemeinschaft bei Sport und Spiel zu bewähren, Abenteuer zu erleben, seine Grenzen auszutesten. Zum anderen entzog sie diese Generation ihren Eltern, der Zwischenkriegsgeneration. Diese Großelterngeneration war selbst in diesem deutschen Geist, in wilhelminischem Ungeist, erzogen worden, zu Selbstaufopferung, Vaterlandsliebe und Unterdrückung der eigenen Wünsche und Gefühle. Der Zusammenbruch des Kaiserreiches nach dem Ersten Weltkrieg mit der darauffolgenden Krisenzeit voll wirtschaftlicher Not, Arbeitslosigkeit und politischer Unruhe hatte schon diese Generation zu einer gebrochenen, tief verunsicherten und entwurzelten Generation gemacht. Die Erfahrungen von Schwäche und Zerrüttung, von Selbstunsicherheit und tiefer Kränkung durch die Niederlage schufen ein Klima, dem die neue Generation nur zu gerne in Hitlerjugend und andere Organisationen entfloh, denn diese versprachen ja die Überwindung des »morschen«, alten Systems und lockten mit dem Aufstieg zu neuer Größe.

Die Erziehung durch diese (Groß-)Eltern schuf aber schon in den Familien die psychischen Voraussetzungen für den Erfolg des totalitären Nazierziehungsprogrammes. Disziplin, Triebunterdrückung und Unterwerfung waren lange vor Hitler bereits deutsche Tugenden, die sich etwa in folgenden »Lebensregeln« zusammenfassen lassen, die ein Familienvater der Zwischenkriegszeit seinen Kindern vorgegeben hat: Nur der Starke siegt. Ohne Fleiß kein Preis. Die Schwachen gehen unter. Lehrjahre sind keine Herrenjahre. Lügen haben kurze Beine. Wer sich selbst erhöht, der wird erniedrigt. Was du heute kannst besorgen, das verschiebe nicht auf morgen. Erst die Arbeit, dann das Vergnügen.

Diese scheinbar so unpolitischen Verhaltensmaximen des Alltags haben eine Wirksamkeit entfaltet, die Denken und Handeln mehrerer deutscher Generationen bis heute mehr oder weniger ausgeprägt beherrscht. Sie sind die verinnerlichten Gesetze, die erst ein reibungsloses Funktionieren des einzelnen und der Apparate möglich gemacht haben. Man kann sie als »private Dienstvorschriften« ansehen, ähnlich denen in Behörden und Militär. Vor diesem historischen und familiären Hintergrund muß die Vorgeschichte auch der Nachkriegsgeneration betrachtet werden.*

Die Skepsis der »gebrannten Kinder«

»Das könnt ihr euch ja gar nicht vorstellen, was es bedeutete, damals jung gewesen zu sein« – dies dürfte der wohl am häufigsten benutzte Satz sein, mit dem sich die Kriegsgeneration gegen vorwurfsvolle Fragen der heute erwachsenen Nachkriegsgeneration wehrte. In diesem Satz klingt hilfloser Selbstschutz ebenso an wie die Überzeugung, daß den Kindern schlicht die Phantasie fehle, sich das Leben in Nationalsozialismus und Krieg auszumalen – und so auch Verständnis und Nachsicht aufzubringen für die Eltern. Zwar glaube diese Generation, sich ein Bild von jener dramatischen Zeit machen zu können aufgrund der Fülle von Dokumenten – Filmen, Wochenschauen, Büchern, Zeugnissen von Opfern (»Tagebuch der Anne Frank«, »Die Bertinis«) und Tätern (»Kommandant in

* In seiner Trauerrede auf den ehemaligen Ministerpräsidenten von Schleswig-Holstein, Uwe Barschel, griff der Bischof der Nordelbischen Evangelisch-Lutherischen Kirche, Ulrich Wilckens, zu einem Bild, das die Kontinuität des »Boxer-Ethos« bis in die heutige Zeit hinein beweist: »In dem Maß, wie sich die Wünsche und Erwartungen und Forderungen der Wähler an ihre Politiker am Idealbild eines Boxers orientieren, der keinen Fehler machen und sich von niemandem unterkriegen lassen darf, wird auch für die Politiker als Machtträger die uralte Versuchung übermächtig werden, nach diesem Bilde auch zu denken, zu urteilen und zu handeln ...« Auf den Fall Uwe Barschel werden wir in einem späteren Kapitel dieses Buches ausführlicher zurückkommen.

Auschwitz«, die Eichmann-Protokolle, der Auschwitz-Prozeß) –, und auch die Familienalben mit den vergilbten Fotos der Väter in Uniform lösten Nachfragen, Vermutungen und Verdachtsmomente bei den Nachgeborenen aus, aber alle Protokolle, Filme, Statistiken müßten verblassen neben der individuellen, erlebten Wirklichkeit.

Die Kriegsgeneration berief sich auf die »Einmaligkeit« ihrer Erfahrungen und stellte deren Nachvollziehbarkeit in Abrede. Eine weitere häufig verwendete Argumentationsfigur in der Auseinandersetzung um Schuld, Mitläufertum oder Passivität war: »Seid ihr sicher, daß ihr anders gehandelt hättet? Daß ihr mutiger, klüger, widerstandsfähiger gewesen wärt gegenüber diesem Regime mit seinen Verführungen und Drohungen?« Vor allem aber nimmt die Kriegsgeneration für sich in Anspruch, nach der nationalen Katastrophe, die ja auch Millionen individueller Lebenspläne zerschlug, auf ihre Weise die Konsequenzen aus Krieg und Zusammenbruch gezogen zu haben: Auferstanden aus Ruinen und der Zukunft zugewandt... das sind zwar die ersten Zeilen der späteren DDR-Nationalhymne, aber das war das Über-Lebensprogramm auch der Westdeutschen. Aufbauen, nicht allzuviel zurückschauen, das eigene beschädigte Leben wieder in bürgerliche Gleise heben, eine neue Generation aufziehen – diese »beschränkten« Ziele der Davongekommenen konnten das Mißtrauen der Nachkriegsgeneration nicht besänftigen und ihre stellvertretende Scham nicht mindern. Der Mythos der »Stunde Null«, Währungsreform, Wirtschaftswunder, »Wir sind wieder wer« waren in der Sicht der Nachgeborenen nur die neuen Lebenslügen der Kriegsgeneration, die sich im Windschatten des nun ausgebrochenen Kalten Krieges erfolgreich um die Bewältigung der Vergangenheit drücken konnte.

Auf die Kriegsgeneration und ihr Verhalten in der Nachkriegszeit schien zuzutreffen, was Theodor W. Adorno zu Beginn der fünfziger Jahre in einem Memorandum schrieb: »... das Pathogene besteht darin, daß die Einzelerfahrung in ihrer Unmittelbarkeit hingenommen und nicht echt in ihren über die Unmittelbarkeit hinausgehenden Zusammenhängen erfahren wird.« Er konstatiert eine »Verstümmelung des Weiterdenkens und Begreifens« und beobachtet: »Oft machen diese Menschen aus ihrer Beschädigung auch noch eine Art Ideologie und verschanzen sich hinter dem eigenen Defekt.«

Das Ausblenden großer Teile der Realität – bei gleichzeitiger Konzentration auf die »verbleibenden« Teile, im Falle der Nachkriegsdeutschen eben der unmittelbar anstehenden Lebensprobleme – ist das Grundmuster von Lebenslügen. Sie sind der »blinde Fleck« in einer Biographie, der vor schmerzhaften, unerträglichen Wahrheiten schützt. Lebenslügen machen den einzelnen, aber auch Gruppen oft erst funktionstüchtig und verhindern, daß er von Schuld und Scham buchstäblich gelähmt wird. Sie sind psychologische Selbstschutzmechanismen: »Das hast Du getan, sagt das Gedächtnis. Das kannst Du nicht getan haben, sagt der Stolz ... Schließlich gibt das Gedächtnis nach« (Friedrich Nietzsche). So gesehen ist ausgerechnet die meistzitierte psychologische Arbeit über die geistige Situation in Nachkriegsdeutschland, die Studie über »Die Unfähigkeit zu trauern« des Analytikerpaares Alexander und Margarete Mitscherlich, eine im Grunde unpsychologische Betrachtung. »Wie hätte sich denn die Kriegsgeneration mit dem Übermaß an Schuld, mit ihrem Mittun oder auch nur dem Dulden historisch einmaliger Verbrechen auseinandersetzen können, ohne vor Scham und Trauer zu vergehen und vollständig paralysiert zu sein?« fragt die deutschamerikanische Psychologin Gerda Lederer.

Der existentielle Riß, der durch das Leben der Kriegsgeneration ging, hat zwar nicht den trauernden Rückblick und die Aufarbeitung der Schuld stimuliert. Verdrängung, Verleugnung, Ungeschehenmachen: nahezu alle Mechanismen der psychischen Abwehr wurden im Deutschland der »Stunde Null« mobilisiert. Mit der Konsequenz, daß diese Vergangenheit immer wiederkehrt, immer wieder auf peinliche und schmerzhafte Weise auftaucht, auch gerade dann, wenn ihrer offiziell und »distanziert« gedacht werden soll – wie etwa in der aufsehenerregenden Rede des damaligen Bundestagspräsidenten Philipp Jenninger oder in den zahllosen rhetorischen Entgleisungen von Bundeskanzler Kohl.

Aber die Kriegsgeneration hat in ihrer Aufbauwut und Alltagszugewandtheit auch einen Apologeten gefunden, der ihr ein neues Bewußtsein bescheinigte. Sie sei keineswegs ungebrochen und unbelehrt aus den Erfahrungen der Nazi- und Kriegszeit hervorgegangen – und von einem blinden, uneinsichtigen Weiterwursteln könne keine Rede sein. Helmut Schelsky beschrieb die HJ-Generation 1957 in einer soziologischen Studie als die »skeptische Generation«: »Die dem jugendlichen Wesen unangemessenen Erfahrungen des Krieges und seiner Folgen haben nicht nur die Identifikationsbereitschaft mit bestimmten politischen Systemen ... erschüttert, sondern die politische Glaubensbereitschaft und ideologische Aktivität ... an der Wurzel vernichtet. Die Jugend hatte es bitter notwendig, sich aus der Welt der Illusionen, der Ideologien und den ... vorgedachten Erkenntnisangeboten die paar konkreten Sicherheiten ihres persönlichen Daseins herauszulesen, die noch Fundament ihrer Lebensführung sein konnten. Sie hat aus dieser Erfahrung die generelle Geisteshaltung gemacht, einen kritischen Positivismus der Lebenssicherheit, der lieber im Kleinen, aber Handfesten verharren als sich auf unüberprüfbare Verallgemeinerungen der Lebensziele einlassen, der sich nicht bluffen, nicht verführen lassen will.«

Das Etikett der »skeptischen Generation«, so meint die Jugendforscherin Sibylle Hübner-Funk, kam dem massenhaften Bedürfnis der Kriegsgeneration entgegen, aus dem Schatten ihrer verfehlten Kindheit und Jugend im Nazistaat herauszutreten. Es wirkte wie ein Wundpflaster, das ihre verletzten Loyalitäten zum Hitler-Reich verbarg und zu heilen versprach. Ernüchtert und enttäuscht, skeptisch gegenüber allen ideologischen Entwürfen und in der Selbsteinschätzung dennoch ungebrochen lebenstüchtig, schulterte diese Generation die Aufgaben des Nachkriegslandes. Und diese Aufgaben sah sie vor allem in der praktischen Bewältigung der persönlichen und alltäglichen Probleme.

Schelsky schreibt: »Die in Kriegs- und Nachkriegszeit erfahrene Not und Gefährdung der eigenen Familie durch Flucht, Ausbombung, Deklassierung, Besitzverlust, Wohnungsschwierigkeiten, Schul- und Ausbildungsschwierigkeiten oder gar durch den Verlust der Eltern oder eines Elternteils haben einen sehr großen Teil der gegenwärtigen Jugendgeneration frühzeitig in die Lage versetzt, für den Aufbau und die Stabilisierung ihres privaten Daseins Verantwortung oder Mitverantwortung übernehmen zu müssen.«

Die »Skeptischen«, die »gebrannten Kinder« des Hitler-Reiches, reduzieren ihren Lebensradius auf das Naheliegende, Private, Überschaubare. Im Mittelpunkt dieses Lebensradius steht die Familie und das berufliche Fortkommen. Das familiäre Ideal der Nachkriegszeit hieß »Partnerschaft im Lebenskampf«, und dieser Kampf wurde illusionslos, zupackend und – zum großen Teil – erfolgreich gekämpft.

Die Orientierung auf das Praktische, verbunden mit der Absage an ideologisch-politische Ansprüche, ist für Schelsky das Hauptmerkmal der »skeptischen Generation«. Sie machte das Beste aus ihrer psychischen und sozialen Situation, wobei ihr Pragmatismus alle Lebenskraft aufbrauchte. Dabei, so meint Heinz Bude in seiner Studie über die »Flakhelfer-Generation«, wird die innere Logik des äußeren Erfolges dieser »Skeptischen« erkennbar: »Sie machen sich klein und packen zu ... die ›letzten Helden des Führers‹ werden zu den lautlosen Machern des westdeutschen Wiederaufstiegs. Das Bild verdeckt jedoch die andere Seite der Funktionstüchtigkeit dieser Generation: ein darunter liegendes Lebensgefühl des Schwindels, der Haltlosigkeit, der Unsicherheit.«

Drittes Kapitel
Die Mitgift der frühen Jahre

Das beschädigte Ich

Wer in den vierziger und fünfziger Jahren in Deutschland geboren wurde, ist heute ein erwachsener, »mitten im Leben stehender« Akteur in einer der reichsten, wirtschaftlich und politisch stabilsten Gesellschaften der Welt. Aber der äußere Erfolg dieses Landes steht in deutlichem Gegensatz zur Befindlichkeit seiner Bürger: Eine Mehrheit fühlt sich sehr viel unglücklicher und unzufriedener als Angehörige ärmerer Staaten wie etwa Irland, Griechenland oder sogar von Ländern der Dritten Welt. Die heutigen Deutschen können ganz offenbar ihren Wohlstand nicht richtig genießen. Immer wieder bescheinigen sie sich auch selbst, unglücklich, mürrisch, tendenziell schlecht gelaunt, verklemmt und verkrampft zu sein. Das öffentliche Klima ist geprägt durch schlechte Stimmung, ständig zur Schau getragenes »Problembewußtsein« und Rechthaberei im Unglück: Nirgendwo sonst wird so inbrünstig die ökologische Katastrophe diskutiert, nirgendwo sonst war der Protest gegen den Golfkrieg so grundsätzlich und moralisch, nirgendwo sonst beherrschen die Probleme von Minderheiten das öffentlich-rechtliche Fernsehen so sehr. Die öffentliche Diskussion giert geradezu nach schlechten Nachrichten, nach guten Gründen für sorgenvolle Mienen.

Aber auch im privaten Bereich gelingen Entspannung und Unterhaltung offenbar nur mühsam. Feiertage werden oft als Qual empfunden, als unstrukturierte Zeit, die man kaum sinnvoll zu füllen weiß und nach der man gerne wieder in die Arbeit flüchtet. Selbst der Urlaub gleicht in Deutschland einer gigantischen Fluchtbewegung – nichts wie weg, vor allem von den anderen »unerträglichen« Deutschen –, die man dann aber in Massen unter südlicher Sonne wiedertrifft: »Man spricht deutsch.« Eine Atmosphäre von latenter und offener Aggressivität, etwa im Straßenverkehr oder in nachbarschaftlichen Beziehungen, von Rückzug, Mißtrauen und Selbstisolation, von angestrengter Genußsuche vor allem in der Freizeit herrscht in dieser Bundesrepublik. Diese Befindlichkeit ist vielen schmerzhaft bewußt, und so gibt es immer wieder bemühte und tiefschürfende Erklärungsversuche für den emotionalen Grauschleier, der über dem Land und seinen Bewohnern liegt.

Dabei werden vor allem politische und soziologische Gründe angeführt, etwa der schnelle Wandel in der Arbeitswelt, die zunehmende Kompliziertheit der postmodernen Gesellschaft, ihr Sinnverlust und ihre Orientierungslosigkeit. Die Erosion moralischer Werte muß ebenso als Erklärung herhalten wie der Zerfall von traditionellen Institutionen: Familie, Religion, Parteien.

Aber wie weit tragen diese »Erklärungen«? Können sie den Kontrast begreiflich machen, der zwischen dem äußeren Erfolg und der inneren Unzufriedenheit, Traurigkeit und Unruhe besteht? Sicher ist die Bundesrepublik ein »schwieriges Vaterland«, wie der frühere Bundespräsident Gustav Heinemann einmal meinte. Die Deutschen müssen mit dem Mißtrauen, der Angst und dem Neid ihrer Nachbarn leben, und durch die Vereinigung beider deutscher Staaten sind die Probleme noch komplizierter geworden, und die Vergangenheit, die schon bewältigt schien, wird wieder aufgerührt. Dennoch: Warum können sich Deutsche nur so schwer ihres Lebens, ihrer Erfolge freuen? Was macht diese Nation, vor allem ihre Nachkriegsgeneration, so »anhedonisch«? (Mit Anhedonie bezeichnen Psychotherapeuten die Unfähigkeit, sich freuen und genießen zu können. Sie ist eines der Hauptmerkmale von Depression.)

Die Antwort muß in der Psyche der heute erwachsenen Deutschen gesucht werden. Sie haben als Mitgift ihrer Eltern nicht nur materiellen Wohlstand und moralische Erblasten ungeheuren Ausmaßes mitbekommen, sondern vor allem eine psychische Ausstattung, die ihr auch nach Jahrzehnten noch zu schaffen macht.

Der Mangel an Selbst-Sicherheit

Die »traurige Generation« ist ich-krank. Ihre Selbstzweifel und Selbstwertprobleme, ihre Schwierigkeiten bei der Gestaltung dauerhafter Beziehungen, ihre Gefühle der Leere, Isolation und Sinnlosigkeit – sie sind Symptome einer mißlungenen, nicht vollendeten Identitätsbildung. Nicht ohne Grund ist »Identität« eines der meistbenutzten Mode- und Schlagwörter unserer Zeit. Vor dem Hintergrund des Mangels an Selbst-Sicherheit, an Identität, wird sie krampfhaft gesucht und beschworen. Der Verlust des Ich-Gefühls, der Fähigkeit, »in sich selbst zu ruhen«, seiner selbst gewiß zu sein, wird immer häufiger als das typische Leiden der heute Erwachsenen erkannt und untersucht.

Psychologie und Psychoanalyse sehen in der »Ich-Störung« die Krankheit unserer Zeit. Sie wird in nahezu allen Industriestaaten registriert und ist zu einem guten Teil auf soziale Veränderungen zurückzuführen, die sich in fast allen modernen Gesellschaften ähnlich vollzogen haben. In diesen Ländern, vor allem auch in der Bundesrepublik, haben sich Produktionsmethoden, Arbeitsmarkt, Wohnbedingungen und viele andere gesellschaftliche Rahmenbedingungen in dem Jahrzehnt nach dem Zweiten Weltkrieg gewandelt. Dadurch wiederum wurden Familienleben und Erziehungsstile und -ziele beeinflußt und allmählich umgeformt. Der Zugewinn an wirtschaftlichem Wohlstand, an Konsummöglichkeiten, an Wahlfreiheiten und Optionen aller Art, an Freizeit und Beweglichkeit, an Aufstiegs- und Bildungschancen hatte seinen Preis: Leistungsdruck, Anonymität und Austauschbarkeit des einzelnen, Flexibilität, Anpassungsbereitschaft an moderne Arbeits- und Lebensbedingungen, Verlust von Traditionen und Bindungen.

Dieser »Modernisierungsschub« (Ulrich Beck) hat in Deutschland nach dem Krieg begonnen. Erst heute wird jedoch sichtbar, wie er zu den weitverbreiteten und so zeittypischen Ich-Störungen beigetragen hat. In der psychischen Befindlichkeit der »traurigen Generation« zeichnet sich das Bild einer ich-gestörten »Psychoklasse« ab, die nicht nur eine historisch besonders belastete Mitgift bewältigen muß, sondern auch den psychosozialen Veränderungen unterworfen war, die die moderne Industriegesellschaft mit sich bringt.

Die »Pathologie des Ich« drückt sich in einem sehr komplexen Verhaltens-, Beziehungs- und Gefühlsmuster der Betroffenen aus. Gerade weil das Ich die zentrale psychische Instanz des »In-der-Welt-Seins« ist und die bewußten menschlichen Fähigkeiten des Denkens, Lernens und Planens repräsentiert, sind alle Lebensbereiche von einer Ich-Störung berührt. Das Ich ist außerdem die »Vermittlungsagentur« zwischen dem Über-Ich (Gewissen, Moral) und dem Es (Triebe, aggressive und sexuelle Impulse). Wenn es nicht gelingt, ein stabiles Ich aufzubauen, drohen schwere Fehlentwicklungen und eine permanente Identitätskrise.

Vor allem durch ihre Allgegenwart unterscheiden sich Ich-Störungen von den »klassischen« Neurosen. Diese waren deutlich abgrenzbar, symptomatisch auffällig (etwa Hysterie, Zwangsneurosen oder Phobien) und erfaßten nur bestimmte Lebensbereiche. Das Bild der Ich-Störungen dagegen ist oft vage, unscharf und diffus und wirkt weniger »dramatisch« als das der klassischen Neurosen. Am treffendsten lassen sich die Symptome der Ich-Störung unter dem Begriff »allgemeine Lebensunlust« zusammenfassen: Unzufriedenheit, innere Anspannung, depressive Stimmungen, Gefühle der Leere, Unfähigkeit, zu lieben und zu genießen, Kontakt- und Arbeitsprobleme, Angst, Langeweile.

Ich-beschädigte Menschen sind meist wenig auffällig, ihr Leiden unterscheidet sich von anderen psychischen Problemen geradezu durch seine Ausdrucksverarmung. Und weil es ja nichts wirklich Dramatisches ist, was ihnen das Leben vergällt, haben Ich-Gestörte oft nur ein schwaches Bewußtsein für ihr Problem. Sie »funktionieren« reibungslos in Arbeit und Familie, auch wenn eine leise, resignative Traurigkeit wie Mehltau über ihrem Alltag liegt, und nur gelegentliche Affektausbrüche weisen signalartig auf den Persönlichkeitsdefekt hin.

Inwiefern ist die Ich-Beschädigung der Nachkriegsgeneration Teil der elterlichen Mitgift? Warum gelang es dieser Generation nicht, ein stabiles Ich zu entwickeln – obwohl doch die äußeren Lebensbedingungen so deutlich günstiger waren als die der Elterngeneration?

Die zweite Geburt

Der Schlüssel zu den Ich-Störungen liegt für die modernen Psychoanalytiker in der »präödipalen Phase«, also in den ersten drei Lebensjahren.

Noch bevor sich das klassische ödipale Dreiecksdrama (zwischen dem vier- oder fünfjährigen Kind und den beiden Elternteilen) abspielen kann, das noch für Sigmund Freud das Urereignis der Persönlichkeitsentwicklung war, werden in der präödipalen Phase offenbar noch grundlegendere Strukturen der Psyche geformt: Als Säugling und Kleinkind sind wir extrem abhängig und angewiesen auf die Liebe und Fürsorge der Mutter (oder einer mütterlichen Person). Unser Ich muß sich in diesen ersten Lebensjahren in einer zweiten, »psychischen Geburt« aus der engen, symbiotischen Einheit mit der Mutter lösen. Ob und unter welchen Bedingungen diese Ablösung gelingt, entscheidet über die Qualität und Stabilität des Ich im weiteren Lebenslauf.

Die Mutter ist nicht nur die Ernährerin und Behüterin des Kleinkindes, sie ist psychisch noch »eins« mit ihm, bildet den »sozialen Uterus«. Aus der Mutter-Kind-Einheit kann sich das Ich des Kindes erst in einem mehrjährigen, sehr störungsanfälligen und beeinflußbaren Prozeß herausentwickeln, um zu einem Individuum zu werden.

Ich-Störungen und Ich-Defekte entstehen sehr früh in der menschlichen Entwicklung. In der sogenannten Objektbeziehungstheorie hat die Psychoanalyse nach Freud die wesentlichen Erkenntnisse über die Entstehung der Persönlichkeit zusammengefaßt. »Objekte« sind für das Kleinkind die Menschen und Dinge seiner frühesten Erfahrungen, vor allem Mutter und Vater. Sein Verhältnis zu diesen »Objekten« schwankt in den ersten Lebensjahren zwischen Symbiose und Autonomie: Einerseits braucht es die absolute Geborgenheit, die psychische Verschmelzung vor allem mit der Mutter, um das Grundgefühl der Sicherheit entwickeln zu können, andererseits will es die Welt erkunden und muß sich buchstäblich schrittweise von der Mutter entfernen, um eigene Erfahrungen zu machen und ein Gefühl für Individualität und Selbständigkeit zu bekommen.

In einem Wechselspiel von Entfernung und Wiederannäherung lernt das Kind im Idealfalle, daß das »Objekt« Mutter eine sichere Größe, eine Konstante, in seinem Leben ist: Auch wenn sie nicht immer verfügbar ist, auch wenn sie einmal nicht tröstet und hilft, sie ist »prinzipiell« da. Indem es diese »Objektkonstanz« begreift, überwindet das Kleinkind zwei wesentliche Klippen in seiner Entwicklung:

- Es lernt, daß sich der Wunsch nach Autonomie und Selbständigkeit vereinbaren läßt mit dem Wunsch nach Geborgenheit und »Einheit«.
- Es lernt, daß die Mutter (und später auch andere Bezugspersonen) eine Person ist und nicht »aufgespalten« werden muß in die »böse Mutter« (die nicht verfügbar ist oder die den Wunsch nach Welterkundung unterdrückt) und die »gute Mutter« (liebevoll, fürsorglich und Welterkundung gewährend).

Die Fähigkeit, beide Seiten des Verhaltens ein und derselben Person zu integrieren, ist Voraussetzung dafür, später auch bei anderen Menschen »verschiedene Seiten« und Widersprüchlichkeiten akzeptieren zu können, sie also weder zu idealisieren noch zu verteufeln. Anders ausgedrückt: Schon sehr früh muß die grundlegende soziale Fähigkeit erworben werden, mit Ambivalenzen umgehen zu können. Gelingt dieser Entwicklungsschritt nicht, in dem das Kind mit Autonomie und (vorübergehender) Trennung von der Mutter experimentiert, und wird der »unreife« und primitive Mechanismus des Aufspaltens in »nur gut« und »nur böse« nicht überwunden, dann ist eine Ich-Störung für das weitere Leben programmiert: ein Schwanken zwischen zwei Extremen – der ängstlichen Anklammerung an andere und der Unfähigkeit, wirklich vertrauensvolle Bindungen zu ihnen eingehen zu können. Die Welt des so Ich-Gestörten ist eine Schwarzweißwelt ohne Nuancen und Zwischentöne.

Die deutsche Angst

Ich-Störungen treten in verschiedenen Ausprägungen und Schweregraden auf. Es sind gerade die Angehörigen der Nachkriegsgeneration, an denen Psychologen und Psychoanalytiker die zunächst schwer zu diagnostizierenden und bis dahin »unbekannten« Störungsbilder beobachteten. Für diese neue Psychopathologie gilt in besonderem Maße, was der Philosoph und Psychiater Karl Jaspers generell über »zeittypische« Störungen sagte: »... das geistige Milieu, die herrschenden Anschauungen und Werte züchten gewisse seelische Abnormitäten, lassen andere nicht zur Entwicklung kommen. Bestimmte Persönlichkeitstypen ›passen‹ zu einer Zeit und zueinander.«

Die heute zeittypischen Ich-Störungen haben ihre Wurzeln jedoch nicht nur in den frühkindlichen Erfahrungen mit verunsicherten und frustrierten Müttern und schwachen, meist abwesenden Vätern, sondern auch im außerfamiliären Milieu. Es scheint, als ob das Niveau der von Freud so genannten Grundangst ständig ansteigt. In seinem Buch »Das Unbehagen an der Kultur« hat er schon für seine Zeit beobachtet: »Die Menschen haben es jetzt in der Beherrschung der Naturkräfte so weit gebracht, daß sie es mit ihrer Hilfe leicht haben, einander bis auf den letzten Mann auszurotten. Sie wissen das, daher ein gut Stück ihrer gegenwärtigen Unruhe, ihres Unglücks, ihrer Angststimmung.« Freud konnte nur ahnen, was dann nach der Katastrophe des Zweiten Weltkriegs, des Kalten Nachkrieges und des atomaren Wettrüstens sich an Zukunftsangst und existentieller Verunsicherung ausbreitete, vor allem in einem der hauptsächlich »betroffenen« Länder, Deutschland. Und er konnte zu seiner Zeit kaum ahnen, daß nicht nur Kriege die Selbstauslöschung der Menschheit bewirken können, sondern auch der hemmungslose Raubbau an der Natur. Die Möglichkeit militärischer und ökologischer Katastrophen scheint vor allem der heutigen Erwachsenengeneration in Deutschland bewußt zu sein – und keineswegs nur den Aktivisten der sogenannten neuen sozialen Bewegungen, den Grünen und Ökopaxen. Der Zweifel am Fortbestand dieser Zivilisation sitzt tief, er drückt sich beispielsweise in sinkenden Geburtenziffern und kurzfristiger Zukunftsplanung aus. Die deutliche Tendenz zu egoistischen und magischen Formen des Rückzugs – in Sekten, Astrologie, New-Age-Gruppen, in Konsumismus und Hedonismus – läßt sich sicher auch als Ausdruck der unbewußten Sorge um die Selbsterhaltung deuten. Dies alles sind, um in der Sprache der Psychoanalyse zu bleiben, Abwehrstrategien gegen die steigende Grundangst.

In diesen beiden Faktoren liegt wahrscheinlich die Erklärung für das vor allem für ausländische Beobachter rätselhafte Phänomen, daß die Deutschen der siebziger, achtziger und beginnenden neunziger Jahre um so vieles ängstlicher, unsicherer und unglücklicher sind als ihre europäischen Nachbarn. Sie sind in hohem Maße ich-gestört und reagieren deshalb sensibler, aufgeregter und »irrationaler« auf reale, aber auch auf eingebildete Gefahren. Von ihren Eltern haben sie eine »ontologische Verunsicherung«

geerbt, eine Disposition, der Welt und vor allem sich selbst nicht allzusehr zu vertrauen. Die Karriere des deutschen Wortes »Angst« in anderen Sprachen hat zwar schon lange vor unserer Zeit begonnen, zusammen mit anderen »typisch deutschen« Begriffen wie »Weltschmerz«. Aber das Wort »Angst« wurde wohl kaum so häufig benutzt wie in den letzten Jahren, wenn Kommentatoren ein Kürzel für den deutschen Seelenzustand suchten.

Drei Spielarten und Ausprägungen von Ich-Störungen lassen sich heute vor allem beobachten:
- die »Grenzfall-Persönlichkeit« (Borderline-Störung),
- die narzißtische Persönlichkeit und
- der »Bruchstück-Mensch«.

Grenzfälle

Grenzfall-Persönlichkeiten bewegen sich im »Grenzgebiet« zwischen Neurose, Psychose und Normalität. Dieses Grenzgebiet war lange Zeit psychologisches Niemandsland, weil es sich der herkömmlichen Kategorisierung und Etikettierung entzog. Aus den »Grenzfällen«, nicht klar einzuordnenden, in ihrer Symptomatik verwirrenden Störungen, ist heute eine diagnostische Hauptgruppe geworden. Schätzungen gehen davon aus, daß zwischen dreißig und siebzig Prozent des psychotherapeutischen »Krankengutes« Borderline-Fälle sind.

Der deutsch-amerikanische Psychoanalytiker Otto Kernberg hat wohl am prägnantesten herausgearbeitet, was die zentralen Merkmale der Grenzfall-Persönlichkeit sind: Sie hat kein sicheres Ich-Gefühl entwickeln können und verfügt über keine stabile Identität. Diese Ich-Schwäche äußert sich in mangelnder Angsttoleranz, geringer Impulskontrolle und schwacher Sublimierungsfähigkeit.

Unbeständigkeit und schnell umschlagende Gefühle und Stimmungen sind weitere typische Eigenschaften der Grenzfälle. Die unsichere Identität macht sich vor allem in den Beziehungen zu anderen Menschen bemerkbar. Sie werden oft idealisiert oder unmäßig abgewertet. Die Beziehungen zu anderen basieren nicht auf Austausch und Gegenseitigkeit, sondern wirken oft manipulativ oder sind durch starke Abhängigkeit geprägt. Lebensziele, Loyalitäten und Werte stehen immer wieder »zur Disposition«, geben keinen Halt und keine Sicherheit. Selbst die Geschlechtsrolle ist häufig unsicher.

Große Angst vor Einsamkeit und Alleinsein quält die Grenzfallpersönlichkeit, dabei erschwert sie sich soziale Kontakte oft durch unkontrollierte und unangemessene Gefühlsausbrüche. Selbstbestrafung und selbstzerstörerische Gewohnheiten, etwa in Form von exzessivem Alkohol- oder Drogenkonsum und sexueller Promiskuität, sind bei Borderline-Persönlichkeiten besonders häufig zu finden.

Gerade in der Beziehung zu anderen Menschen, im Verhältnis zu Liebes- und Ehepartnern, Freunden, Kollegen und so weiter, wird die unsichere Identität des »Grenzfalles« zum Haupthindernis. Hin und her gerissen zwischen den Wünschen nach Nähe, Intimität, ja Verschmelzung mit dem anderen und der Furcht, durch dieses Einswerden als Ich überschwemmt und ausgelöscht zu werden, können sich keine reifen Formen des Miteinanders bilden. Grenzfälle »klammern«, fordern, betteln um Zuwendung, idealisieren die Partner – und reagieren mit unmäßiger Enttäuschung und heftigster Kritik, wenn diese Bedürfnisse nicht erfüllt werden.

Sie haben in ihrer frühkindlichen Entwicklung nicht gelernt, daß andere Menschen als »Ganzes« gesehen werden müssen, als Wesen mit eigenen Bedürfnissen, Widersprüchen und Eigenschaften. Und obwohl sie sehr sensibel auf das Verhalten anderer reagieren, ihre »Antennen« ständig ausgefahren sind, fällt es ihnen schwer, sich in andere einfühlen zu können. Dieser Mangel an Empathie macht es schwer, sich selbst auf enge Freunde oder Liebespartner einzustellen und sie als berechenbare, »konstante« Menschen wahrzunehmen. Weil Grenzfall-Persönlichkeiten einen so verengten Blick für andere Menschen haben, sich aber auch selbst kaum kritisch beobachten können, lernen sie nicht aus früheren Fehlern und neigen dazu, sie zu wiederholen: Beispielsweise kehren Borderline-Frauen immer wieder zu ihren prügelnden Ehemännern zurück, auch wenn sie weiterhin geschlagen werden.

Narzißten

Narzißmus, so definierte Sigmund Freud 1911, ist »das zum Liebesobjekt genommene Selbst«. Diese Form der Selbstliebe ist eine notwendige und unvermeidliche Entwicklungsphase des Kleinkindes; der Säugling kann zwischen sich selbst und der Umwelt noch nicht unterscheiden und lebt im Zustand des »primären Narzißmus«. Regrediert der erwachsene Mensch in diese Lebensphase des primitiven Einsseins mit der Welt, spricht Freud vom »sekundären Narzißmus«.

Heute hat sich die Bedeutung des ursprünglich für ein Zuviel an Selbstliebe und Selbstbezogenheit geprägten Begriffes verschoben und erweitert. Narzißmus ist wie das Borderline- oder Grenzfall-Syndrom eine Ich-Störung, die in den ersten drei Lebensjahren begründet wird. Auch beim Narzißmus wird die Ich- Entwicklung gestört, wenn das Kleinkind seine Individualität und Selbständigkeit erproben will und gleichzeitig die Geborgenheit und

Liebe der Mutter als »Lebensversicherung« braucht. Wird in dieser entscheidenden Lebensphase die beginnende Eigenständigkeit des Kindes mit »Enttäuschung«, Liebesentzug oder Ängstlichkeit seitens der Mutter quittiert, können sich Selbstsicherheit und vor allem das Gefühl für die Grenzen des eigenen Ich nicht entwickeln. Das Kind will die Mutterliebe auf keinen Fall verlieren, es fürchtet nichts so sehr, wie verlassen zu werden. Also lernt es, seine Wünsche den mütterlichen zu unterwerfen, ein »falsches Selbst« entsteht, ein gespieltes, dargestelltes, unechtes Selbst, mit dem die Mutter »zufrieden« ist.

Das »wahre Selbst« mit all seinen eigenen Wünschen und Impulsen muß verleugnet werden, damit nicht Angst und Traurigkeit das Kind überschwemmen. Diese Selbstverleugnung ist für das psychische Überleben des Kindes so entscheidend, daß es sie als Strategie für das restliche Leben verinnerlicht. Damit wird aber die psychische Ausdifferenzierung der kindlichen Psyche arretiert und auf einem Stand gehalten, der die Unterscheidung zwischen »innen« und »außen«, zwischen fremden und eigenen Gefühlen und Wünschen erschwert oder ganz unmöglich macht.

Borderline-Persönlichkeiten und Narzißten gehen auf unterschiedliche Weise mit dieser frühkindlichen Beeinträchtigung um, und folglich sind auch die Störungsbilder sehr unterschiedlich, auch wenn beide auf Defekte des Ich zurückgehen. Während die »Grenzfälle« sich dadurch vor der Angst und der Depression des (möglichen) Verlassenwerdens schützen, daß sie sich als »gute Kinder« an die Mutter (oder an andere Personen im späteren Leben) anklammern und ihre Ich-Grenzen verschwimmen lassen, reagieren Narzißten mit einer anderen »Strategie«: Sie schützen sich vor den negativen Gefühlen des drohenden Verlassenwerdens, der Wut, Angst und Traurigkeit darüber, indem sie ihr »falsches Selbst« aufblähen, sich also »aufblasen« und überhöhen. Man könnte Narzißmus auch als eine Überreaktion des Ich auf die Angst vor den eigenen Gefühlen betrachten. Narzißmus ist eine Form des Selbstschutzes. Er gleicht einer »Flucht nach vorn« in eine übersteigerte und zur Schau getragene Selbstsicherheit. Narzißten wirken sehr häufig entschlossen, sicher bis zur Arroganz, erfolgreich, exhibitionistisch; sie scheinen es in den Augen der anderen »geschafft« zu haben. Das Leben ist für sie ein großer Wettkampf, in dem sie ständig ihre Größe und Überlegenheit beweisen können – und müssen.

Das grandiose Selbstbild, das der Narzißt von sich entwirft, muß ständig durch die Anerkennung der anderen gestützt werden. Erst wenn die anderen »Zeugen« der eigenen Größe sind, ist der Sinn des »aufgeblähten Selbst« erfüllt, erst wenn sich der Narzißt in der Bewunderung seiner Umgebung wie in einem Spiegel wiedererkennt, funktioniert die Abwehr von Gefühlen der Angst, Depression und Unsicherheit. Narzißten sind Getriebene: Rastlos müssen sie den »Nachschub« an Lob, Bewunderung und Anerkennung organisieren und Entsprechendes leisten, etwa als »Workaholic«, als »glänzender Alleinunterhalter« und in ähnlich »erfolgsträchtigen« Rollen. Der Narzißt benötigt häufig auch die äußeren Symbole des Erfolges: Statussymbole wie Autos, Kleidung, Schmuck, Haus und so weiter. Und er muß sich vorzugsweise mit solchen Menschen umgeben, die ein geeignetes Publikum für seine Größe und Perfektion sind und vor denen er brillieren kann.

Diese defensive, aber doch so offensiv erscheinende Strategie des Narzißten, sein »wahres Selbst« unter Verschluß zu halten und die negativen Gefühle, die mit diesem verbunden sind, zu unterdrücken, hat einen besonders hohen Preis: wachsender Realitätsverlust. Der Narzißt muß an seine Größe glauben, und er vermeidet alles, was diese Selbstwahrnehmung stören könnte. Er wird zum geschickten Manipulateur von Menschen und Fakten. Im Dienste des aufgeblasenen, aufgeblähten falschen Selbst verleugnet er Mißerfolge oder sieht sie zumindest nicht als persönliches Versagen an, sondern schreibt sie anderen oder den Umständen zu. Wird ein Narzißt von seiner Frau verlassen, so reagiert er nicht mit Traurigkeit, sondern mit Zorn: Trauer wäre ein Eingeständnis von Schwäche, Zorn dagegen bedeutet, daß ihm Unrecht widerfahren ist.

Es ist relativ leicht, narzißtische Charaktere in bestimmten Berufen oder Gebieten zu erkennen: in Politik, Wirtschaft oder Showgeschäft. Das Rampenlicht, das auf Figuren des »öffentlichen Interesses« fällt, zieht Narzißten stark an. Sie sind bereit, für diesen Glanz bis zur Erschöpfung zu arbeiten. Dabei erwarten sie von ihren Kollegen oder Untergebenen ähnliche Leistungsbereitschaft und Hingabe, auch wenn sie allein den Ertrag dieser Anstrengungen einheimsen wollen. Als Fallbeispiel für diesen manipulatorischen, selbstüberhöhenden Narzißmus eignet sich der frühere schleswig-holsteinische Ministerpräsident Uwe Barschel, der zum Opfer seines »aufgeblähten« Selbst wurde, als diesem buchstäblich die Luft ausging. Ein phantastisches Lügen-und-Intrigen-Gebäude fiel nach der berühmten »Ehrenwort«-Pressekonferenz zusammen. Weil für Charaktere wie Barschel die Person eins geworden ist mit dem teuer erkauften Glanz und Erfolg eines hohen Amtes, mußte diese Ausgeburt eines »falschen Selbst« bis zuletzt, bis zur persönlichen Katastrophe, verteidigt werden. Und als dies nicht mehr möglich war, wurde die weitere Existenz sinnlos – der Selbstmord war die tragische, aber »folgerichtige« Reaktion auf den Verlust der narzißtischen Hilfskonstruktionen.

Barschel ist ein Angehöriger der Nachkriegsgeneration, der »traurigen Generation«. Sein Fall ist ein, wenn auch extremes, so doch typisches Beispiel für die komplizierten Wege, auf denen die Angehörigen dieser Generation das Drama des Überganges zu bewältigen versuchten. Sein beschädigtes Ich arrangierte sich mit den individuellen Lebensumständen so, daß es sehr lange hinter großem äußeren Erfolg verborgen bleiben konnte.

Der Narzißmus-Experte und Psychotherapeut James F. Masterson unterscheidet drei Ausprägungen dieser Ich-Störung: eine starke, eine mittlere und eine schwache. Diese Unterscheidung bezieht sich auf den »Erfolg« des jeweiligen narzißtischen Arrangements: »Starke« Narzißten haben ihr Leben so organisiert, daß der »Nachschub« an Anerkennung und Erfolgserlebnissen nicht abreißt. Deshalb sehen sie auch kaum einen Grund, über ihre Person nachzudenken oder gar therapeutische Hilfe zu suchen. »Mittlere« Narzißten haben es etwas schwerer: Ihnen ist es nicht gelungen, eine »ideale« Umwelt für ihr aufgeblähtes Selbst zu schaffen. Deshalb müssen sie sehr viel öfter als die »Starken« die unausbleiblichen Rückschläge und Mißerfolge verleugnen, unterdrücken oder uminterpretieren. Das gelingt aber dann nicht mehr, wenn eine Lebenskrise (Scheidung, anhaltende Krankheit, Verlust des Arbeitsplatzes) unerbittlich all die Trennungs- und Verlassenheitsängste reaktiviert, die der Narzißt durch »Aufblähen« überspielen wollte. Die »schwachen« Narzißten verfügen weder über die Mittel und Wege, ihr falsches Größen-Selbst vor der rauhen Wirklichkeit zu schützen (wie die »starken«), noch können sie diese unerfreulichen Erfahrungen so erfolgreich verleugnen wie die »mittleren«. Deshalb verfallen sie sehr häufig in depressive Stimmungen und suchen sehr viel häufiger als die beiden anderen Typen therapeutische Hilfe. Sie wirken zunächst eher wie Grenzfall-Charaktere, aber sobald sie selbst in der Therapie beginnen, Bewunderung und Lob »einzuklagen«, werden sie als Ich-Gestörte des narzißtischen Typs erkennbar.

Das Modell des »aufgeblähten Selbst«, das sich durch diese Selbstvergrößerung vor den sehr früh programmierten Verlust- und Trennungsängsten schützt, erklärt die narzißtischen Selbstdarstellungskünste und die Abhängigkeit von der Anerkennung und Bewunderung anderer. Die Beziehungen zu anderen Menschen stehen für den narzißtischen Charakter unter dem Gesetz, sich selbst vor unangenehmen Gefühlen und Wahrheiten zu schützen. Andere sind vor allem dazu da, das eigene Selbstwertgefühl durch ihre Zuwendung zu stabilisieren. Tiefere Gefühle für andere zu entwickeln ist für den Narzißten zu riskant, das würde wertvolle und überlebenswichtige psychische Energien von der Hauptaufgabe abziehen. Im Konzept des »ausgedehnten Selbst« wird die Beziehungstaktik narzißtischer Persönlichkeiten beschrieben – und die ihrer Partner, die Mitspieler und Opfer zugleich sind. Dieses »ausgedehnte Selbst« erfaßt und bindet vor allem solche Menschen in der Umgebung des Narzißten, die sich als »Mitspieler« eignen. Sie sind für die Beziehung zum Narzißten qualifiziert, wenn sie sich immer stärker selbst verleugnen, sich »zurücknehmen«, sich klein und unbedeutend machen (lassen). Die Manöver des Narzißten sind dabei selten plumpe Unterdrückung, sondern eher subtile Psychotricks. Der »Partner« des Narzißten verliert typischerweise allmählich das Gefühl dafür, welches nun seine eigenen Wünsche und Gefühle sind und welche ihm das »ausgedehnte Selbst« eingepflanzt hat. Er verliert allmählich sein Selbstwertgefühl, seine Spontaneität und – seine Freiheit. Diffuse Gefühle sagen ihm zwar, daß er »irgendwie« vom Narzißten ausgebeutet und immer mehr vereinnahmt wird, aber alle Versuche, sich aus seinem dichtgesponnenen Netz zu befreien, werden vom »ausgedehnten Selbst« nur zu verstärkter Manipulation benutzt.

Der »Bruchstück-Mensch«

Diesen Begriff prägte der Psychoanalytiker Gerald von Minden, um den »frühgestört-neurotischen Menschen der technokratischen Gesellschaft« zu beschreiben. Gemeint ist der nach außen hin gutfunktionierende Leistungsmensch, ein Angehöriger der mittleren bis oberen Führungsschicht unserer Gesellschaft. Diese Macher und Meinungsführer, Manager und »Kreativen« sind in der Regel erfolgreich, kennen kaum materielle Sorgen, und sie werden als die Träger der wirtschaftlichen und sozialen Entwicklung respektiert.

Und doch stimmt mit diesen Säulen des Systems etwas überhaupt nicht: »Ein Menschentyp, bei dem ein auf Höchstentwicklung trainierter Intellekt und ein auf äußerste Anstrengung getrimmter Wille in keinem Verhältnis stehen zu einer Unreife des Gefühls, einer Infantilität des Phantasielebens, einer unbewußten Tendenz zur Aggressivität und einer Verkümmerung von Mitmenschlichkeit . . .« (Gerald von Minden). Bruchstück-Menschen sind Muskelmänner des Intellekts und Kümmerlinge des Gefühls. Dieses innere Ungleichgewicht macht sie unfähig zu engen, aber gleichgewichtigen Bindungen zu anderen Menschen. Und trotz ihrer intellektuellen Fähigkeiten sind sie chronisch selbstunsicher: Auf Kritik oder gar Ablehnung reagieren sie mimosenhaft, ihre Angst vor Kränkungen oder Blamagen (die wie ein »Ich-Tod« erlebt werden) ist panikartig.

Die Symptomatik ist vertraut, denn die »Bruchstück-Menschen« sind wie die »Grenzfälle« und die Narzißten ich-gestört. Sie bilden eine besondere Gruppe von Ich-Kranken, eine »elitäre« Gruppe, was ihren gesellschaftlichen Status und die Widersprüchlichkeit ihrer psychischen Struktur betrifft. Erfolgserlebnisse und Selbstbestätigung im Beruf, verbunden mit materiellem Wohlstand, lassen diese Ich-Gestörten über längere Zeit hinweg »funktionieren«. Aber selbst die ständige Zufuhr von äußerer Anerkennung stabilisiert den innerpsychischen Gefühlshaushalt nicht – zuviel Energie muß letztlich darauf verwendet werden, diese Zufuhr zu organisieren. Die Pseudosicherheit, die Scheingröße des »Bruchstück-Menschen« kann manchmal auch nur dadurch aufrechterhalten werden, daß andere abqualifiziert und »kleingemacht« werden. Aufsteigende Selbstzweifel hält er in Schach, indem er in seinem sozialen Umfeld Menschen sucht (und meist auch findet), die sich entweder als Claque eignen oder in einer Art Dauerdemontage als »negativer Hintergrund« für die eigene »Größe« dienen und niedergemacht werden können.

Unsere Gesellschaft ist in weiten Teilen durchaus so organisiert, etwa in der Arbeitswelt, in der Politik, daß solche Arrangements leicht möglich sind. Der Einzelkämpfer mit den herausragenden Fähigkeiten und den eisernen Ellenbogen war lange Zeit der heimliche Held des Wirtschaftswunders.

Solange der selbstunsichere »Bruchstück-Mensch« seine inneren Defizite erfolgreich überspielen kann, muß er »nur« privat mit seinen unterdrückten Ängsten fertig werden. Die Fassade des Erfolges wird aber brüchig, wenn beispielsweise heftige Gefühlsausbrüche – Jähzorn, Wut, Panik – die innere Anspannung verraten und Einblicke in den defizitären Seelenhaushalt erlauben. Die Unausgereiftheit im Gefühlsleben bringt »Bruchstück-Menschen« dazu, sich wie trotzige, jähzornige Kinder aufzuführen und ihre Umwelt zu erschrecken und zu verblüffen. Aus erfolgreichen und mächtigen Führungsfiguren werden schreiende und tobende Rumpelstilzchen, buchstäblich »außer sich«. Solche »Minipsychosen« sind manchmal der erste Anstoß, über sich selbst intensiver nachzudenken und vielleicht sogar professionelle Hilfe zu suchen.

Das innere Ungleichgewicht der Ich-Gestörten wird ihnen bei solchen unkontrollierten Ausbrüchen oftmals schmerzhaft bewußt. Ihre unfreiwillige Selbstentlarvung ernüchtert nicht nur das bisher bewunderungsbereite »Publikum«, es stürzt sie selbst in tiefe Verzweiflung und Ratlosigkeit. Sie gelangen dann nicht selten zu der »Einsicht«, Hochstapler zu sein und den bisherigen Erfolg nur einem großen Mißverständnis und der Blindheit der anderen zu verdanken – eine Einschätzung, die nicht ganz falsch ist.

Vor allem in der sogenannten Krise der Lebensmitte machen sich solche Gefühle der inneren Leere bemerkbar, in der Zwischenbilanz des Lebens tauchen die Defizite an tieferen menschlichen Bindungen auf, und der äußere Erfolg schmeckt nur noch schal. »Bruchstück-Menschen« müssen das Nachlassen der Kräfte im Alter besonders fürchten, denn allein diesen Kräften verdanken sie ihre bisherige Hilfskonstruktionen für das beschädigte Ich.

Die Ich-Beschädigungen vieler Angehöriger der heutigen Erwachsenengeneration treten im Verhalten und Fühlen immer deutlicher zutage und erklären zu einem großen Teil den Frust und die Freudlosigkeit in diesem Land. Die Wurzeln dieser psychischen Verfassung liegen in ihren »frühkindlichen Erfahrungen«. Sie wurden erzogen von

Eltern, deren eigenes Leben kräftig durcheinandergewirbelt worden war: Sie mußten sich in dramatischen Zeiten voller Umbrüche und Unsicherheiten ihre eigene Existenz sichern, mit den moralischen und materiellen Schäden der Nazizeit auseinandersetzen, ihre persönliche Identität neu definieren. Und während all dessen eine neue Generation die Nachkriegsgeneration aufziehen. Wer über die psychische Befindlichkeit der heute Erwachsenen nachdenkt, muß in diese Jahre zurücksehen, in denen die Grundzüge ihrer Persönlichkeit und ihrer Identität angelegt worden sind.

Die emotionale Mitgift der Mütter besteht in den besonders aufgeladenen, komplizierten Beziehungen zu ihren Kindern. Diese Mütter haben Krieg und Nachkriegszeit als eine Serie von unkontrollierbaren Ereignissen erlebt, als eine Abfolge von unterschiedlichsten Anforderungen an ihre Frauenrolle: Sie fühlten sich ausgeliefert und benutzt als Akklamateure und Ausführende männlich-totalitärer faschistischer Politik, als Arbeitsreserve und »emotionaler Ruhepunkt« in Kriegszeiten, als Hausfrau, Mutter und Organisatorinnen des familiären Zusammenhalts in der Nachkriegszeit. Für sie waren die Kinder, die sie gebaren, das einzige, was ihnen – zumindest eine Zeitlang – allein gehörte. In der Mutter-Kind-Symbiose der ersten Jahre verdichteten sich Hoffnungen, Wünsche, Frustrationen und Enttäuschungen zu einem Klima, das Ich-Störungen besonders begünstigte. Diese Mütter banden ihre Kinder auf eine Weise an sich, die eine Individuation erschwerte und so die Trennungsängste und Identitätsprobleme im späteren Leben geradezu programmierte.

Und die Väter? Kaum oder gar nicht präsent in der Erziehung, sind sie für die Überlastung der Mütter ebenso mitverantwortlich wie für die Defizite an »Sinnvermittlung« im weiteren Entwicklungsverlauf der Nachkriegsgeneration. Welche Normen, welchen Lebenssinn, welche Werte konnte diese Vätergeneration ihren Kindern mit auf den Weg geben? Es waren meist die traurigen Reste der am eigenen Leibe erfahrenen Erziehungspraktiken und -maximen, gemischt mit »neuen« Einsichten und dem oft ehrlichen Wunsch, es besser zu machen als die eigenen Väter. Diese Melange aus autoritären »Restbeständen« und liberaleren guten Absichten signalisierte den Erzogenen vor allem eines: Unsicherheit. Der Nachkriegsgeneration wurde es also in doppelter Weise schwergemacht, wirklich erwachsen zu werden und eine – im psychologischen Sinne – reife Persönlichkeit zu entwikkeln. Sie ist trotz ihres vergleichsweise hohen Bildungsgrades und trotz materiellen Wohlstandes in ihrer Ich-Entfaltung behindert und beschädigt. Heute werden dieser Generation die Defizite und Probleme allmählich als »Mitgift« bewußt. Die ontologische Verunsicherung der eigenen Eltern nach dem großen Bruch in der deutschen Geschichte ist ein Erbe, das jetzt erkennbar geworden ist – individuell und kollektiv. Die traurige Generation hat sich darangemacht, das »individuell Allgemeine« (Jean-Paul Sartre) der eigenen Charakterstruktur zu entschlüsseln und aufzuarbeiten.

Depression: Leben mit dem falschen Selbst

Die Diagnose ist hart und erschreckend: Die westlichen Länder, so der amerikanische Sozialpsychologe Martin E. P. Seligman, befinden sich »mitten in einer Depressionsepidemie«. Es ist vor allem die neurotische oder narzißtische Depression, die inzwischen so häufig auftritt, daß sie bereits als »Schnupfen« unter den psychischen Krankheiten bezeichnet wird. Betroffen sind nicht mehr, wie noch vor einigen Jahrzehnten, ältere Menschen, sondern die, die mitten im Leben stehen, an ihrer Karriere basteln, Familien gründen, kurz: die aktiven und erfolgreichen Angehörigen der mittleren Generation. In Zahlen ausgedrückt, leiden in der Bundesrepublik etwa fünfzehn Prozent der Bevölkerung an starken Depressionen, weitere fünfzehn Prozent werden regelmäßig von depressiven Verstimmungen heimgesucht.

Zehnmal häufiger als noch vor fünfzig Jahren werden Ärzte heute in ihren Praxen mit offenen oder verdeckten Depressionen konfrontiert, und ihre Hilflosigkeit diesem Phänomen gegenüber drückt sich unter anderem in den Unmengen von Psychopharmaka aus, die sie verschreiben. Antidepressiv wirkende Medikamente wurden von Menschen im mittleren Lebensalter in den letzten Jahren deutlich häufiger geschluckt als früher. Natürlich fehlt es nicht an Versuchen, diese Entwicklung zu erklären und einzuordnen.

Skeptiker bezweifeln die Zunahme der Depression und glauben, es sei nur den verbesserten wissenschaftlichen Diagnosemöglichkeiten zu verdanken, daß heute Depressionen früher und häufiger erkannt werden. Die Befürworter dieser These gehören meist dem »biologischen Lager« an, das die Depression als Ursache einer Stoffwechselstörung im Gehirn ansieht. In der Tat hat die Gehirnforschung auf diesem Gebiet sehr große Fortschritte gemacht, und es ist nicht mehr abzuleugnen, daß der Stoffwechselhaushalt im Gehirn bei depressiv Erkrankten aus dem Gleichgewicht geraten ist. Dennoch konnte bislang die alte Frage, was zuerst da war, die Henne oder das Ei, auch hier nicht geklärt werden: Noch ist offen, ob die beobachtbaren biologischen Veränderungen Ursache oder Folge der Depression sind. Für die neurotische Depression muß die Annahme einer biologischen Grundlage ohnehin stark in Zweifel gezogen werden.

Andere Erklärungsansätze machen die veränderten Lebensbedingungen für die Zunahme der Depression verantwortlich. Traditionelle Lebensformen und Werte wie Familie, Religion, Gemeinschaft spielen heute kaum mehr eine Rolle. Jeder ist weitgehend auf sich allein gestellt und kann sich im Notfall nicht mehr auf ein soziales Umfeld verlassen. Der Aufbau stabiler zwischenmenschlicher Beziehungen wird heute zunehmend schwieriger, wie die hohe Zahl Alleinlebender, Alleinerziehender und Geschiedener deutlich zeigt.

Der kräftezehrende Kampf um die bürgerliche Existenz ist sicherlich ein Faktor, der depressive Erkrankungen fördert. Wie zahlreiche Untersuchungen belegen, sind es häufig belastende Lebenssituationen oder -ereignisse, die eine Depression auslösen können. Dazu gehören Eheprobleme, Untreue, Alkoholismus, Vereinsamung, Scheidung, aber auch Probleme am Arbeitsplatz oder Arbeitslosigkeit. Diese Schwierigkeiten werfen nicht jeden aus der Bahn, sondern vor allem Menschen, die wenig soziale Unterstützung von anderen bekommen.

Für die Entstehung einer neurotischen Depression am wichtigsten scheinen aber ganz spezifische Erfahrungen in der Kindheit zu sein. Ohne die anderen möglichen Ursachen der Depression außer acht lassen zu wollen, soll im folgenden das besondere Erziehungsklima betrachtet werden, in dem die Menschen aufwuchsen, die sich – obwohl sie nach außen erfolgreich, selbstbewußt und stabil wirken – innerlich leer, unsicher und ungeliebt fühlen.

Die »Durchmutterung« der Gesellschaft

Kennzeichnend für die Zeit, in der die heute erwachsene Generation aufwuchs, ist, wie schon erwähnt, die »Durchmutterung« der Gesellschaft: Die Mütter dominierten in der Kindererziehung, Mutterschaft wurde idealisiert. Mütter, so die Vorstellung, lieben ihre Kinder von Anfang an, sie wissen am besten, was ein kleines Kind braucht. Das, was sie zu wissen meinten, hatten sie jedoch von ihren eigenen Müttern erfahren oder sich aus diversen Erziehungsratgebern angelesen. Doch welches Wissen vermittelten diese beiden Quellen?

Zum Beispiel, daß ein Kind auf keinen Fall verzartelt und verwöhnt werden darf. Wenn der Säugling weint, obwohl er gerade gefüttert und gewickelt worden ist, dann darf die Mutter ihn nicht aufnehmen, sondern soll ihn schreien lassen, bis er erschöpft ist. Die Publizistin und

Psychotherapeutin Jean Liedloff beschreibt in ihrem vielbeachteten Buch »Auf der Suche nach dem verlorenen Glück«, das 1977 in den USA und 1980 in Deutschland erschien, sehr eindrucksvoll die Auswirkungen dieser Erziehungshaltung auf Mutter und Kind: Die Mutter liebt den Säugling »mit einer bis dahin nicht gekannten Zärtlichkeit. Anfangs fällt es ihr schwer, ihn nach dem Füttern wieder hinzulegen, besonders weil er so verzweifelt dabei schreit. Aber sie ist überzeugt davon, daß sie es tun muß, denn ihre Mutter hat ihr gesagt (und *sie* muß es ja wissen), daß er später einmal verzogen sein und Schwierigkeiten machen wird, wenn sie ihm jetzt nachgibt ... Sie zögert. Ihr Herz wird zu ihm hingezogen, doch sie widersteht und geht weiter. Er ist soeben frisch gewickelt und gefüttert worden. Deshalb ist sie sicher, daß ihm in *Wirklichkeit* nichts fehlt; und sie läßt ihn weinen, bis er erschöpft ist.«

Jean Liedloffs Buch hat damals vielen Eltern die Augen dafür geöffnet, mit welcher Lieblosigkeit sie selbst erzogen worden sind und mit welcher Lieblosigkeit sie wiederum ihren Kindern begegnen, nicht selten aus der Angst heraus, etwas falsch zu machen. In England gab es damals sogar eine Organisation, die sich »Nationale Vereinigung von Eltern schlafloser Kinder« nannte. Wie Liedloff beschreibt, konnten sich Eltern dort Unterstützung im Kampf mit ihren die Nächte durchschreienden Kindern holen. Unter anderem wurden sie beruhigt, daß es einem Baby »nicht schadet, wenn man es allein schreien läßt, solange Sie wissen, daß ihm nichts fehlt«.

Eine andere Erziehungsweisheit dieser Generation lautete: Ein Klaps auf den Hintern hat noch niemandem geschadet. Kinder sollten ruhig, wenn sie nicht so wollten, wie die Eltern es wünschten, mit physischer Gewalt in ihre Grenzen gewiesen werden. Eine Erziehungsmethode, die übrigens auch heute noch von Eltern propagiert wird: Etwa sechzig Prozent der heutigen Eltern halten die Prügelstrafe für durchaus angemessen, wie diverse Umfragen bestätigen.

Das Kind – Opfer unbefriedigter Bedürfnisse

Körperliche Züchtigung ist jedoch nur ein beobachtbares Zeichen einer Erziehung, die das Kind nicht als eigenständiges Wesen mit eigenen, unabhängigen Bedürfnissen wahrnimmt, sondern vielmehr als eine Art Verlängerung der Mutter. Gerade die Mütter der heutigen Erwachsenengeneration waren in der Mehrheit ungeeignet, ihre Kinder zu autonomen Menschen zu erziehen. Ihre eigene Erziehung und Geschichte standen ihnen dabei im Weg.

Als sie selbst Kinder waren, zwischen 1910 und 1940 etwa, hat die Gesellschaft sich noch wenig Gedanken um die Rechte der Kinder gemacht. Sie waren da, das war gut so, aber sie galten nicht viel. Was die Erwachsenen sagten, war Gesetz. Widerworte und Rebellion wurden im Keim erstickt. Die Kinder wurden zu folgsamen Bürgern des Staates erzogen, zu Untertanen, wie es bereits ihre Eltern waren. Die weiblichen und männlichen Rollenbilder, die vermittelt wurden, ließen an Eindeutigkeit nichts zu wünschen übrig. Die Kinder wußten genau, was einen »richtigen« Mann, was eine »richtige« Frau ausmachte. Vor allem die Frauen, die späteren Mütter, lernten früh, sich auf eine dem Manne untergeordnete Rolle vorzubereiten.

Doch ausgerechnet der Zweite Weltkrieg gab diesen Frauen eine späte Chance, zu erproben, was ihnen als Kind aberzogen wurde: Selbständigkeit und Autonomie. Die Männer zogen in den Krieg, und die Frauen nahmen ihre Plätze ein. Sie schufteten in den Fabriken, ohne männliche Unterstützung bewältigten sie den täglichen Streß der Bombenangriffe, mitten im Krieg gebaren sie ihre Kinder. Sie entwickelten ein Selbstbewußtsein und Selbstwertgefühl, das sie von ihren Müttern nicht kannten und das für ihre Rolle eigentlich auch gar nicht vorgesehen war.

Als der Krieg zu Ende war, kam für diese Frauen die große Ernüchterung. Gleichgültig, ob der eigene Mann aus dem Krieg zurückkehrte oder nicht – *alle* Frauen mußten den Zurückgekehrten Platz machen. In den Familien und in der Gesellschaft übernahmen die Männer wieder das Ruder, die Frauen mußten zurück in ihre angestammte Rolle als Hausfrau und Mutter.

Es braucht nicht viel Phantasie, um sich vorzustellen, was in diesen Frauen vorging. Den meisten wird das Ausmaß ihrer Enttäuschung, Resignation und Frustration gar nicht bewußt geworden sein – das wäre für sie auch viel zu gefährlich gewesen. Es blieb ihnen damals nichts anderes übrig, als sich den gesellschaftlichen Vorgängen anzupassen. Unbewußt jedoch suchten sie sicherlich ein Ventil für die »Degradierung«: die eigenen Kinder. Ihrer gesellschaftlichen Aufgaben beraubt und wieder auf die Rolle als Hausfrau und Mutter zurückgestuft, konnten sie es unbewußt nicht zulassen, daß sich ihre Kinder zu eigenständigen Wesen entwickeln. Denn die Kinder waren schließlich das einzige, was ihnen noch geblieben war. Sie sollten nun den Müttern geben, was ihnen sowohl von ihren eigenen Eltern als auch von den Männern vorenthalten worden war: Liebe, Zuwendung und Anerkennung.

Kinder, die mit solchen Müttern groß geworden sind, haben ein hohes Risiko, später als Erwachsene eine neurotische Depression zu entwickeln. Aus der frühen symbiotischen Bindung an die Mutter, die für den Säugling lebensnotwendig ist, werden sie nicht entlassen. Spätestens vom zweiten Lebensjahr an beginnt das Kind, sich von der

Mutter wegzubewegen, seine Umwelt mit Neugierde zu erkunden. Wird es dabei von der Mutter unterstützt, kann es das Fremde voller Vertrauen erkunden und seine Individualität entfalten. Mütter, für die ihr Kind der ganze Lebensinhalt ist, reagieren bereits in dieser frühen Phase mit Ängsten und Einschränkungen, die das Kind verunsichern. Noch kann es sich nicht »leisten«, die Liebe der Mutter zu verlieren, und so lernt es, nicht zuviel für sich selbst zu wollen. Es wird zu »Mutters Liebling«, zum braven Kind, das sich den Wünschen der Mutter unterordnet und die eigenen Bedürfnisse verleugnet. Kinder, die so auf die mütterliche Verunsicherung reagieren, sind, wie es der Psychoanalytiker Heinz Kohut bezeichnet, »narzißtisch besetzt«. Das bedeutet nichts anderes, als daß sie zur »Verlängerung« ihrer Mutter werden und kein Eigenleben haben dürfen.

Diese Kinder entwickeln ein »falsches Selbst«, wie es der Psychoanalytiker D. W. Winnicott formulierte. Sie tun alles, um die Zuwendung und »Liebe« der Mutter nicht zu verlieren, und erwerben eine erstaunliche Fähigkeit, deren Wünsche zu erraten und zu erfüllen. Mit der Zeit erreichen sie darin eine solche Perfektion, daß sie oft von ihrer Mutter ins Vertrauen gezogen werden, sie trösten und stützen müssen. Sie entwickeln, wie die früher als Analytikerin tätige Autorin Alice Miller schreibt, ein »ganz besonderes Sensorium für unbewußte Signale der Bedürfnisse des anderen«.

Depressive Menschen haben in ihrer Kindheit von der Mutter immer wieder ganz typische Aussagen hören müssen, die sie in Angst und Schrecken versetzt haben. Zum Beispiel die Drohung: »Wenn du das noch einmal tust, werde ich weggehen und niemals wiederkommen!« Oder die Anweisung: »Geh auf dein Zimmer, und komm erst wieder, wenn du dich entschuldigst.« Oder die einschränkend-kontrollierende »Bitte«: »Lauf nicht zu weit weg, sonst mache ich mir Sorgen.« Kein Kind wird es auf Dauer riskieren, die Mutter so schwerwiegend zu verärgern und ihre Liebe zu verlieren. Mütter, die mit Drohungen und Vorwürfen auf Tendenzen der kindlichen Eigenständigkeit reagieren, bleiben fast immer »Sieger«: Das Kind paßt sich an. Der Preis, den ein Mensch für diese Anpassung zahlen muß, ist hoch. Gefühle der Leere, der Sinnlosigkeit und Hoffnungslosigkeit und schließlich die Depression sind die Folge. Denn in seinem Innersten weiß der Erwachsene, der immer ein braves Kind war, daß nicht er, sein richtiges Selbst, geliebt worden ist und geliebt wird, sondern das, was er vorgibt zu sein.

Die intellektuellen Fähigkeiten werden vom falschen Selbst nicht beeinträchtigt, aber der Zugang zu den eigenen, wahren Gefühlen wird verschüttet.

Dies ist auch der Grund dafür, daß neurotisch depressive Menschen in ihrem Beruf oftmals sehr erfolgreich sind, ja sogar erfolgreich sein müssen, um nicht völlig abzustürzen. Doch dieser Erfolg ist nur ein Ersatz, er soll die innere Leere ausfüllen helfen. Die Depression soll durch enorme Leistungen und der damit verbundenen Anerkennung durch andere in Schach gehalten werden.

Das besondere Erbe der Töchter

Besonders deutlich ist dieses Muster bei den erfolgreichen Frauen von heute zu erkennen; nicht umsonst erkranken Frauen doppelt so häufig an Depressionen als Männer. Mehr noch als die Söhne sind sie von ihren Müttern vereinnahmt worden. Sie hatten noch weniger Chancen, ihr eigenes, wahres Selbst zu entwickeln. Denn bei Töchtern fällt es Müttern noch leichter, sie als Verdoppelung ihrer selbst und nicht als eigenständige Wesen zu begreifen. Viele Frauen leisten heute sehr viel, sie stecken all ihre Energie in ihre Arbeit, ihre Bildung. Doch so groß ihr Erfolg auch sein mag, er hilft ihnen nicht über ihr eigentliches Problem, die Depression, hinweg. Sie verspüren ständig den Zwang, besonders Brillantes und Hervorragendes leisten zu müssen, um von den anderen die nötige Anerkennung und Bewunderung zu bekommen. Diese Bewunderung brauchen sie, um psychisch überleben zu können. Aber noch soviel Erfolg und Anerkennung »können nicht mehr sein, als sie sind, sie können das alte Loch nicht auffüllen. Die alte Wunde kann nicht heilen, solange sie in der Illusion, das heißt im Rausch des Erfolgs, verleugnet wird«, schreibt Alice Miller.

Ein tragisches Beispiel hierfür ist die Schriftstellerin Sylvia Plath, die sich mit dreißig Jahren das Leben nahm. Ihre enormen Leistungen, ihr öffentlicher Erfolg, ihre Arbeitsdisziplin konnten ihr nicht über die Verzweiflung hinweghelfen, mit der sie seit ihrer Kindheit zu kämpfen hatte. Bis kurz vor ihrem Selbstmord schrieb sie muntere Briefe an ihre Mutter und verbreitete Optimismus. Niemand, vor allem nicht ihre Mutter, sollte merken, daß sie am Ende war. Für Alice Miller eine nur allzu verständliche Reaktion, denn wie so viele depressive Menschen hatte auch Sylvia Plath verinnerlicht, daß die wahren Gefühle die Eltern verletzen und deshalb nicht gezeigt werden dürfen.

»Der Erwachsene darf mit Gott, mit dem Schicksal, mit den Behörden, mit der Gesellschaft hadern, wenn man ihn betrügt, übergeht, ungerecht bestraft, überfordert, anlügt, aber das Kind darf mit seinen Göttern, den Eltern und Erziehern, nicht hadern. Es darf seine Frustrationen auf keinen Fall zum Ausdruck bringen, muß die Gefühlsreaktionen verdrängen oder verleugnen, die in ihm bis ins erwachsene Alter wuchern«, schreibt Miller in ihrem Buch »Am Anfang war Erziehung«.

Das große Ausmaß, in dem die mittlere Generation von depressiven Störungen betroffen ist, weist darauf hin, daß viele der heute Erwachsenen ein allzu »braves Kind« sein mußten und ihre eigenen Gefühle und Bedürfnisse denen der Erwachsenen, vor allem der Mütter, unterordneten. Vor diesem Hintergrund wird auch die besondere Situation der Frauen und ihre erhöhte Anfälligkeit für Depressionen verstehbar.

Wie keine andere Frauengeneration zuvor hat sich diese vom Leben der Mütter entfernt. Die Frauenbewegung ermöglichte eine Abkehr von der traditionellen Frauenrolle und stellte damit das Leben und die Werte der Müttergeneration in Frage. Viele Töchter gerieten dadurch in Loyalitätskonflikte: Aufgewachsen in dem Bewußtsein, nichts Eigenes wollen zu dürfen, führten sie ein Leben, das ihnen wie ein Verrat an ihren Müttern erschien. Für ihren Erfolg und ihre Unabhängigkeit scheinen sie sich mit Depressionen, Eßstörungen, Migräneanfällen zu »strafen«. Sie haben sich äußerlich emanzipiert, aber längst noch nicht von ihren Müttern. Natürlich erkranken auch Männer an Depressionen – aber immer noch sind Frauen doppelt so häufig davon betroffen. Dies ist ein Indiz dafür, daß die besondere Qualität der Mutter-Tochter-Beziehung die Entstehung einer Depression begünstigen kann. Daß diese Beziehung allerdings nicht losgelöst von anderen Faktoren gesehen werden darf, darauf gehen wir im vierten Kapitel ein.

Unerwünscht
und unsicher gebunden

Die psychoanalytische Annahme, daß frühe Kindheitserlebnisse die psychische Entwicklung eines Menschen beeinflussen, wurde von Gegnern der Psychoanalyse immer wieder heftig in Frage gestellt. Sie kritisierten vor allem, daß die Psychoanalyse keine wissenschaftlichen Beweise für ihre Thesen vorlegen kann. Dieser Kritik wurde in den letzten Jahrzehnten zunehmend der Boden entzogen; die wissenschaftlichen Beweise kamen nicht aus dem psychoanalytischen Lager, doch liegen inzwischen beeindruckende empirische Daten über die Bedeutung frühkindlicher Erfahrungen vor. Die wichtigsten Studien beschäftigen sich

- mit dem Schicksal von Kindern, die bewußt oder unbewußt von ihren Eltern abgelehnt werden, sowie
- mit den Folgen unsicherer Bindung.

Das unerwünschte Kind

Der Mythos von der Mutterliebe, die sich automatisch einstellt, ist in unserer Gesellschaft immer noch vorherrschend. Anders als von den Vätern wird von den Müttern erwartet, daß sie aufgrund ihrer »Natur«, ihrer Biologie, gar nicht anders können, als eine positive Haltung zum Kind zu entwickeln. Wenn ihnen das nicht gelingt, dann wird die »Schuld« ausschließlich bei ihnen gesucht und damit individualisiert. So ist es kein Wunder, daß in der psychologischen Literatur eine Fülle von negativen Mutterbildern existiert – die überbehütende, die vernachlässigende oder die schizophrenogene Mutter –, aber kaum entsprechende Vaterbilder gefunden werden können.

Auch wir werden die Rolle der Mutter in der frühkindlichen Erziehung beschreiben – die vorliegenden Untersuchungen und Theorien lassen uns keine andere Wahl. Weil die Väter erst in jüngster Zeit beginnen, ihre Erziehungsverantwortung ebenfalls zu akzeptieren, konzentrierte sich das Augenmerk der psychologischen Forschung zwangsläufig auf die Mütter.

Die herrschende Mutterideologie verdrängt die Tatsache, daß Kinder nicht immer Wunschkinder sind – im Gegenteil. Nach Schätzungen werden in der Bundesrepublik (ohne die neuen Länder) mindestens fünfzig Prozent, wenn nicht sogar achtzig Prozent aller Neugeborenen, von ihren Eltern nicht mit Freude und Liebe begrüßt, wenn sie das Licht der Welt erblicken. Einem Teil dieser Kinder gelingt es, allein durch ihre Anwesenheit die Zuneigung der Mutter im nachhinein zu gewinnen, doch viele, viel zu viele, Kinder bleiben ihr Leben lang »unerwünscht«.

Das Schicksal, ein unerwünschtes Kind zu sein, hat unmittelbare Folgen für das ungeborene wie das geborene Leben und kann einen Menschen bis ins Erwachsenenleben hinein prägen. »Die Leidensformen sind vielfältig«, fassen die Psychologen Gerhard Amendt und Michael Schwarz zusammen, die sich in einer umfangreichen Literaturstudie für das »Leben unerwünschter Kinder« interessierten. Psychische Störungen, Charakterstörungen,

Delinquenz, soziale Unangepaßtheit, psychosomatische Krankheiten oder Beziehungsprobleme sind mögliche Folgen der fehlenden Elternliebe. Vor allem aber laufen unerwünschte Kinder Gefahr, als Erwachsene das ihnen zugefügte Leid zu wiederholen; weil sie selbst nie geliebt worden sind, können sie ihren eigenen Kindern auch keine Liebe entgegenbringen.

Eltern können ihr Kind ganz bewußt ablehnen und vernachlässigen, und sie können diese Ablehnung auch äußern. Das ist häufig dann der Fall, wenn Frauen ungewollt schwanger werden und ihre Schwangerschaft auch im Laufe der neun Monate nicht akzeptieren können und das Kind lieber abtreiben würden. Diese werdenden Mütter stehen unter starkem psychischen Streß, sie haben Angst vor dem Leben mit einem Kind und zumeist auch Probleme in der Partnerschaft. Bereits diese psychische Belastung der Mutter während der Schwangerschaft kann die Entwicklung des Fötus beeinträchtigen. So zeigen Neugeborene häufig ein auffälliges Verhalten, wenn ihre Mütter die Schwangerschaft ablehnten und in den neun Monaten sehr aufgeregt und ängstlich waren. Diese Kinder sind im Vergleich zu erwünschten bereits kurz nach der Geburt auffallend unruhig, schreien viel, sind leicht irritierbar, erbrechen häufig, schlafen weniger und reagieren ungewöhnlich empfindlich auf Geräusche. Die betroffenen Kinder werden dann häufig als »schwierig« bezeichnet – ein Etikett, das sie unter Umständen bis in die Pubertät hinein begleitet.

Wie wichtig bereits die vorgeburtliche Mutter-Kind-Beziehung ist, zeigt eine Studie, die an der Universität Salzburg durchgeführt wurde. 141 schwangere Frauen wurden nach ihrer Einstellung zur Schwangerschaft und zum Kind befragt. Insgesamt konnten in dieser Studie vier »Muttertypen« identifiziert werden:

- Die ideale Mutter: Sie bejaht ihre Schwangerschaft und freut sich auf ihr Kind.
- Die kühle Mutter: Für sie kommt die Schwangerschaft zum falschen Zeitpunkt, dem werdenden Leben gegenüber hat sie eine eher gleichgültige Haltung.
- Die ambivalente Mutter: Sie akzeptiert die Schwangerschaft zwar bewußt, doch unbewußt lehnt sie das Kind ab.
- Die katastrophale Mutter: Sie lehnt das Kind bewußt oder unbewußt ab. Die Schwangerschaft hält sie für die Katastrophe ihres Lebens.

Wie die Auswertung der Fragebögen ergab, zeigten etwa zwei Drittel der Frauen eine mehr oder minder offene oder verdrängte Ablehnung und Feindseligkeit gegenüber dem werdenden Kind. Daß diese Haltung schwerwiegende Folgen für die Kinder hat, konnte in einem zweiten Untersuchungsschritt belegt werden. Besonders geschulte Säuglingsschwestern beurteilten die Neugeborenen am dritten, vierten und fünften Tag nach ihrer Geburt: Sie beobachteten das Schlafbedürfnis der Säuglinge, ihre Motorik, ihr Schreien, ihr Saugverhalten und vieles mehr.

Die von den Schwestern als deutlich auffällig eingestuften Säuglinge, so stellte sich heraus, waren die Kinder jener Frauen, die ihrer Mutterschaft ablehnend bis feindselig gegenüberstanden. Die Kinder der »idealen« Mütter zeigten kaum Verhaltensauffälligkeiten, während die Kinder der »katastrophalen« Mütter überdurchschnittlich häufig über- oder untergewichtig waren, die Säuglinge der »kühlen« Mütter fielen durch ihre Apathie auf, die der »ambivalenten« Mütter mußten häufig erbrechen und waren hyperaktiver als andere Neugeborene.

Auch in einer finnischen Studie wurden deutliche Unterschiede zwischen unerwünschten und erwünschten

Kindern festgestellt: Unerwünschte kamen häufiger zu früh auf die Welt oder brachten am achtundzwanzigsten Lebenstag deutlich weniger Gewicht auf die Waage und waren auch kleiner als die zur gleichen Zeit geborenen Wunschkinder. Eine Benachteiligung, die noch im Alter von acht Jahren feststellbar war: Unerwünschte Kinder waren mit ihrer Entwicklung leicht im Rückstand. Und sogar mit vierzehn Jahren waren die Wunschkinder etwa einen Zentimeter größer als die abgelehnten.

Wenn sich die Haltung der Eltern dem Kind gegenüber nicht ändert und es unerwünscht bleibt, dann ist es nicht nur in seiner Entwicklung ein Leben lang behindert; Unerwünschtsein wirkt sich in verschiedenen Lebensbereichen negativ aus, wie internationale Studien belegen. In einer schwedischen Untersuchung wurde der Lebensweg von 120 Kindern bis zu ihrem einundzwanzigsten Lebensjahr verfolgt, deren Mütter einen Antrag auf Abtreibung gestellt hatten. Diese unerwünschten Kinder wurden mit einer Kontrollgruppe von Kindern verglichen, die zum selben Zeitpunkt in derselben Klinik geboren wurden. Die schwedischen Forscher konnten deutliche Unterschiede zwischen den beiden Gruppen feststellen:

- Unerwünschte Kinder hatten fast doppelt so häufig wie erwünschte eine unsichere Kindheit. Neunzehn Prozent der Eltern ließen sich scheiden, bevor das ungewollte Kind das fünfzehnte Lebensjahr vollendet hatte.
- 22,5 Prozent der unerwünschten Kinder wurden unehelich geboren und auch später nicht legitimiert.
- Ein Viertel von ihnen wuchs in Kinderheimen auf (in der Kontrollgruppe traf dieses Schicksal nur 8,3 Prozent).
- Nur 14,2 Prozent der unerwünschten Kinder, aber 33,3 Prozent der erwünschten konnten eine weiterführende Schule besuchen.
- Unerwünschte Kinder suchten als Erwachsene im Ver-

gleich zu der Kontrollgruppe doppelt so häufig Hilfe bei einem Psychiater.
- 18,3 Prozent der unerwünschten Kinder wurden straffällig; von der Kontrollgruppe kamen nur 8,3 Prozent mit dem Gesetz in Konflikt.

Ähnliche Benachteiligungen unerwünschter Kinder traten auch in einer tschechischen Studie zutage. Hier wurde das Schicksal von 220 Kindern bis zu ihrem dreiundzwanzigsten Lebensjahr verfolgt, von Kindern, die, wäre es nach dem Willen ihrer Mütter gegangen, eigentlich hätten abgetrieben werden sollen. Als diese Kinder vierzehn bis sechzehn Jahre alt waren, hatten sie deutlich mehr Schwierigkeiten in der Schule als ihre Altersgenossen, ihre Lehrer bezeichneten sie als weniger angepaßt und als ungehorsam. Die Kinder selbst meinten, daß ihre Eltern keinerlei Interesse an ihnen hätten, sie fühlten sich mißachtet und unterdrückt. Auch die tschechischen Forscher mußten wie ihre schwedischen Kollegen unter den unerwünschten Kindern doppelt so häufig kriminelles Verhalten feststellen. Über Schwierigkeiten am Arbeitsplatz und Enttäuschungen in Liebesbeziehungen klagten die nun inzwischen erwachsenen unerwünschten Kinder sehr viel häufiger als die Wunschkinder.

Unerwünscht und mißhandelt

Unerwünschte Kinder sind in besonders hohem Maße gefährdet, von ihren Eltern psychisch oder physisch mißhandelt zu werden. In Untersuchungen mit mißhandelten Kindern konnte jeweils ein großer Prozentsatz als »unerwünscht« identifiziert werden.

Mißhandlungen kommen dabei in allen Schichten vor, sind also nicht nur auf schlechte soziale Lebensbedingungen der Eltern zurückzuführen. Die Art der Mißhandlung ist allerdings schichtspezifisch: Während in unteren sozialen Schichten vorwiegend körperlich gezüchtigt und mißhandelt wird, sind in der Mittel- und Oberschicht psychische Formen der Kindesmißhandlung wie Nichtbeachtung, Liebesentzug, Lächerlichmachen, Herabsetzen vor anderen häufiger zu beobachten.

Unerwünschte Kinder stellen eine große Belastung für die Eltern dar; die Mißhandlung wirkt dann oftmals wie eine Art Ventil, wie Amendt und Schwarz schreiben: »Uneheliche Kinder können unerwünscht sein oder der Mutter im Wege stehen. Ein Kind kann Anlaß zu einer ›Muß-Ehe‹ gewesen sein, welche Hoffnungen und Wünsche der Eltern nicht erfüllte oder zerstörte, weshalb sie im Kind den Anlaß für ihr Unglück sehen. Ein Kind kann infolge der Familienzerrüttung oder Unvollständigkeit vermehrte Erziehungsschwierigkeiten bereiten, körperlich und geistig zurückbleiben und deswegen Anlaß zu Mißhandlungen sein. Es kann die Aussichten einer verwitweten oder geschiedenen Mutter auf Wiederverheiratung zunichte machen oder in einer zweiten Ehe eines Elternteils als Stiefkind unerwünscht sein.«

Auch in einer nordirischen Befragung von Müttern, die ihre Kinder mißhandelt hatten, konnte ein Zusammenhang mit der Erwünschtheit des Kindes und der Mißhandlung festgestellt werden: Von achtzehn befragten Frauen waren elf verärgert über die Schwangerschaft und von Anfang an gegen das Kind eingestellt. Für unerwünschte Kinder ist das Risiko, mißhandelt zu werden, kurz nach der Geburt besonders groß, denn »die Eltern können sich mit der Existenz des Kindes nicht abfinden, sie lehnen es ab, und die Folge ist zunehmende Vernachlässigung der äußeren Pflege mit mehr oder weniger groben Mißhandlungen«.

Psychische und physische Mißhandlung haben für die betroffenen Kinder nicht nur kurzfristige, sondern lebenslange schwerwiegende Folgen.

Das unbewußt abgelehnte Kind

Viele Kinder, die nach Aussage ihrer Eltern durchaus Wunschkinder sind, werden ebenfalls mißhandelt. Häufiger als die offene körperliche ist in diesen Fällen aber die subtile psychische Mißhandlung. Hintergrund dieser Mißhandlungen sind meist verdrängte negative Gefühle dem Kind gegenüber. Bewußt glauben diese Eltern, ihre Kinder zu lieben und zu akzeptieren, unbewußt aber lehnen sie sie ab.

Anders als die Eltern, die ihr Kind von Anfang an als »unerwünscht« bezeichnen, verursachen diesen Eltern ihre negativen Gefühle zu starke Schuldgefühle. Sie müssen sie verdrängen. Doch diese Verdrängung ist kein Schutz für das Kind, die aggressiven, feindseligen Tendenzen kommen nur anders zum Ausdruck. Zum Beispiel, indem sie auf die Außenwelt projiziert werden. Es gibt Mütter, die sich ständig Sorgen um ihr Kind machen: Es könnte erkranken, von einem Auto überfahren werden, sich verletzen, sich erkälten, von anderen Kindern geschlagen werden. Mit dieser Sorge begründen sie dann häufig ein Verhalten, das in der Psychologie als »überbehütend« bezeichnet wird. Überbehütende Mütter, so beschrieb sie ihr »Entdecker«, der Amerikaner D. M. Levy, behandeln ihre Kinder, auch wenn sie größer werden, wie Kleinkinder, halten sie überdurchschnittlich lange in ihrer Abhängigkeit, wünschen ständigen engen Kontakt und üben entweder extreme oder gar keine Kontrolle aus. Die übertriebene Sorge der Mutter, die von außen gesehen durchaus als liebevolle Zuwendung gewertet werden kann, ist in Wirklichkeit jedoch ein Kampf gegen die eigenen unbewußten Aggressionen.

Eine andere Form der Abwehr beschreibt Horst Eberhard Richter als »Rationalisierung«. Eine Mutter, die durch Rationalisierung von der eigenen Ablehnung des Kindes ablenken will, sucht den Grund für ihre Schwierigkeiten im Kind selbst. Wäre das Kind nur nicht so aufsässig, wäre es fleißiger, würde es seine Schularbeiten machen ... dann könnte die Mutter es auch lieben. Solange das Kind nicht perfekt ist, so lange darf es abgelehnt werden.

Kindesmißhandlungen, physischer und psychischer Art, kommen also nicht nur in Familien vor, in denen die Kinder mehr oder weniger offen abgelehnt werden oder als unerwünscht gelten. »Auch das Wunschkind ist gefährdet«, schreiben Amendt und Schwarz, »wenn die Erwartungen der Eltern an ihr Kind übersteigert sind. Wenn ein Kind die emotionalen Erwartungen der Eltern nicht ausreichend befriedigen kann, verändert sich möglicherweise grundsätzlich die elterliche Einstellung. Die Gegenüberstellung von idealisierter elterlicher Wunschkindvorstellung mit dem geborenen Kind kann dieses niemals bestehen, weil es eigene Bedürfnisse besitzt, die den Idealvorstellungen der Eltern widersprechen müssen.«

Bewußte oder unbewußte Ablehnung führen dazu, daß das Kind sich in der Beziehung zu den Eltern nicht sicher und geliebt fühlen kann. Welche Folgen eine unsichere Bindung haben kann, das konnten Bindungsforscher in eindrucksvollen Studien aufzeigen.

Das unsicher gebundene Kind

Die ersten empirischen Untersuchungen zur Bedeutung der frühen Mutter-Kind-Beziehung stammen von René Spitz und John Bowlby, die sich mit der Entwicklung von Heimkindern beschäftigten und verheerende Folgen der fehlenden Mutterbindung feststellen mußten. Kinder, die früh ihre Mutter verloren haben und in Heimen hospitalisiert sind, so faßte Spitz seine Forschungen zusammen, sterben früher, entwickeln schwere psychische Störungen oder verwahrlosen bis hin zur Kriminalität. Und auch John Bowlby kam 1951 aufgrund seiner Untersuchungen mit Heimkindern zu dem Schluß: »Als wesentlichste Voraussetzung für die psychische Gesundheit muß die Bedingung gelten, daß das Kleinkind eine warme, innige und dauerhafte Beziehung zu seiner Mutter (oder zu einer ständigen Ersatzmutterfigur) besitzt, in der beide Erfüllung und Freude finden.«

Was aber haben diese Erkenntnisse über Heimkinder mit den Verhältnissen in den ganz normalen Kleinfamilien zu tun? Lassen sich auch in den sogenannten »intakten« Familien Unterschiede im Bindungsverhalten feststellen?

Die Bindungstheorie geht von der Grundannahme aus, daß enge Bindungen für Kinder lebensnotwendig sind (übrigens nicht nur für Kinder, sondern für alle Lebewesen). Nur wenn diese Bindung stabil ist, können sie ihre Umgebung erkunden und die sozialen Spielregeln der Gemeinschaft erlernen. Das Kind besitzt sogenannte Bindungsverhaltensweisen, die die Fürsorge der Eltern auslösen können: Weinen, Rufen, Protestieren, Den-Eltern-Nachlaufen können Signale sein, die die Zuwendung der Eltern auslösen sollen. Ob sich ein Kind nun sicher gebunden fühlt, hängt in großem Ausmaß davon ab, wie Eltern auf diese Bindungsverhaltensweisen ihres Kindes reagieren. Reagieren sie überhaupt, wann reagieren sie, weisen sie das Kind zurück, oder können sie angemessen das Bedürfnis des Kindes nach Nähe und Sicherheit befriedigen? Selbstsicherheit und Selbstvertrauen kann das Kind nur dann entwickeln, wenn die Eltern eine sichere Basis zur Erkundung der Umwelt anbieten.

Doch woran kann man erkennen, ob ein Kind sicher oder unsicher gebunden ist? Das Regensburger Forscherehepaar Karin und Klaus Großmann hat Langzeitstudien mit Kindern im Alter von ein, fünf und zehn Jahren durchgeführt. Dabei stützten sie sich auf eine Untersuchungsmethode, die in den sechziger Jahren von der Engländerin Mary Ainsworth zur Beobachtung von Familien entwickelt wurde: auf die Methode der »fremden Situation«. Mutter und Kind befinden sich dabei in einem Raum, der von den Wissenschaftlern durch eine Einwegscheibe (später wurde auch mit Videoaufzeichnungen gearbeitet) beobachtet werden kann. Für kurze Zeit verläßt die Mutter dann den Raum, und die Wissenschaftler beobachten die Reaktion des Kleinkindes, wenn die Mutter weggeht und wenn sie wiederkommt. Diese Szene wird mehrmals wiederholt, wobei zwischendurch auch eine fremde Person den Raum betritt. Damit soll überprüft werden, ob die Reaktionen des Kindes wirklich der Mutter gelten oder ob es ihm nur darauf ankommt, daß jemand mit im Raum ist.

Das Forscherpaar Großmann zeichnete die Reaktionen der Kinder auf Video auf und wertete dann jedes Bild einzeln aus. Bei diesen Beobachtungen konnten Karin und Klaus Großmann bereits bei zwölf Monate alten Kleinkindern eindeutige Unterschiede zwischen »sicher gebundenen« und »unsicher gebundenen« Kindern ausmachen. Mehr als die Hälfte der beobachteten Kinder konnte als »sicher gebunden« eingestuft werden: Wenn die Mutter den Raum verlassen hat, vermissen diese Kinder sie deutlich; wenn sie wiederkommt, krabbeln sie erfreut oder auch weinend auf sie zu oder – wenn sie schon laufen können – empfangen sie sie mit ausgebreiteten Armen. Die Mutter nimmt das Kind dann auf den Arm, sie gibt ihm für eine Weile die Nähe, die es braucht. Doch bald darauf ist das Kind schon wieder neugierig und wendet sich anderen Dingen zu.

Unsicher gebundene Kinder erkennt man daran, erläutert Klaus Großmann, daß sie so tun, »als würden sie ihre Mutter weder vermissen noch bemerken, wenn sie ins Zimmer kommt. In Wirklichkeit senken sie, wenn sie die Mutter erkennen, den Blick und richten dann ihren Körper so aus, daß sie nicht in Verlegenheit kommen, mit der Mutter Kontakt aufnehmen zu müssen.« Uneingeweihte Beobachter interpretieren dieses Verhalten häufig als Unabhängigkeit – »interessanterweise vor allem in Deutschland«, wie Großmann anmerkt. »Sie halten es für wunderbar, wie unabhängig diese Kinder sind. Doch das ist ein ganz großes Mißverständnis. Was als Unabhängigkeit gesehen wird, ist in Wirklichkeit oftmals ein Zeichen unsicherer Bindung.«

Unsicher gebundene Kinder haben bereits im Alter von einem Jahr eine besondere »Geschichte« mit ihrer Mutter. Sie mußten bereits erleben, daß die Mutter ärgerlich oder abweisend reagierte, wenn das Kind weinte, schrie oder Nähe suchte. Diese Kinder haben bereits gelernt, daß es ihnen wenig nutzt, wenn sie sich hilflos zeigen, weil die Mutter nicht oder nur ablehnend auf sie reagiert. Um das nicht zu riskieren, verbergen sie es, wenn es ihnen schlechtgeht, und tun so, als ob sie die Zuwendung der Mutter nicht bräuchten. Sicher gebundene Kinder dagegen wachsen mit Müttern auf, die akzeptieren und verstehen, wenn ihr Kind leidet, und die ihre eigenen Bedürfnisse den Bedürfnissen des Kindes unterordnen können. »Feinfühligkeit« nennen die Bindungsforscher elterliches Verhalten, das zu einer sicheren Bindung führen kann. Mütter, die nicht wahrhaben wollen, daß ihr Kind sie braucht, die sich gestört fühlen und ihr Kind zu früh zur Selbständigkeit anhalten, geben ihren Kindern kein Gefühl der Sicherheit.

Weiter gibt es Mütter, so Karin Großmann, »die sich im Grunde selber nach Liebe und Zuwendung sehnen und die sich oft zu sehr an ihre Kinder klammern. Ihre übergroße Fürsorge geschieht mehr aus eigenem Bedürfnis heraus. Diese Mütter versäumen es oft, dem Kind die Chance zu geben, andere Menschen kennenzulernen und sich mit einer Sache länger selbständig auseinanderzusetzen. Es ist zum Beispiel auch sehr wichtig, daß Kinder nicht unterbrochen werden, wenn sie sich in etwas vertiefen. Eine Mutter, die sich in ihr Kind einfühlen kann, sieht, wenn es sich intensiv mit einer Sache beschäftigt, daß sie sich nicht einmischen soll. Sie weiß, daß sie dem Kind die Freude am Selber-Tun und Alleine-Können nicht nehmen darf. Aber wenn das Kind signalisiert, daß es Hilfe oder Trost braucht, dann sind diese feinfühligen Mütter auch bereit, das zu geben. Einfühlsame Mütter wissen genau, wann sie gebraucht werden und wann sie sich zurückhalten sollen.«

Diese unsichere Bindung ändert sich auch nicht, wenn die Kinder älter werden, wie das Forscherehepaar in Nachfolgeuntersuchungen feststellen konnte. Als die zum Zeitpunkt von einem Jahr untersuchten Kinder fünf Jahre alt waren, wurden sie erneut beobachtet, und wiederum konnten die sicher gebundenen deutlich von den unsicher gebundenen unterschieden werden. Ferner konnten sie auch bestätigen, daß die frühen Bindungserfahrungen verinnerlicht werden und sich auf andere Beziehungen ebenfalls auswirken.

Die Forscher ließen die bereits beobachteten Kinder im Kindergarten von nicht eingeweihten Kindergärtnerinnen beurteilen. Sie sollten Auskunft geben, wie die Kinder mit anderen umgehen, wie sie Konflikte bewältigen, ob Verhaltensstörungen zu beobachten sind. Und wieder waren die Unterschiede zwischen den sicher gebundenen und den unsicher gebundenen beträchtlich: Unsicher gebundene Kinder waren deutlich unkonzentrierter als die sicher gebundenen, und sie gingen auch mit Konflikten anders um. Während die sicheren Kinder ihre Konflikte, die meist etwas mit Selbstbehauptung zu tun hatten, selbst beilegten, stritten die unsicheren Kinder vor allem dann mit anderen, wenn sie etwas haben wollten. Wenn sie sich nicht durchsetzen konnten, haben sie sich entweder zurückgezogen oder »sind zur Kindergärtnerin petzen gegangen«, wie Klaus Großmann es ausdrückt. »Sie haben sehr viel seltener als die sicheren Kinder den Streit selbst beigelegt. Manchmal versuchten die unsicheren Kinder auch anderen, schwächeren Kindern unvermittelt und ›böswillig‹ zu schaden.«

Daß unsicher gebundene Kinder ihre Umwelt eher negativ wahrnehmen, zeigte auch ein Bildertest, der mit den Fünfjährigen durchgeführt wurde: Auf den Bildern waren Szenen zu sehen, in denen Kinder anderen einen Schaden zugefügt hatten. Einmal geschah dies offensichtlich aus Absicht, einmal unbeabsichtigt, und in einer dritten Szene war nicht klar zu entscheiden, ob eine Absicht dahintersteckte. Die unsicher gebundenen Kinder unterstellten den Kindern auf den Bildern sehr viel häufiger böswillige Absichten, als dies die sicher gebundenen Kinder taten.

Fünf Jahre später, die Kinder waren inzwischen zehn

Jahre alt, gab es immer noch deutliche Unterschiede zwischen den beiden Kindergruppen, die im Alter von einem Jahr als sicher oder unsicher gebunden eingestuft worden waren. Die Kinder wurden nun gefragt, zu wem sie gehen können, wenn sie mal traurig sind oder wenn sie mit den Schularbeiten nicht mehr weiterwissen. Während die sicheren Kinder deutlich Auskunft gaben, zu wem sie gehen, wen sie um Hilfe bitten, wurden die unsicher gebundenen Kinder bei diesen Fragen sehr wortkarg und leise. Auf Zurückweisung von Freunden reagieren sie mit Rückzug und Selbstmitleid, während die sicher gebundenen sich ganz unkompliziert nach einer anderen Quelle der Unterstützung umsehen.

Bislang fehlen noch Untersuchungen, die unsicher gebundene Kinder bis ins Erwachsenenleben hinein begleiten. So ist noch nicht mit empirischer Sicherheit zu sagen, ob aus unsicher gebundenen Kindern auch bindungsunsichere Erwachsene werden. Die Wahrscheinlichkeit spricht jedoch dafür. John Bowlby hat darauf hingewiesen, daß mit zunehmendem Alter die Einstellungen anderen gegenüber, die Gefühle und auch die Verhaltensweisen immer schwieriger zu verändern sind. Zwar bleiben sie weiter durch positive Erfahrungen wie zum Beispiel eine Liebesbeziehung oder eine Therapie veränderbar, doch der Kraftaufwand ist um so höher, je älter ein Mensch mit diesen Erfahrungen geworden ist.

Auch das Forscherpaar Großmann spricht nicht von einem unabänderlichen Schicksal, das durch frühe Bindungserfahrungen einen Menschen prägt. Doch sie gehen davon aus, daß »die Bindungsqualität in der Kindheit bei der Ausprägung späterer psychischer Störungen sicherlich eine Rolle spielt«.

Extreme Eltern – extreme Erfahrungen

Perfekte Eltern gibt es nicht. Selbst Eltern, die fest davon überzeugt sind, ihre Kinder zu lieben und sie zu fördern, können es nicht vermeiden, daß eigene, unbewußt bleibende Wunden und Defizite die psychische Entwicklung der Kinder beeinträchtigen. Die Einflüsse solcher Eltern sind oftmals schwer erkennbar, sie sind unspektakulär und – leider – völlig alltäglich. Anders verhält es sich dagegen mit Eltern, die ganz offensichtlich durch ihr extremes Verhalten ihre Kinder schädigen: prügelnde Eltern, drogensüchtige Eltern oder Eltern, die ihre Kinder sexuell mißbrauchen. Obwohl es eigentlich keiner tiefschürfenden Analysen und Untersuchungen bedarf, um solche Eltern als schädlich für die kindliche Entwicklung zu identifizieren, hat sich erst in den letzten Jahrzehnten ein Bewußtsein dafür entwickelt, wie groß der lebenslange Schaden sein kann, den eine gewalttätige oder vernachlässigende Erziehung anrichtet.

Als die Generation der heute Dreißig- bis Fünfzigjährigen, die Thema dieses Buches sind, Kind war, gab es ausschließlich Untersuchungen über die Entwicklung von Heimkindern. Die alltägliche Gewalt in den Familien wurde damals noch weitestgehend ausgeblendet. Inzwischen aber liegen uns die Ergebnisse von Langzeitstudien vor, die die Entwicklung von Kindern über einen Zeitraum von zum Teil dreißig Jahren verfolgt haben – und die eine Aussage über die heute erwachsene Generation ermöglichen.

Zudem haben Studien, vorwiegend aus den USA, die sich mit den Folgen körperlichen und sexuellen Mißbrauchs oder der Wirkung alkoholabhängiger Eltern beschäftigten, den Zusammenhang zwischen den psychischen Problemen der heute Erwachsenen und ihrem extremen Familienklima klar aufgezeigt.

Alkoholkranke Eltern

In der Bundesrepublik gibt es schätzungsweise 1,8 Millionen Alkoholiker, 600 000 Menschen sind süchtig nach Medikamenten, etwa 80 000 benötigen andere Drogen, um ihren Alltag bewältigen zu können. Vernachlässigt wurde lange Zeit, daß von der Sucht nicht nur die Süchtigen zerstört werden, sondern auch die etwa vier bis fünf Millionen Angehörigen, darunter zwei bis drei Millionen Kinder. Zwar wußte man schon immer, daß ein Alkoholiker das Familiensystem sehr belasten kann, daß die Partner mit betroffen sind und die Kinder unter Umständen in unsicheren Verhältnissen aufwachsen. Doch erst Ende der siebziger Jahre erschienen in den USA erste Artikel über Forschungsarbeiten, die sich mit dem Leben heute erwachsener Kinder von Alkoholikern beschäftigten – und eine Lawine lostraten. Millionen von Amerikanern fühlten sich angesprochen, sie entdeckten, daß auch sie ACAs waren (Adult Children of Alcoholics), und sie brachten ihre Lebensprobleme mit ihrem Schicksal, Kind eines Alkoholikers zu sein, in Zusammenhang.

Es dauerte fast zehn Jahre, bis man auch in der Bundesrepublik den Langzeitfolgen Aufmerksamkeit schenkte, die mit dem Aufwachsen in einem Drogenmilieu verbunden sein können. Deutsche Sozialwissenschaftler kamen ähnlich wie ihre amerikanischen Kollegen in ihren Studien zu dem Ergebnis, daß Kinder, die mit einem drogenabhängigen Elternteil aufwachsen, es nicht nur in ihrer Kindheit schwerer haben, sondern auch später als Erwachsene unter ganz spezifischen Problemen und Verhaltensweisen leiden.

Diese Kinder werden »um ihre Kindheit betrogen«, wie die amerikanische Psychotherapeutin Janet G. Woititz beschreibt: »Sie sahen aus wie ein Kind, waren angezogen wie ein Kind und verhielten sich bis zu einem gewissen Grade auch wie ein Kind, aber sie haben sich garantiert nicht wie ein Kind gefühlt.« Denn nichts, was Kindheit ausmacht, dürfen Kinder von Alkoholikern erleben: Unbeschwertheit, Vertrauen, Sorglosigkeit sind für sie Fremdwörter. Statt die Sorge den Eltern zu überlassen, übernehmen sie die Verantwortung für alles, was in der Familie geschieht, versuchen, die Fassade einer heilen Familie nach außen aufrechtzuerhalten, und erleben in ihren Familien ein Klima, das von »Doppelbindungen« gekennzeichnet ist.

Die Theorie der Doppelbindung (Double-bind) wurde erstmals 1956 von den amerikanischen Kommunikationsforschern Gregory Bateson, Don D. Jackson, Jay Haley und John Weakland beschrieben und als eine Erklärung zur Entstehung von Schizophrenie herangezogen. Inzwischen gilt jedoch als gesichert, daß die Art der Kommunikation, die zu Doppelbindungen führen kann, nicht nur in Familien mit Schizophrenen zu beobachten ist, sondern ebenso in solchen, in denen ein Kind an Phobien, Zwangsvorstellungen oder Hysterie erkrankt. Und auch in Alkoholikerfamilien ist diese Kommunikationsform vorherrschend, die charakteristische Merkmale hat:

- Es werden widersprüchliche Botschaften gegeben (zum Beispiel »Sei selbständig, aber verlaß mich nicht« oder »Sei selbständig, aber ich weiß, daß du es nicht kannst«).
- Das Kind kann sich diesen Botschaften nicht entziehen, weil es von den Eltern abhängig ist.
- Es ist unmöglich für das Kind, Klarheit über die Botschaften zu erhalten.
- Die Botschaften wiederholen sich in allen möglichen Situationen, so daß diese Art der Kommunikation zum vorherrschenden Muster wird.

Kinder von Alkoholikern erhalten nun ganz spezifische Doppelbotschaften, wie Janet G. Woititz in ihrer Arbeit mit den erwachsenen Betroffenen festgestellt hat:

- *»Ich liebe dich. Geh weg.«* Die inzwischen erwachsene Tochter eines Alkoholikers hat dieses Muster in ihrer Kindheit ständig erfahren müssen. Hatte der Vater einen »mittleren Alkoholpegel«, wie sie es nennt, war er liebevoll und interessiert an der Tochter. Dann wollte er mit ihr über alles sprechen, fragte sie nach der Schule, nach Freunden und, daran erinnert sie sich allerdings mit ambivalenten Gefühlen, suchte auch körperliche Nähe: »Er legte dann den Arm um mich oder wollte, daß ich ganz dicht neben ihm sitze. Das war zwar schön, aber ich wußte, daß es eigentlich nicht ernst gemeint war und daß es im nächsten Moment vergessen und vorbei sein konnte.« Denn wenn der Alkoholpegel stieg, schlug die Zärtlichkeit im besten Fall in Gleichgültigkeit, im schlimmsten Fall in Aggression um.

  Auch die nichtabhängige Mutter konnte ihrer Tochter keine beständige, sichere Zuwendung geben. Selbst ständig unter Streß und auf der Suche nach Zärtlichkeit, kümmerte sie sich nur in den »guten Phasen« um die Tochter, zu anderen Zeiten mußte ihr diese eher eine Stütze im Kampf mit dem betrunkenen Vater sein.

Wer als Kind diese Doppelbindung von Liebe und Zurückweisung erlebt hat, sucht auch als Erwachsener die Nähe zu Menschen, die unzuverlässig und in ihren Gefühlen nicht konstant sind. Er hat nicht selten Partner, die keine ausgeglichene Balance zwischen Nähe und Distanz herstellen können, die sich zuwenden, aber dann wieder entziehen.

- *»Was du auch anfaßt, machst du falsch. Ich brauche dich.«* Alkoholabhängige Eltern sind ihren Kindern gegenüber häufig äußerst kritisch. Sie sind ungeduldig, sie erlauben ihm keine Lernschritte, das Kind soll alles richtig und perfekt machen. Das Kind bemüht sich, diesen Ansprüchen gerecht zu werden, muß aber gleichzeitig erleben, daß der abhängige Elternteil dem eigenen Maßstab nicht entspricht, ja daß er sogar auf die Unterstützung des »unvollständigen« Kindes angewiesen ist. Die Doppelbotschaft »Versager/Helfer« führt dazu, daß das Kind, und später der Erwachsene, ständig bemüht ist, die Erwartungen eines anderen perfekt zu erfüllen, dafür aber Kritik und Schmähungen einstekken muß.
- *»Jeder ist für seine Taten verantwortlich. Nur nicht dein Vater/deine Mutter, wenn er/sie betrunken ist.«* Betrunkene Väter oder Mütter haben in einer Familie meist Narrenfreiheit. Für ihre Worte und Taten werden sie kaum zur Verantwortung gezogen: Sie können sich über das Kind lustig machen, sie können es schlagen oder nicht beachten, sie dürfen die Wohnung beschmutzen oder Dinge zerstören, der nichtabhängige Elternteil wird das Verhalten des Betrunkenen immer entschuldigen. Gefühle wie Enttäuschung, Wut, Traurigkeit werden nicht ernst genommen und dem Kind sogar ausgeredet mit dem Hinweis, daß Vater oder Mutter nicht beschuldigt werden dürfen, denn: »Sie können schließlich nichts dazu.«

Diese Doppelbotschaft »Schuld/Entschuldigung« wirkt besonders »zerstörerisch« in späteren Intimbeziehungen. Erwachsene Kinder von Alkoholikern werden für den Menschen, den sie lieben, immer eine Entschuldigung finden oder sogar die Schuld auf sich nehmen, wenn der andere etwas falsch gemacht hat. Denn sie haben gelernt, Verständnis zu haben und Verantwortung zu übernehmen.

– *»Ich bin ganz bestimmt für dich da – nächstes Mal. Ich gebe dir mein Wort.«* Diesen Satz hören Kinder von Alkoholikern immer wieder. Der Vater oder die Mutter verspricht, mit ihnen in den Zoo zu gehen, zu spielen oder sich um die Hausaufgaben zu kümmern, doch dann kommt immer wieder etwas dazwischen: der Alkohol. Das Kind vertraut zunächst natürlich seinen Eltern, muß dann aber immer wieder erfahren, daß es sich nicht auf ihr Wort verlassen kann. Um nicht permanent enttäuscht zu werden, lernt das Kind, nichts mehr zu wollen, nichts mehr zu erwarten.

Wenn sie dann erwachsen sind, kennen sie ihre eigenen Bedürfnisse überhaupt nicht mehr, und falls sie doch noch Wünsche haben, äußern sie sie nicht. Die anderen müssen erspüren, was sie wollen, aber von selbst würden sie nie etwas fordern; sie könnten ja enttäuscht werden.

– *»Mach dir keine Sorgen, alles ist in Ordnung. Wie soll ich nur mit der Situation fertig werden?«* Das Kind möchte seinen Eltern ja glauben, daß in der Familie alles in Ordnung ist. Gleichzeitig spürt es aber auch, daß nichts in Ordnung ist: Der Vater ist ständig betrunken, die Mutter verzweifelt, wütend und hilflos (oder umgekehrt). Auch das Kind ist hilflos, aber in dieser Hilflosigkeit spielt es oft den Starken: Es kümmert sich um alles und alle – wie später auch als Erwachsener.

- *»Sag immer die Wahrheit. Ich will nichts davon hören.«* Kinder von Alkoholikern werden, wie andere Kinder auch, zur Wahrheit angehalten. Lügen sind etwas Schlechtes, lernen sie, aber gleichzeitig dürfen sie über das, was in der Familie geschieht, nicht sprechen: »Sag bloß niemandem, daß Mutter trinkt.« – »Wenn dich jemand fragt, woher du die blauen Flecke hast, sag, du bist die Treppe hinuntergefallen.«

Kinder von Alkoholikern fühlen sich vernachlässigt, sie sind wütend über die ständigen Lügen und gebrochenen Versprechungen. Und sie leben in einer ständigen Anspannung: Was ist, wenn jemand zu Besuch kommt? Wird Vater/Mutter sich zusammenreißen können? Wird die Lüge aufrechtzuerhalten sein? Kinder von Alkoholikern haben meist die Hoffnung aufgegeben, daß die Situation sich ändern oder daß ein anderer jemals verstehen wird, was in ihnen vorgeht.

Kinder von Alkoholikern müssen sehr viel aushalten und fast alles, was sie erleben, mit sich allein ausmachen. Das hat schwerwiegende Folgen: Im Vergleich zu anderen werden diese Kinder

- doppelt so häufig psychisch krank,
- häufiger sexuell oder körperlich mißbraucht,
- öfter psychosomatisch krank.

Ferner sind sie stark selbstmordgefährdet und haben in der Regel schwerwiegendere Schulschwierigkeiten als Kinder, die in »intakten« Familien aufwachsen.

Doch nicht immer sind die Folgen so offensichtlich; Kinder von Alkoholikern wirken oft sehr stark und selbständig, versuchen durch gute Leistungen, durch übertrieben fröhliches oder vernünftiges Verhalten von der Familienmisere abzulenken. Erst später, wenn sie längst erwachsen sind, werden die Auswirkungen der Familiensituation spürbar. Erwachsene Kinder von Alkoholikern erkennt man an Verhaltensweisen und Merkmalen, die Janet G. Woititz als »typisch« für sie beschreibt:

- *Sie wissen nicht, was ein »normales« Familienleben ist.* Erwachsene Kinder von Alkoholikern wollen alles anders machen als ihre Eltern, aber es fehlen ihnen die positiven Vorbilder: Wie sieht eine »normale« Beziehung aus? Wie ein Familienleben ohne den Alkohol? In ihrem Wunsch, »normal« zu sein, orientieren sie sich nicht selten an den Vorstellungen von der »heilen Welt«, wie sie in TV-Familienserien oder anderen Medien vermittelt werden. Dies führt zu ständiger Überforderung und zwangsläufig zum Scheitern.
- *Sie lassen sich keine Zeit.* Ob es sich um ein Projekt oder eine Beziehung handelt, erwachsene Kinder von Alkoholikern geben von Anfang an alles, was sie an Energie, Kraft, Liebe haben. Die Folge: Sie sind sehr schnell ausgebrannt und enttäuscht, wenn sich die Dinge nicht sofort nach ihren Vorstellungen entwickeln.
- *Sie lügen, auch wenn es keinen Grund dafür gibt.* Erwachsene Kinder von Alkoholikern lügen fast automatisch. Es ist ihnen so in Fleisch und Blut übergegangen, daß sie auf keinen Fall die Wahrheit sagen dürfen, daß sie als Erwachsene häufig ohne Grund lügen.
- *Sie suchen die Schuld immer bei sich selbst.* Bereits als Kind hatten sie stets das Gefühl, daß sie mit schuld an der Misere ihrer Familie sind. Wenn sie nur etwas besser, klüger, stärker wären, dann müßte der Vater (oder die Mutter) weniger trinken, dann wäre alles gut. Ein Denken, das sie auch als Erwachsene nicht hinterfragen: Ob im Berufsleben oder in der Partnerschaft, wenn etwas schiefläuft, machen erwachsene Kinder von Alkoholikern immer sich selbst dafür verantwortlich.
- *Sie haben Angst in sozialen Situationen.* Erwachsene Kinder von Alkoholikern wünschen den Kontakt zu anderen,

sie fühlen sich häufig isoliert und allein. Doch jeder Versuch, Anschluß zu finden, ist mit großen Ängsten verbunden, Geselligkeiten werden zur Qual. Sie haben Angst, nicht attraktiv genug auszusehen, sich dumm zu benehmen, keinen Kontakt zu finden oder sich danebenzubenehmen. Diese Ängste haben alle schüchternen Menschen, doch bei Kindern von Alkoholikern sind sie besonders ausgeprägt.

Die Therapeutin Janet G. Woititz beschreibt, wie sich Kinder von Alkoholikern gefühlt haben, wenn Partys, Festlichkeiten oder Ferien mit dem alkoholabhängigen Elternteil bewältigt werden mußten: »Sie haben gebetet, daß der Alkoholiker in ihrer Familie sich nicht betrinken möge. Sie haben versucht, sich so klein wie möglich zu machen, damit andere nicht dachten, daß sie zu ihm/ihr gehörten. Sie haben besorgt daran gedacht, daß sie sich um den trinkenden Elternteil würden kümmern müssen. Sie verspürten den verzweifelten Wunsch, noch bevor sie ankamen, wieder zu gehen. Schließlich hörte ihre Familie ganz auf, Partys zu besuchen. Sie wurden isoliert.

Ferien waren immer der reinste Alptraum. Sie waren ganz aufgeregt vor Weihnachten oder anderen Feiertagen, und dann endete alles mit Zank und Streit ... Vielleicht wurde ihr Geburtstag vergessen, oder wenn sie ein Fest gaben, waren sie in Panik. Sie konnten niemals sicher sein, daß alles gutgehen würde. Der Besuch ihrer Freunde bei ihnen zu Hause war ein so ungewöhnliches Ereignis, daß schon die bloße Vorstellung, sie könnten kommen, Ängste hervorrief.«

Menschen, die in ihrer Kindheit und Jugend derart isoliert waren, fällt es schwer, sich in Gesellschaft anderer wohl und entspannt zu fühlen. Die Angst vor der lauernden Katastrophe haben sie nie abgelegt. Nun, da niemand anders mehr sie blamieren kann, fürchten sie, sich selbst bloßzustellen.

- *Sie haben Schwierigkeiten in intimen Beziehungen.* Die Wechselbäder von Nähe und Distanz, Zuwendung und Ablehnung, die Kinder von Alkoholikern durchmachen müssen, wirken sich in ihren späteren Liebesbeziehungen aus. Da sie Vertrauen nicht gelernt haben, sind sie ständig auf der Hut. Die Angst vor dem Verlassenwerden begleitet sie ebenso wie der Zwang, sich ganz den Bedürfnissen des anderen unterzuordnen.
- *Sie wollen von allen geliebt und anerkannt werden.* Das, was sie von ihren Eltern nie bekommen haben, wollen sie nun in ihren Erwachsenenbeziehungen nachholen: Anerkennung und Bestätigung. Mehr als andere Menschen brauchen erwachsene Kinder von Alkoholikern unablässig Beweise dafür, daß andere sie schätzen und lieben.
- *Sie fühlen sich als Außenseiter.* Anders zu sein als die anderen, dieses Gefühl haben Kinder von Alkoholikern ganz automatisch. Tatsächlich ist ihre Familie auch anders. Für die betroffenen Kinder ist das Gefühl »Ich bin anders« gleichbedeutend mit »Ich bin wertlos«. Und auch als Erwachsene glauben sie immer noch, die anderen seien sehr viel wertvoller als sie selbst.
- *Sie sind spontan und impulsiv.* Ob es große oder unbedeutende Entscheidungen sind, positive oder negative Gefühlswallungen, erwachsene Kinder von Alkoholikern reagieren meist allzu impulsiv. Ohne lange Überlegungen setzen sie in die Tat um, was ihnen gerade in den Kopf kommt. Oft zu ihrem eigenen Schaden.

Weitere Merkmale von Erwachsenen, die als Kind mit einem alkoholkranken Elternteil leben mußten, sind

- große Loyalität, die oftmals nicht angebracht ist,
- das Provozieren von Spannungen und Konflikten,

- Angst vor Mißerfolgen und gleichzeitig die Unfähigkeit, mit Erfolgen umzugehen,
- Angst vor Ablehnung und Kritik und
- die Unfähigkeit, ihre Zeit sinnvoll zu planen und Prioritäten zu setzen.

Einige dieser Merkmale treffen sicherlich auch auf Menschen zu, die nicht in Alkoholikerfamilien aufgewachsen sind. Gehäuft sind diese Probleme allerdings bei erwachsenen Kindern von Alkoholikern anzutreffen, wie der Soziologe Arno Winkelmann in einer Vergleichsstudie feststellen konnte. Von zweiundachtzig untersuchten Männern und Frauen stammten zwanzig aus Alkoholikerfamilien. Von diesen zwanzig konnten nur zehn Prozent als »psychologisch unauffällig« eingestuft werden, während es in der Gruppe der Nichtbetroffenen fünfzig Prozent waren.

Zwei Drittel der erwachsenen Kinder von Alkoholikern haben »starke bis sehr schwere Persönlichkeitsstörungen« (in der Gruppe der Nichtbetroffenen sind es nur ein Viertel). Die Kinder, die mit einem alkoholkranken Elternteil leben mußten, sind im Vergleich zu anderen ungesellig und zurückhaltend, irritierbar und zögerlich. Neunzig Prozent von ihnen sind überdurchschnittlich depressiv. Winkelmann schlußfolgert: »Erwachsene Kinder von Alkoholikern sind eine unterscheidbare Gruppe unserer Bevölkerung mit einer ganz spezifischen Problematik, die auf die Kindheitserfahrungen in ihrer Familie zurückzuführen ist.«

Sexueller Mißbrauch

Das »bestgehütete Geheimnis« ist der sexuelle Mißbrauch von Kindern längst nicht mehr. Als 1984 in der Bundesrepublik das Buch von Florence Rush unter diesem Titel erschien, brachen, ähnlich wie bereits Jahre zuvor in den USA, Dämme: Frauen, die in der Kindheit sexuell mißbraucht worden waren, schwiegen nicht mehr länger und entlarvten das bisher vorhandene «Wissen« über sexuellen Mißbrauch als Mythos. Die bisherige Meinung, daß sexueller Mißbrauch äußerst selten vorkommt und nur von geistesgestörten Triebtätern begangen wird – wie zum Beispiel von Gert Fröbe in dem Film »Es geschah am hellichten Tag« dargestellt –, muß mit dem heutigen Wissen als enormes Verdrängungs- und Vertuschungsmanöver angesehen werden. Denn in Wirklichkeit ist sexueller Mißbrauch kein exotisches Phänomen, sondern gehörte für viele Frauen, aber auch Männer, zur alltäglichen Erfahrung ihrer Kindheit. Da sexueller Mißbrauch erst in den letzten Jahren zum öffentlichen Thema wurde, gibt es keine genauen Erkenntnisse darüber, wie viele Menschen vor einigen Jahrzehnten betroffen waren. Doch die nun vorliegenden Daten sind für die Kindheit der heute Erwachsenen ebenso aussagekräftig wie für die heutige Zeit, in der sie gewonnen wurden.

Man schätzt, daß heute etwa 300 000 Kinder in der Bundesrepublik sexuell mißbraucht werden, wobei die Dunkelziffer sehr viel höher liegen dürfte. Allgemein wird angenommen, daß Mädchen wesentlich häufiger betroffen sind als Jungen. Doch neueste Untersuchungen, vor allem aus den USA, rücken dieses Bild zurecht. Danach wird auch jeder siebte bis zwölfte Junge sexuell mißbraucht. Selbst wenn diese Zahl für die Bundesrepublik noch nicht bestätigt werden kann, dürfte der Mißbrauch an Jungen deutlich über den momentanen Schätzungen liegen.

Ob Mädchen oder Jungen die Opfer sind, gemeinsam ist ihnen, daß sie den Täter meistens gut kennen. In vielen

Fällen ist es der eigene Vater, der Stiefvater oder auch die Mutter. Dies ist wohl der Hauptgrund dafür, daß viele Mißbraucher nicht angezeigt werden. Die Gerichtsmedizinerin Elisabeth Trube-Becker geht davon aus, daß »auf jeden angezeigten Fall von sexuellem Kindesmißbrauch 20 Fälle [kommen], die nicht aufgedeckt werden. Bei Taten im engsten Familienkreis soll das Verhältnis sogar 1:50 betragen.«

Sexueller Mißbrauch kommt vor allem in den Familien vor, in denen Sexualität ein Tabuthema ist und insgesamt ein strenges moralisches Klima herrscht. Neben der sexualfeindlichen Erziehung gibt es allerdings noch andere Risikofaktoren, die vor allem für Mädchen die Gefahr des sexuellen Mißbrauchs erhöhen: So vergreifen sich Stiefväter sehr viel häufiger an ihren Töchtern als leibliche Väter. Der Grund dafür wird von Wissenschaftlern in einem möglicherweise schwächer ausgeprägten Inzesttabu gesehen, aber auch in der fehlenden frühen Bindung an die Tochter. Ein weiterer Risikofaktor ist die Mutter: Wenn sie häufig abwesend oder krank, kühl und distanziert ist, wenn sie das Kind also nicht genügend schützen kann oder will, kommt es häufiger als in anderen Familien zu sexuellen Übergriffen.

Sexueller Mißbrauch führt nicht nur zu körperlichen und psychischen Störungen beim Kind, sondern zerstört die Persönlichkeit. Die Folgen sind selbst nach Jahrzehnten noch wirksam, selbst dann, wenn sich die inzwischen Erwachsenen an den sexuellen Mißbrauch nicht erinnern können.

Wie Untersuchungen belegen, ist ein Großteil der Menschen, die auf die »schiefe Bahn« geraten, in der Kindheit sexuell mißbraucht worden. Neunzig Prozent aller Gefängnisinsassen, siebzig Prozent der Prostituierten, achtzig Prozent der weiblichen Drogensüchtigen und rund achtzig Prozent der Kinder und Jugendlichen, die in Heimen aufwachsen, mußten danach in ihrer Kindheit einem Familienmitglied sexuell zu Diensten sein. Daß selbst diese Zahlen noch »geschönt« sind, davon ist Alice Miller überzeugt: »Es sind in Wirklichkeit ganze hundert Prozent, weil man ohne Mißhandlung in der Kindheit nicht zum Kriminellen wird, aber die zehn Prozent, die nicht in der Statistik auftauchen, müssen dies leugnen. Genauso ist es im Fall der Prostitution. Ich habe noch vor einigen Jahren die Statistik ... übernommen, nach der 70 Prozent der Prostituierten sexuell mißhandelte Kinder waren. Heute bin ich davon überzeugt, daß jede Frau, die Sexualität für Geld verkauft, als Kind sexuell mißbraucht worden ist.«

Lange Zeit unerkannt blieb auch der Zusammenhang zwischen sexuellen Mißbrauchserfahrungen und bestimmten psychischen Störungen. Es liegen zwar keine Zahlen darüber vor, wie viele Inzestopfer in psychiatrischen Anstalten leben müssen, doch gilt inzwischen als gesichert, daß sexueller Mißbrauch die Entwicklung von Borderline-Störungen und Psychosen fördern kann. Die Symptome, die bei Borderline-Patienten zu beobachten sind, sind fast identisch mit jenen, die Inzestopfer entwikkeln.

Sexueller Mißbrauch hat aber nicht immer solche dramatischen, sichtbaren Folgen. Diese schreckliche »Mitgift« aus der Kindheit kann das Leben eines betroffenen Menschen auch Jahrzehnte nach dem Geschehen noch »vergiften«. Therapeuten und Therapeutinnen, die durch die Berichte der letzten Jahre sehr viel sensibler für die Leiden der Opfer geworden sind, beobachten bei den Betroffenen ganz typische Symptome: das Gefühl, schmutzig und wertlos zu sein, Angst vor engen Bindungen, Neigung zu psychosomatischen Krankheiten, großes Mißtrauen anderen Menschen gegenüber, Isolation, Drogenprobleme und Eßstörungen, Unbeherrschtheit, das Gefühl, »verrückt« zu sein, und der zwanghafte Wunsch, alles unter Kontrolle zu behalten.

Übereinstimmend kommen die vorliegenden Untersuchungen zu den Langzeitfolgen sexuellen Mißbrauchs zu dem Ergebnis, daß die Opfer vor allem unter dem Vertrauensbruch, der erlebten Hilflosigkeit, dem sexuellen Trauma und der Stigmatisierung zu leiden haben. Weil es vor allem nahestehende Menschen sind, die den Mißbrauch begehen, werden die betroffenen Kinder in ihrem Grundvertrauen massiv erschüttert. Dieser Vertrauensbruch kann dazu führen, daß das Kind allen Menschen feindselig und mißtrauisch begegnet und daß dieses Verhalten auch im späteren Leben die Beziehungen zu anderen prägt.

Das sexuelle Trauma, der empfundene Ekel und die Angst können im Erwachsenenleben jede sexuelle Annäherung oder Berührung zur Qual werden lassen. Um den sexuellen Mißbrauch verdrängen zu können, reagieren viele Opfer mit sexueller Lustlosigkeit und sexuellen Funktionsstörungen.

Angst und Depressionen im späteren Leben sind häufig eine Folge der erlebten Hilflosigkeit in der Mißbrauchssituation. Die Betroffenen fühlen sich Situationen und Menschen ausgeliefert und wehrlos, oft ohne einen wirklichen Grund dafür finden zu können.

Opfer sexuellen Mißbrauchs fühlen sich stigmatisiert. Sie glauben, an dem Erlittenen mit Schuld zu haben, und verachten sich deshalb. Sie neigen dazu, sich selbst zu bestrafen oder zu schädigen und sich von anderen Menschen zurückzuziehen.

Schon diese Zusammenfassung der Langzeitfolgen sexuellen Mißbrauchs durch die Eltern zeigt, wie verheerend sich die Erfahrung auf das Leben der Betroffenen auswirkt. Am erschreckendsten aber ist die inzwischen durch verschiedene Studien belegte Tatsache, daß jeder Mensch, der sein Kind mißbraucht, als Kind ebenfalls mißbraucht wurde.

Das bedeutet nicht, daß jeder, der mit drogenabhängigen Eltern aufgewachsen ist oder von ihnen körperlich, psychisch oder sexuell mißhandelt worden ist, auf jeden Fall selbst zum Täter werden muß. Wenn es in seiner Kindheit neben den schrecklichen Erfahrungen auch noch positive mit anderen Menschen gab, wenn er nicht nur Leid, sondern auch Liebe und Unterstützung erfahren konnte, dann reicht das bereits aus, um den Teufelskreis der Gewalt zu durchbrechen. Ohne diese positiven Erfahrungen aber kann sich ein Kind nicht zu einer stabilen Persönlichkeit entwickeln.

»Unverletzliche« Kinder, wie der amerikanische Psychologieprofessor Norman Garmezy in seinen frühen Arbeiten noch annahm (er sprach vom »invulnerable child«), gibt es nicht. Inzwischen hat er sich selbst von diesem Begriff distanziert, nicht zuletzt aufgrund von Studien der amerikanischen Wissenschaftlerin Emmy Werner. Sie untersuchte fast 700 Kinder, die gravierende medizinische, soziale oder emotionale Streßsituationen seit ihrer Geburt verkraften mußten, und hat diese Kinder bis zu deren zweiunddreißigstem Lebensjahr wissenschaftlich begleitet. Dabei stieß sie auf einen wesentlichen Punkt, den Norman Garmezy in seinen Studien zunächst übersehen hatte: Zehn Prozent dieser Kinder haben es trotz widriger Umstände geschafft, ein zufriedenes Leben zu führen. Bei diesen Kindern wirkten verschiedene Faktoren als eine Art »Schutzhülle« zusammen:

- Bei ihrer Geburt waren die Kinder gesund und robust.
- Es gab in ihrem ersten Lebensjahr mindestens eine Person, die sich liebevoll und beständig um sie küm-

merte (das war in den meisten Fällen nicht die Mutter).
- Es gab keine längeren Trennungen von dieser Bindungsfigur.

Kinder, die diese schützenden Faktoren in ihrer Kindheit nicht hatten, waren später als Erwachsene deutlich problembeladener: Sie wurden sehr viel häufiger kriminell, und ihre Ehen scheiterten überdurchschnittlich häufig.

Auch eine Langzeituntersuchung mit einundachtzig Frauen, die bereits als Säuglinge in einem Heim leben mußten, zeigte deutlich, daß diese Frauen große Schwierigkeiten hatten, ihren eigenen Kindern liebevolle Mütter zu sein. Achtzig Prozent von ihnen berichteten über große Erziehungsprobleme, achtzehn Prozent mußten ihrerseits ihr Kind in Fremdpflege geben, weil sie nicht damit zurechtkamen. Weil sie selbst in ihrer frühen Kindheit von keiner stabilen Bezugsperson Liebe und Zuwendung erfahren hatten, waren sie später nicht in der Lage, ihren eigenen Kindern Liebe zu geben.

Nur wer einen »wissenden Zeugen« in seiner Kindheit gehabt hat, wie Alice Miller die positive Bezugsperson nennt, muß später nicht mit seinen Kindern (oder auch anderen nahestehenden Menschen) wiederholen, was ihm angetan worden ist. Um so wichtiger ist es, daß immer mehr Menschen Zeugnis ablegen über das Unrecht, das Kinder in ihren Familien erleben müssen. Alice Miller meint, es sei nun endlich an der Zeit, »Verbrechen beim Namen« zu nennen. »Ein Kind zu schlagen und zu demütigen ist ein Verbrechen ... weil diese Handlung einen Menschen lebenslänglich schädigt.«

Wer Kindesvernachlässigung oder -mißbrauch als »Familienangelegenheit« abtut, in die sich von außen niemand einmischen darf, macht sich daher mitschuldig. Nicht Schweigen und Vertuschen, sondern nur eine klare

»Einmischung« kann dem Kind eine Chance geben, das Erlittene zu überwinden und es nicht in einer Art Wiederholungszwang an die eigenen Kinder weiterzugeben.

Wer sein Kind liebt ...

Noch immer aber mischen sich zu wenige Menschen ein. Obwohl die verheerenden Auswirkungen des physischen und psychischen Kindesmißbrauchs bekannt sind, werden Kinder immer noch geschlagen, vernachlässigt und mißbraucht. Anders als vor vier, fünf Jahrzehnten ist Kindesmißbrauch zwar ein Thema in den Medien, doch auf die Erziehungspraxis vieler Menschen hat diese Aufklärung noch zuwenig Einfluß. Immer noch beherzigen sechzig bis achtzig Prozent der Eltern in der Bundesrepublik den biblischen Spruch: Wer sein Kind liebt, spart die Rute nicht. Diese Eltern sind überzeugt davon, daß ein »Klaps« auf den Hintern oder eine Ohrfeige noch niemandem geschadet hat, und zudem haben sie auch noch das Recht auf ihrer Seite: Das elterliche Züchtigungsrecht ist immer noch im Familienrecht verankert.

Diese gesellschaftlich akzeptierte elterliche Gewalt ist unter anderem mit schuld daran, daß aus dem »Klaps auf den Hintern« gewalttätiges Schlagen wird. Die Psychologin und Juristin Ursula Schneider ist überzeugt davon, daß das Recht auf Züchtigung dafür verantwortlich ist, wenn Eltern die Kontrolle verlieren. »Was als vorgeblich erzieherische Tracht Prügel beginnt, kann schnell zur Mißhandlung ausarten. Darüber hinaus führen körperliche Strafen zur Gewöhnung, je häufiger sie vorkommen. Immer härtere Prügeldosen werden nötig, um das Verhalten des Kindes zu kontrollieren. Bei dem Schlagenden tritt oft ein Brutalisierungs-Effekt ein. Er wird unempfindlicher gegen die Schmerzen seines Kindes. Waren ursprünglich Ohrfeigen das ›angemessene‹ Erziehungsmittel, so werden jetzt die Fäuste, Tritte oder Gegenstände wie Riemen oder Stöcke zu Hilfe genommen.«

Geschlagene Kinder werden nicht nur an ihrem Körper, sondern auch an ihrer Seele schwer verletzt. In der amerikanischen Literatur wird als besonders charakteristisches Merkmal geschlagener Kinder ihre »frozen watchfulness«, ihre »erstarrte Wachsamkeit«, geschildert. Die Kinder stellen sich tot, sie ziehen sich zurück, verhalten sich passiv und ängstlich. Gleichzeitig aber sind sie ständig auf der Hut, beobachten ihre Umgebung und rechnen immer mit Angriffen. Liebevoller Zuwendung begegnen sie mit äußerstem Mißtrauen, denn sie haben gelernt, daß das Verhalten ihrer Eltern sich von einer Sekunde auf die andere dramatisch verändern kann.

Diese psychischen Langzeitschäden sind noch schlimmer als die körperlichen Schmerzen. Denn während letztere abklingen können, bleibt die seelische Wunde oft ein Leben lang und wird in den meisten Fällen an die nächste Generation weitergegeben. Ursula Schneider hat eine lerntheoretische Erklärung dafür, daß aus geschlagenen Kindern später prügelnde Eltern werden: »Das geschlagene Kind lernt Gewalt als selbstverständliches Erziehungsmittel kennen. Auf diese Erfahrung greift es als Erwachsener in der Erziehung seiner eigenen Kinder unwillkürlich zurück. Wir sprechen vom Phänomen der ›sozialen Vererbung‹ von Gewalt – das heißt: Gewaltsame Erziehungsmethoden werden von Generation zu Generation weitergegeben.«

Mißhandlungen – welcher Art auch immer – haben für die betroffenen Kinder nicht nur kurzfristige, sondern lebenslange schwerwiegende Folgen. Kurzfristig reagieren die Kinder mit verstärkter Furcht, mit Rückzug, Verhaltensstörungen oder psychosomatischen Erkrankungen. Die Schwere der langfristigen Folgen des Kindesmißbrauchs konnte die amerikanische Wissenschaftlerin Cathy Spatz Widom in zwei eindrucksvollen Langzeitstudien belegen. Sie untersuchte 1575 Erwachsene, die als Kind von ihren Eltern mißhandelt worden waren. Die Mißhandlung lag im Durchschnitt etwa zwanzig Jahre zurück. In der ersten Phase ihrer Studie konnte sie eindeutig herausarbeiten, daß früh mißhandelte Kinder später als Erwachsene mit großer Wahrscheinlichkeit straffällig werden. Ihre wichtigsten Ergebnisse:

- Psychisch oder physisch mißhandelte und vernachlässigte Kinder haben ein über doppelt so häufiges Risiko, als Jugendliche eine Gefängnisstrafe absitzen zu müssen, als nichtmißhandelte Kinder. Auch als Erwachsene begehen sie um fast vierzig Prozent häufiger Straftaten.
- Mißhandelte Kinder sind im Vergleich zu einer nichtmißhandelten Kontrollgruppe auch sehr viel früher in kriminelle Handlungen verwickelt, geben sehr viel mehr Delikte zu.
- Geschlagene Kinder neigen später zu krimineller Gewalt, psychisch vernachlässigte Kinder zeigen häufig gewalttätiges Verhalten.
- Grundsätzlich ist die Kriminalitätsrate unter Männern am höchsten. Aber mißhandelte Mädchen werden im Vergleich zu nichtmißhandelten als Erwachsene überdurchschnittlich häufig wegen krimineller Delikte verhaftet.

Nicht jedes mißhandelte Kind wird später zum Verbrecher, aber, auch das bestätigt die Langzeituntersuchung von Spatz Widom, die meisten haben mehr Lebensprobleme zu bewältigen als nichtmißhandelte Altersgenossen. In einer zweiten Untersuchungsphase legte sie ihr

Augenmerk nicht nur auf die Entwicklung kriminellen Verhaltens, sondern befragte die mittlerweile zwischen Zwanzig- und Dreißigjährigen nach ihrer beruflichen Situation, ihrem psychischen und physischen Gesundheitszustand, kurz: nach ihrer gesamten Lebenssituation. Die Auswertung dieser Phase ist noch nicht abgeschlossen. Doch erste Ergebnisse, basierend auf etwa 700 Interviews, zeigen, daß Kindesmißhandlung sich langfristig in vielen Lebensbereichen negativ auswirkt:

- Mißhandelte Kinder sind häufiger als nichtmißhandelte arbeitslos oder in niedrig bezahlten Jobs tätig.
- Mißhandelte Kinder haben eine geringe Bildung.
- Mißhandelte Kinder haben als Erwachsene einen niedrigeren Intelligenzquotienten und häufiger Probleme mit dem Lesen.
- Die Suizidrate unter den ehemals mißhandelten Kindern liegt deutlich höher als unter den nichtmißhandelten (18 Prozent zu 7,5 Prozent).

Viertes Kapitel
Mütter und Töchter, Väter und Söhne

Sind Mütter an allem schuld?

Ob Depressionen, Beziehungsprobleme oder Ich-Störungen, die psychischen Deformationen der Menschen im mittleren Lebensalter scheinen alle dieselbe frühkindliche Wurzel zu haben: die Qualität der frühen Mutter-Kind-Beziehung. In jeder Phase dieser Beziehung droht eine ganz spezifische Gefahr der Fehlentwicklung, und immer – so scheint es – liegt die Verantwortung dafür bei der Mutter. Basierend auf wertvollen psychologischen Studien aus den fünfziger und sechziger Jahren, die sich fast ausschließlich mit schwer gestörten und deprivierten Kindern befaßten, werden heute deren Ergebnisse kritiklos, vor allem in populärwissenschaftlichen Büchern, zur Erklärung aller möglichen psychischen Störungen herangezogen. Da ist dann zum Beispiel zu lesen:

- Der Säugling ist in den ersten Lebensmonaten auf die wärmende, nährende, symbiotische Beziehung zur Mutter angewiesen. Wird diese innige Nähe gestört, bekommt das Kind Angst und entwickelt ein Urmißtrauen. Dieses Urmißtrauen wiederum ist schuld daran, wenn dieses Kind später als Erwachsener keine Nähe zulassen und kein Vertrauen zu seinen Mitmenschen entwickeln kann.
- Ab dem zweiten Lebensjahr entdeckt das Kind, daß es

keine Einheit mit der Mutter ist, es muß die symbiotische Geborgenheit aufgeben. Wiederum hängt es von der Mutter ab, ob ihr der Balanceakt zwischen Loslassen und Geborgenheit gelingt. Kann sie ihr Kind nicht in die Selbständigkeit entlassen, dann ist die Wahrscheinlichkeit groß, daß das Kind ein »falsches Selbst« entwickelt und später depressiv, ich-gestört oder magersüchtig wird.
- In der Pubertät zeigt es sich, ob die Mutter ihre Kinder, und hier vor allem ihre Töchter, auf die körperlichen Veränderungen und die psychische Abnabelung angemessen vorbereitet hat. Wenn nicht, dann ist die Folge ein gestörtes Körperbild, das seine harmlosesten Ausprägungen in einem mangelnden Selbstwertgefühl, seine extremsten in selbstzerstörerischem Eßverhalten haben kann.

Auch wir sind in dem Kapitel »Die Mitgift der frühen Jahre« auf die Bedeutung der Mutter-Kind-Beziehung eingegangen und haben die psychodynamischen und psychoanalytischen Theorien vorgestellt, die den mütterlichen Einfluß auf die psychische Entwicklung des Kindes beschreiben. Diese Theorien haben durchaus ihre Richtigkeit, doch erweisen sie sich in ihrem Erklärungspotential als begrenzt und zu einseitig. Deshalb wollen wir dieses Muster nicht einfach weiterstricken, vor allem dann nicht, wenn es um die Schwierigkeiten geht, die *Frauen* heute mit ihrer Rolle haben.

Die Mutter-Tochter-Literatur, die Veröffentlichungen zur mangelnden Identität von Frauen oder ihren Eßstörungen ist voll von Analysen über die besondere Qualität des Verhältnisses von Müttern und Töchtern. Die Psychotherapeutin Paula J. Caplan hat 125 Artikel untersucht, die in den Jahren 1970, 1976 und 1982 in neun verschiedenen psychologischen Fachzeitschriften veröffentlicht wurden, um herauszufinden, welche Rolle der Mutter bei verschiedenen Entwicklungsproblemen von Experten zugeschrieben wird. Ihr Ergebnis: »Wir fanden, daß die im Bereich der psychischen Gesundheit arbeitenden Fachleute unabhängig von Geschlecht und Tätigkeit als Psychoanalytiker/innen, Psychiater/innen, Psychologinnen und Psychologen oder Sozialarbeiter/innen allesamt gerne der Mutter die Schuld geben. In den 125 Artikeln wurden die Mütter für 72 verschiedene Problemfelder ihrer Sprößlinge verantwortlich gemacht, vom Bettnässen bis zur Schizophrenie, von der Unfähigkeit, mit ihrer Farbenblindheit zurechtzukommen, bis zu aggressivem Verhalten, von Lernproblemen bis zu ›mörderischem Transsexualismus‹.«

Einige nach dem Zufallsprinzip ausgewählte Zitate aus der neueren Literatur belegen die Mutterzentriertheit der Argumentation, und sie zeigen gleichzeitig, wie beliebig diese Erklärungen sind:

- »Gerade in der Pubertät kann sich beim Mädchen auf überwältigende Weise das Gefühl einstellen, von der Mutter verschlungen zu werden ... Zugleich verstört es die Tochter, ihrer Mutter ähnlich zu sein, und auch das Identitätsgefühl der Mutter wird herausgefordert.«
- »Die Tochter fürchtet die Schwäche, die sie mit der Mutter verbindet, ihre weibliche ›Schlaffheit‹.«
- »Frauen leiden an einem Mangel an Getrenntheit von ihren Müttern, der bei jungen Männern und ihren Vätern nicht vorhanden ist.«
- »Frauen, die sich über Gefühle der Leere beklagen, geben oft an, daß sie eine ›nahe‹ Beziehung zu ihrer Mutter haben. Aber diese ›Nähe‹ ist nicht die ›zwischen zwei eigenständigen interagierenden Personen‹.«
- »Die Grundlage der narzißtischen Störung liegt zu einem großen Teil in einer nicht geglückten Mutter-

Kind-Beziehung, die sich in mangelnder Liebe und Einfühlung zum Säugling oder in Verwöhnung und Überbehütung äußert.«

- Die Ambivalenz der Frauen ihrer eigenen Person gegenüber liegt darin, »daß Kinder seit Generationen in erster Linie von Frauen erzogen werden ... Die intensive Bindung zwischen Mutter und Kind ist der Kern des Problems.«
- »Die Mutter unterstützt ihre Tochter dabei, sich emotional an einen Mann zu binden; sie lehrt die Tochter, ihre Energien Männern zuzuleiten und eines Tages von einem Mann abhängig zu sein. Gleichzeitig aber gibt es eine andere Botschaft. Während sie ihre Tochter wissen läßt, daß sie sich an Männer halten soll, vermittelt die Mutter gleichzeitig ihre Enttäuschung und Frustration über das männliche Geschlecht. Sie läßt ihre Tochter wissen, daß sie von einem Mann weder Hilfe noch Verständnis erwarten kann.«

Auch die feministische Literatur verliert die Mutter-Tochter-Beziehung nicht aus ihrem Blick. Zwar wird kritisiert, daß die vorliegenden Forschungsarbeiten die gesellschaftliche Situation der Frau nicht genügend berücksichtigt hätten, doch auch feministische Autorinnen führen psychische Probleme von Frauen auf die Tatsache zurück, daß »Frauen muttern«. Die Tatsache, daß Frauen die »erste Liebe« von Mädchen und Jungen gleichermaßen sind, hat besonders für die Töchter langfristige Folgen. »Weil sie dasselbe Geschlecht wie ihre Töchter haben und selbst einmal Mädchen waren, neigen Mütter von Töchtern dazu, diese nicht in gleicher Weise als verschieden von sich selbst zu betrachten wie Mütter von Söhnen«, schreibt Nancy Chodorow. Die Folge: Müttern fällt es schwer, ihre Töchter in die Unabhängigkeit zu entlassen und sie als »anders« zu begreifen. Während Söhne meist ohne Probleme von ihrer Mutter zu ihrer Geschlechtspartnerin wechseln, finden Frauen nie wieder, was sie durch die Loslösung von ihrer Mutter zwangsläufig verloren haben – die unbedingte Zuwendung und Liebe. Sie versuchen dann in ihren Beziehungen zu Männern, diesen Verlust wiedergutzumachen, doch dies kann nicht gelingen. Denn Männer nehmen von Frauen, was sie von ihrer Mutter bekommen haben, sie selbst hingegen hatten es nie nötig, zu »muttern«. Das aber ist es, was Frauen in ihren Beziehungen zu Männern suchen.

Auch wenn in der feministischen Analyse der Rollenteilung in unserer Gesellschaft die »Hauptschuld« an dieser Situation zugeschrieben und der Versuch unternommen wird, die Mütter zu entlasten, bleibt dennoch der grundlegende Eindruck zurück: Mutter ist schuld. Und so verwundert es nicht, daß Frauen, gefragt nach dem Verhältnis zu ihrer Mutter, meist ein Klagelied anstimmen. Sie haben die Beschuldigung der Mütter so verinnerlicht, daß viele fast automatisch ihre Lebensprobleme mit ihren Müttern in Zusammenhang bringen. Dieser Mechanismus funktioniert sogar dann noch, wenn die Töchter selbst längst Mütter sind, wie der Bericht einer Fünfzigjährigen zeigt, den Paula J. Caplan nacherzählt: »Ich kam von einem Abendessen mit drei Frauen zurück, die ich seit Jahrzehnten kenne. Wir haben den ganzen Abend damit zugebracht, über unsere Mütter herzuziehen. Ich sage dir, wir haben sie in der Luft zerrissen. Als ich daheim war, verspürte ich eine seltsame Unruhe, und als ich darüber nachdachte, was wir getan hatten, bemerkte ich zu meinem Entsetzen, daß wir soeben der großen Mutterhaßverschwörung beigetreten waren! Und dabei sind wir alle selbst Mütter! Unsere Väter haben wir völlig unbehelligt gelassen.«

Die Bedeutung der Mutter für die Entwicklung von

Unabhängigkeit und Selbständigkeit ihrer Kinder kann nicht abgestritten werden. Durch die vaterlose Situation, in der die heutige Erwachsenengeneration aufgewachsen ist, haben die Mütter natürlich einen noch größeren Einfluß gewinnen können, als das in früheren Generationen der Fall war. Und sicherlich haben sehr viele Menschen unter ihren Müttern gelitten, und möglicherweise gelang ihnen nur unter Schmerzen oder unvollständig die Ablösung von ihr. Dennoch erscheint die massive Schuldzuweisung, wie sie psychologische Theorien indirekt vornehmen, nicht gerechtfertigt. Denn unsere »Verselbständigung« beginnt zwar bei der Mutter und in der Auseinandersetzung mit ihr, doch Mutter und Kind leben nicht isoliert in der Gesellschaft, sie werden von anderen Menschen sowie den sozialen und kulturellen Gegebenheiten beeinflußt. So sind die Probleme der heutigen Frauengeneration nicht ausschließlich ein Resultat ihrer schlecht gelungenen Ablösung von der Mutter, sondern müssen im Zusammenhang mit der gesellschaftlichen Entwicklung der letzten Jahrzehnte betrachtet werden. Drei Faktoren sind es im wesentlichen, die in der Diskussion um die frühe Mutter-Tochter-Bindung und ihre späten Folgen bislang weitestgehend vernachlässigt wurden:

- die veränderte Frauenrolle,
- die geringe Wertschätzung von Bindung in unserer Gesellschaft und
- der fehlende Vater.

Die veränderte Frauenrolle

Die Mütter der heute erwachsenen Frauen waren noch fest in der traditionellen Frauenrolle verankert: Sie waren Hausfrauen, Mütter, in der Regel nicht berufstätig. Der

Mann ging hinaus ins feindliche Leben, die Frau führte den Haushalt. Nur während des Zweiten Weltkriegs war diese Rollenteilung kurzfristig aufgehoben, und die Frauen erfuhren, daß sie sich durchaus im öffentlichen Leben bewährten. Doch diese Phase war zu kurz, als daß sie zu einem wesentlichen Wandel der Geschlechterrolle hätte führen können.

Ein Unterschied zwischen den Frauengenerationen liegt darin, daß Frauen früher eher unter Depressionen litten, weil sie aus ihrem traditionellen Leben nicht ausbrechen konnten, das vorherrschende Gefühl der Frauen heute dagegen ist Angst. Auf diesen etwas sarkastischen Nenner bringt die Autorin Carol Becker die Entwicklung der letzten Jahrzehnte. Sie beobachtete, daß »Freundinnen und Bekannte, denen es scheinbar so gut wie nie zuvor ging, in Wirklichkeit unsicher und ängstlich waren. Als sich die beruflichen Chancen für Frauen erheblich verbesserten und wir große Zuversicht in unsere Fähigkeiten verspüren sollten, litten wir nur noch stärker an den unterschiedlichsten Angstsymptomen.« Ihr Verstand sagt den Frauen, daß sie durchaus richtig handeln, wenn sie die eingefahrenen Wege verlassen, doch es fehlt ihnen die »innere Erlaubnis«, das zu tun. Und diese Erlaubnis erwarteten sie von ihren Müttern.

Diese aber waren mit einer Tochtergeneration konfrontiert, die ihnen ziemlich fremd war, die aufbrach zu »neuen Ufern«, die sich auf ihre Fähigkeiten besann, die die Bestimmung, als Hausfrau und Mutter zu leben, nicht mehr als naturgegebenes Schicksal hinnehmen wollte. Zwei Welten prallten da aufeinander, und beide Seiten klagten vergebens von der jeweils anderen Unterstützung und Verständnis ein.

Mütter, die für sich kein Selbstwertgefühl entwickeln konnten, die insgeheim wußten, daß ihre Fähigkeiten brachlagen, fiel es sehr schwer, die Leistungen und Bedürfnisse ihrer Töchter anzuerkennen und zu unterstützen. Oftmals nahmen sie sie überhaupt nicht wahr, und wenn, dann verunsicherten sie ihre Töchter mit Doppelbotschaften: »Mütter sagen zwar zu ihren Töchtern: Du hast mehr Chancen, als ich je hatte, nutze sie! Aber sie sagen auch: Sei bloß nicht zu unterschiedlich von mir! Geh nicht in die Welt hinaus, laß mich nicht zurück!«

Diese widersprüchliche Botschaft hat fatale Folgen für die Töchter. Wenn sie ihre Möglichkeiten nutzen, dann entfernen sie sich zwangsläufig von ihren Müttern. Für viele ist das so angstbesetzt, daß sie lieber sich selbst als ihre Mütter verlieren.

Hinter einer erfolgreichen Fassade sind daher viele Frauen unglücklich, leiden unter Krankheitssymptomen, die eigentlich nicht zu ihrem selbständigen Leben passen: Sie hungern und fressen, sie leiden unter mysteriösen Migräneanfällen, schlafen schlecht, trinken und rauchen zuviel. Und nicht wenige nehmen regelmäßig Medikamente: gegen die Angst, gegen die »Stimmungen«, gegen das Gefühl, alles falsch gemacht zu haben.

Weil die Unterstützung und das Vorbild fehlten, weil sie für sich etwas forderten, was ihren Müttern vorenthalten worden war, bauen Frauen sich aus ihren Schuldgefühlen Fallstricke, die sie immer wieder am Voranschreiten hindern.

Dafür machten die Töchter dann wiederum die Mütter verantwortlich und begannen ihren oftmals unerbittlichen Kampf mit den Werten und der Person der Mutter. In Wirklichkeit waren die Mütter die Repräsentantinnen einer Gesellschaft, die sich nur mühsam darauf einstellen konnte, daß nun auch Frauen ihren Platz in der Öffentlichkeit beanspruchten. Die Mütter konnten ihren Töchtern nur dann eine Stütze sein, wenn sie selbst diesen

Schritt in die Öffentlichkeit bereits getan hatten. Und das war eben nur eine Minderheit.

Sicherlich »blockierten« Mütter ihre Töchter auf ihrem Weg aus der traditionellen Frauenrolle allein schon dadurch, daß sie ihnen Werte und Fähigkeiten vermittelten, die in der Welt »draußen« nicht sonderlich hilfreich und vor allem nicht geschätzt waren. Die Töchter bekämpften diese Werte und versuchten, alle Eigenschaften, die sie mit ihren Müttern in Zusammenhang brachten, bei sich selbst zu eliminieren. Sie verbündeten sich mit den Werten der männlichen Gesellschaft und verurteilten unhinterfragt als »negative Mitgift«, was scheinbar nicht in diese Welt paßte.

Negative Mitgift: Bindung

Ins Schußfeld der Kritik geriet vor allem die besondere »Beziehungsfähigkeit« von Frauen, ihre Aufopferungs- und Fürsorgebereitschaft. Auch dies ein Erbe der Mütter, die ihren Töchtern vorgelebt haben, was Aufgabe der Frau ist: sich selbst zurücknehmen, für andere sorgen, ständig verfügbar sein. Wird es einem nicht warm ums Herz, wenn man die besondere Fähigkeit von Frauen in den Worten der Dichterin Adrienne Rich zum Ausdruck gebracht findet?

»Eine Frau dreht einen Türknauf, aber so behutsam, so leise, daß niemand erwacht,

und sie allein ist es, die in das Dunkel des Schlafzimmers blickt, feststellt, wie sie schlafen, wer ihre Berührung braucht,

durch welches Fenster die Eiseskälte des Februars in das Zimmer weht und wer beschützt werden muß: Nur sie, die zu sehen gelernt hat, sieht.«

Genießen wir es denn nicht alle, so umsorgt zu werden? Und dennoch wurde gerade der Wunsch nach Bindung als »typisch weiblich« verteufelt und als größte Barriere auf dem Weg zur Emanzipation gesehen. Frauen werden, so lautet die Botschaft, von anderen ausgebeutet, an ihrer eigenen Entwicklung gehindert und bekommen dennoch nicht das zurück, was sie sich erhoffen: stabile, wärmende Beziehungen. Wenn sie versuchen, ihre eigenen Bedürfnisse in den Vordergrund zu stellen, dann leiden sie unter Schuldgefühlen, weil sie glauben, andere zu vernachlässigen oder zu egoistisch zu handeln.

Es galt also, dieses Erbe der Mutter abzustreifen, die eigenen Bedürfnisse zu leben und unabhängig von anderen zu werden. Denn Beziehungsfähigkeit hat in unserer Gesellschaft keinen Stellenwert, sie ist hinderlich in einer Welt, die Härte, Durchsetzungsfähigkeit und eine »gesunde« Portion Egoismus verlangt. Frauen machten sich also an die Arbeit: Die unerbittliche Kritik des mütterlichen Verhaltens sollte den Weg ebnen zu neuen Werten, mit denen Frauen in der Männerwelt konkurrieren konnten. Doch so sehr sie sich auch anstrengten, es gelang nicht. Immer noch wird in einschlägigen Veröffentlichungen beklagt, daß Frauen zwar sehr viel erreicht hätten, aber immer noch seien sie es, die sich für Beziehungen verantwortlich fühlten.

Erst in jüngster Zeit sind Ansätze sichtbar, die die sogenannte weibliche Schwäche als eigentliche Stärke diskutieren. Bereits 1976 hat die amerikanische Psychoanalytikerin Jean Baker Miller eine andere Sichtweise der »besonderen Bindungsfähigkeit« von Frauen gefordert, doch erst in jüngster Zeit wird ihre Argumentation aufgegriffen. Miller schrieb damals: »Bisher wurde eines nicht erkannt, daß nämlich diese psychische Grundtatsache, Bindung zu brauchen, ebenso Ausgangspunkt für eine vollkommen andere (und fortgeschrittenere) Einstellung zu Leben und Funktionen sein kann – vollkommen anders jedenfalls als die von der herrschenden Kultur bevorzugte Einstellung. Und das hieße: Anlehnung an andere, Hinwendung zu anderen würde genauso hoch, wenn nicht sogar höher bewertet als Selbstvervollkommnung. Außerdem würde dies die Wahrheit ans Tageslicht befördern helfen: daß bei jedem – ganz gleich, ob Mann oder Frau – die individuelle Entwicklung nur über die Angliederung an andere erfolgt.«

Die Vorstellung, daß ein Mensch erst dann reif ist, wenn er völlig autonom und unabhängig von seinen Eltern geworden ist, ist eine männliche, wie in verschiedenen neuen Studien zum Ausdruck kommt. Den ganz besonderen Erfahrungen von Frauen wird diese Sichtweise nicht gerecht. Die »Theorie des Beziehungsselbst« ermöglicht eine andere Sichtweise der Mutter-Tochter-Beziehung, die die Beziehungsfähigkeit von Frauen nicht pathologisiert, sondern als besondere weibliche Stärke betrachtet.

Das Problem wird nun nicht mehr darin gesehen, daß sie sich nur in Beziehung zu anderen verwirklichen und wohl fühlen können, sondern in der Haltung der Gesellschaft, für die Beziehungsfähigkeit keinen großen Stellenwert hat. Dies – und nicht das angeblich negative Vorbild der Mütter – ist der Hauptgrund dafür, daß der Wunsch nach Beziehung viele Frauen in emotionale Konflikte stürzt und zu psychischen Schwierigkeiten, wie Depressionen oder Eßstörungen, führen kann. Autonomie und Individuation, so stellt sich heraus, sind für die weibliche Entwicklung längst nicht so bedeutsam wie für die männliche. Vielmehr sind Bindungen und Beziehungen die Faktoren, die eine weibliche Identität ausmachen. Durch die Gleichsetzung der Ablösungsprozesse von Jungen und

Mädchen haben Entwicklungstheoretiker diese Tatsache bislang nicht wahrhaben wollen, bislang übersehen. Wie die Psychologin Carol Gilligan schreibt, formen Mädchen ihre Identität innerhalb von Beziehungen, das heißt, sie finden zu sich selbst unter der Voraussetzung der engen Bindung an andere Menschen. Während es für Jungen identitätsstiftend ist, sich im Konflikt und in der Auseinandersetzung mit anderen zu erproben, kann dies eine große Verunsicherung für junge Mädchen bedeuten. Da aber Ablösung und Autonomie in unserer Gesellschaft höher bewertet werden als Bindung, fällt es Mädchen schwer, ihre Identität auf dem ihnen gemäßen Weg zu finden. Es ist fast unmöglich, ein Selbstwertgefühl innerhalb von Bindungen zu entwickeln, wenn diese Bindung von außen abgewertet wird. Eine ungestörte, positive weibliche Identitätsbildung hängt also davon ab, ob eine Gesellschaft Beziehungen positiv oder negativ bewertet.

Mädchen lernen zwar, daß Beziehungen und Bindung in ihrem Leben positiv zu bewerten sind, doch gleichzeitig bekommen sie auch signalisiert, daß Bindungen blokkieren und daß Unabhängigkeit und Autonomie sehr viel wertvoller sind. Eine doppelte Botschaft, die Frauen oft ihr Leben lang verunsichert.

In einer vielzitierten Studie haben bereits 1972 die Sozialwissenschaftler Broverman und Broverman nachgewiesen, daß männliche Eigenschaften von Jugendlichen (und erschreckenderweise auch von im Gesundheitswesen Tätigen) positiver eingeschätzt werden als sogenannte weibliche Eigenschaften. Jungen wie Mädchen hielten in der Befragung Eigenschaften wie stark, kompetent, furchtlos und dominant für weitaus erstrebenswerter als Schwäche, Inkompetenz, Ängstlichkeit oder Passivität. Erste wurden als typisch männlich, letztere als typisch weiblich eingestuft. Männer wurden von den Jugendlichen ferner als rational und emotional kontrolliert eingeschätzt, Frauen dagegen als emotional, mitfühlend und abhängig. Ein wertvoller Mensch war für die Befragten der männliche, unabhängige Mensch.

Wie also kann ein heranwachsendes Mädchen, geschweige denn später die erwachsene Frau, das einen Wert darin sieht, Beziehungen aufzubauen und aufrechtzuerhalten, sich selbst für wertvoll halten, wenn es in dieser Einschätzung keinerlei gesellschaftlichen Widerhall findet? Es glaubt, daß mit ihm etwas nicht stimmt, und unternimmt große Anstrengungen, um das als erstrebenswert dargestellte Ziel der Unabhängigkeit zu erreichen.

Tatsächlich sind Frauen in den letzten Jahrzehnten große Fortschritte gelungen, doch fällt es vielen noch schwer, sich über ihre Erfolge zu freuen. Noch immer fühlen sie sich zu gebunden, noch immer klagen sie darüber, daß immer sie es sind, die sich um eine Beziehung kümmern, noch immer halten sie es für falsch, daß ihr Selbstbewußtsein von der Bindung an einen Menschen abhängt. Die psychischen Probleme, die sie aufgrund dieser Situation entwickeln, werden ihnen von Fachleuten als Folge mangelnder Autonomie erklärt, als Entwicklungsdefizit, das es aufzuholen gilt.

Doch die neuere Forschung, auf der die Theorie vom Beziehungsselbst basiert, stellt diese Sichtweise in Frage. Psychische Probleme von Frauen werden nun nicht mehr als Folge einer engen Mutter-Tochter-Bindung gesehen, die der Tochter eine Eigenständigkeit erschwert und sie ein Leben lang abhängig bleiben läßt, sondern vielmehr in der Tatsache, daß die Gesellschaft der Bindung kein großes Gewicht beimißt. Das Beziehungsselbst wird nun dem autonomen Selbst gleichgestellt und als positive weibliche Realität anerkannt. Das bedeutet, daß Geschlechterunterschiede als grundgegeben akzeptiert werden. Was Folgen hat, wie die Psychologin Harriet Goldhor Lerner schreibt: »Soziale Veränderungen würden aus dieser Sicht eine ›Anders-aber-gleichwertig‹-Doktrin reflektieren, die der unterschiedlichen Entwicklungslinie und den überlegenen Fürsorge- und Beziehungsfähigkeiten von Frauen Rechnung trägt und diese Qualitäten anerkennt, wertschätzt und unterstützt.«

Das bedeutet nicht, daß Frauen nun zurück in ihre traditionelle Rolle gedrängt werden sollen, und ebenso falsch wäre die Schlußfolgerung, daß Männer zur Entwicklung ihres Selbst keine Bindung zu anderen Menschen brauchen. Die Theorie des Beziehungsselbst gibt Frauen nur das Recht zurück, ihre Individualität, ihr Selbstbewußtsein bezogen auf andere Menschen zu entfalten, es erkennt geschlechtsspezifische Unterschiede an, und es befreit Frauen von der negativen Fixierung auf die Mutter-Kind-Beziehung. Mütter geben ihren Kindern, speziell ihren Töchtern, nicht unbedingt nur eine Last mit auf den Weg, indem sie sie durch ihr Vorbild zur Beziehungsfähigkeit erziehen.

Es ist sicher nicht zufällig, daß gerade in den letzten Jahren die positive Seite der Beziehungsfähigkeit entdeckt wird. Denn »es scheint heute klar, daß wir zum Vertrauen auf Bindungen und Zusammenarbeit zurückkehren müssen – und zwar aus der sicheren Erkenntnis heraus, daß Bindung und Zusammenarbeit eine Grundvoraussetzung für die Existenz von Menschen sind. Die Fundamente für diese wohl absolut notwendigen nächsten Schritte, wenn wir in unserer westlichen Welt überleben wollen, stehen bereits zur Verfügung.« Eine Erkenntnis, die Jean Baker Miller bereits Anfang der siebziger Jahre formulierte und die heute aktueller ist denn je. Wir müssen uns auf weibliche Werte besinnen – und zwar betrifft das Männer und Frauen –, wenn das Leben auf dieser Erde auch für spätere Generationen noch lebenswert sein soll. Das Fundament, von dem Miller spricht, haben die Mütter ihren Töchtern mitgegeben; jetzt geht es darum, daraus ein allgemeines Modell menschlicher Entwicklung zu machen.

Der fehlende Vater

Die Konzentration auf die Mutter-Kind-Beziehung und ihre Folgen hat ihre Ursache vor allem darin, daß Väter bei der Erziehung der Kinder keine Rolle spielten. Der Vater war für die meisten Kinder ein abwesender Vater: entweder im Krieg geblieben oder mit seiner männlichen Rolle so ausgefüllt, daß höchstens mal Zeit für Strafen oder (seltene) Zuwendungen blieb. Diese Situation der Nachkriegskleinfamilie verführte dazu, den Blick fast ausschließlich auf die Mutter zu richten. So gibt es eine Fülle an Mutter-Tochter-Literatur, der Vater war lange kein Thema.

Erwachsene Kinder haben zwar häufig ein gestörtes Verhältnis zu ihren Vätern, doch sie artikulieren dies nicht so deutlich wie das Verhältnis zu ihrer Mutter. Zwei Gründe machen die Sozialwissenschaftlerinnen Cheryl Benard und Edit Schlaffer für diese Diskrepanz verantwortlich: »Erstens fehlt uns für die Vaterdiskussion die kulturelle Geläufigkeit eines Vokabulars, wie wir es für die Mutter von populärpsychologischer Seite umfassend geliefert bekommen. Zweitens – und damit zusammenhängend – unterliegt der Vater immer noch einem Tabu. Die Unbestimmbarkeit, die Schwierigkeit zu definieren, was Vater ist, ist nicht nur Zufall, nicht nur Produkt seiner unabänderlichen Lebensumstände, sie ist auch Absicht.

Kritik am Vater unterliegt immer noch, unausgesprochen, dem patriarchalischen Interdikt.«

Erst in jüngster Zeit beginnen einige Autorinnen zu erkennen, daß auch die nicht anwesenden, sich entziehenden Väter ihre Töchter massiv beeinflußt haben. »Auf der Suche nach dem Vater«, so der Untertitel von Sibylle Plogstedts Buch »Niemandstochter«, entdecken sie die »offene Wunde« in ihrer Psyche, die die »Nichtbeziehung« zum Vater hinterlassen hat: »Dreiundvierzig Jahre schleppe ich Dich nun als einen blinden Fleck mit mir herum. Ich will nicht, daß das Bild von Dir so trüb und beschlagen bleibt. Ich will Dich sehen lernen, Dich zu fassen kriegen. Erst wenn Du spürbar Raum in mir einnimmst, kann ich mich mit Dir auseinandersetzen, wird die Leere verschwinden. Und meine unglaubliche Angst vor Liebesverlust.

Wie eine sitzengelassene Geliebte führe ich mich hier auf, ich weiß. Kein Wunder: Du tauchst unsichtbar immer dann für mich auf, wenn ich Dich am allerwenigsten brauchen kann, hängst Dich wie ein Sack voller Steine an meinen Schmerz, tust mir zu allem noch weh. Soll das vielleicht eine Hilfe sein?«

Wie Sibylle Plogstedt entdecken viele Frauen erst wenn sie längst erwachsen sind, daß der Vater ihnen selbst durch seine Nichtpräsenz ein belastendes Erbe hinterlassen hat. Und wie sie empfinden wohl viele: »Ich habe so viele unerfüllte Wünsche an dich.«

Der Vater, der durch seine Abwesenheit von der Tochter idealisiert wurde, war in Wirklichkeit ein Versager. Er, der ihr nun einmal aufgrund der traditionellen Rollenteilung die Tür zur Außenwelt aufstoßen und ihre ersten Schritte hätte begleiten sollen, er, der durch sein Vorbild der Tochter den Umgang mit Werten und Normen hätte vorleben sollen, er versagte jämmerlich. Die Wünsche der

Tochter blieben unerfüllt. Doch die Tochter will das nicht wahrhaben: Sie hofft auf seine Zuwendung, auf seine Aufmerksamkeit und Anerkennung. Längst erwachsen, projiziert sie ihre Wünsche auf ihre männlichen Partner, versucht durch enorme Leistungen und Kraftakte oder durch mädchenhafte Anpassung, »ihm« zu gefallen. Selbst wenn die Väter längst tot oder für eine Auseinandersetzung zu alt sind: Sie sind im Leben der Tochter/Frau immer noch allmächtige Gegenwart. Weil sie den idealisierten Vater nicht angreifen konnte, hat sie sich auf die Auseinandersetzung mit der Mutter gestürzt – und viel zu lange einen Stellvertreterkrieg geführt.

Die wenigen Väter, die sich um ihre Töchter gekümmert haben, bestätigen den Stellenwert der frühen männlichen Anerkennung: Frauen, die berufliche Karriere gemacht haben, die selbstbewußt auf ihre Fähigkeiten vertrauen können, wurden fast ausnahmslos von ihren Vätern gefördert und ermutigt (oftmals gegen den Widerstand der Mütter!).

Die fehlende Anerkennung durch den Vater ist auch für die französische Psychoanalytikerin Christiane Olivier der wesentliche Faktor, der die Entwicklung der Töchter beeinflußt. Sie hält es für keinen Zufall, daß das inzestuöse Begehren sich laut Freudscher Theorie ausschließlich zwischen Mutter und Sohn abspielt, aber nicht zwischen Vater und Tochter. Während Söhne von ihren Müttern bewundert und in ihrer Geschlechtlichkeit gefördert und anerkannt werden, so die Theorie, bekommen Mädchen weder von der Mutter noch vom Vater den anerkennenden Blick. Die Suche nach Bestätigung durch andere, vor allem durch Männer, zieht sich daher wie ein roter Faden durch das Leben von Frauen. »Wenn man mich begehrt, dann bin ich nicht nichts«, zitiert Christiane Olivier eine Patientin.

Um kein Mißverständnis entstehen zu lassen: Wenn hier von »begehren« die Rede ist, dann ist nicht sexuelles Begehren gemeint. Die erschreckend häufigen sexuellen Übergriffe von Vätern auf ihre Töchter haben nichts mit dem grundlegenden Bedürfnis zu tun, daß Töchter von ihren Vätern geliebt und anerkannt werden wollen. Es geht vielmehr darum, daß Väter ihre Verantwortung erkennen und ihren Part in der Erziehung der Kinder übernehmen. Und zwar nicht nur gegenüber ihren Söhnen, sondern gleichermaßen auch gegenüber ihren Töchtern.

Daß sie diese Aufgabe auch heute noch nicht ernst nehmen, trotz medienwirksamer Berichte über die sogenannten »neuen Väter«, haben die Sozialwissenschaftlerinnen Cheryl Benard und Edit Schlaffer in ihren Umfragen feststellen müssen: »Wir alle haben fest mit dem neuen Vater gerechnet: engagiert, liebevoll, gleichberechtigt. Statt dessen: alles wie gehabt. Mit allzu wenigen Ausnahmen ist der Vater auch heute mürrisch, uninteressiert und größtenteils abwesend.«

Trotz dieser Gemeinsamkeit zwischen den »Vätern damals« und den »Vätern heute« haben sich die Zeiten dennoch geändert. Weil sich die Frauen, und damit auch die Mütter, verändert haben. Kinder, die heute vor allem mit ihren Müttern aufwachsen, entwickeln sich anders, als es die heute Erwachsenen konnten. Denn ihre Mütter sind heute nicht mehr gezwungen, ein Leben gegen ihre eigenen Bedürfnisse zu führen. Sie sind nicht mehr dazu verurteilt, in unbefriedigenden Beziehungen zu verharren, sie haben die Möglichkeit, sich beruflich zu entwickeln, und sie haben insgesamt mehr Selbstvertrauen gewonnen.

Die Sozialwissenschaftlerin Anita Heiliger vom Deutschen Jugendinstitut referiert Untersuchungen, nach denen Mütter, die ihre Kinder ohne männliche Unterstützung erziehen, mit ihrer Lebenssituation sehr zufrieden sind: Sie haben mehr Selbstvertrauen, fühlen sich frei, unabhängig und selbstbestimmt, müssen sich nicht über Erziehungs- oder Geldprobleme mit einem Partner herumstreiten und berichten übereinstimmend von einem harmonischen Leben mit ihren Kindern. Wie Anita Heiliger in einer eigenen Studie feststellen konnte, wirkt sich dies auch auf die Kinder der Alleinerziehenden aus: Sie sind »häufig selbständiger, unabhängiger und selbstbewußter, übernehmen mehr Eigenverantwortung für andere. Darüber hinaus wird ihnen zuerkannt, daß sie anpassungsfähiger sind, früher gereift wirken und weniger aggressiv und offener im sozialen Kontakt sind, mehr Sensibilität für soziale Diskriminierung und gesellschaftliche Benachteiligung aufweisen, eher egalitäre Ansichten haben und manchmal sogar besonders begabt sind.«

Wenn also von der »Schuld« der Mütter und dem fehlenden Einfluß der Väter die Rede ist, dann trifft diese Aussage sicherlich für die Nachkriegsgeneration noch zu. Deren Eltern befanden sich in einer »Ausnahmesituation«, bedingt durch die Kriegserfahrungen, den Nationalsozialismus und das Aufbrechen der Geschlechterrollen. So betroffen die heutige Erwachsenengeneration von dieser Entwicklung auch war – und wir haben aufgezeigt, daß ihre psychischen Beeinträchtigungen durchaus auf das Verhalten und Denken ihrer Eltern zurückgeführt werden können –, es ist dennoch fraglich, ob die vorhandenen psychologischen Konzepte auch in Zukunft noch ihre Berechtigung haben. Auf jeden Fall müssen sie sorgfältiger überprüft werden, ehe sie auf die jüngeren Generationen übertragen werden.

All das bedeutet natürlich keinen Freispruch für die Väter, die offensichtlich Kindererziehung immer noch als »Frauensache« betrachten. Im Idealfall sollte ein Kind von

Vater und Mutter gleichermaßen liebevoll betreut werden, doch Idealfälle sind selten. Was sich vor dreißig oder vierzig Jahren noch negativ auf die Entwicklung eines Kindes ausgewirkt hat, muß heute nicht mehr denselben Effekt haben. Auch wenn die Väter sich anscheinend nur langsam ändern, die heutigen Mütter haben mit ihren eigenen Müttern nur noch wenig gemeinsam.

Söhne: Karrieristen, Terroristen, Muttersöhnchen?

Die Persönlichkeit eines Mannes wird, so beschrieb es Sigmund Freud, in der Phase zwischen dem dritten und fünften Lebensjahr entscheidend geprägt. In dieser »ödipalen Phase« bilden sich die Grundzüge der männlichen Identität heraus. Der kleine Junge muß den sogenannten Ödipuskomplex überwinden, indem er seine Verliebtheit in die Mutter aufgibt, auf sie »verzichtet« und gleichzeitig die aggressiven Gefühle gegen den »Rivalen«, den Vater, unterdrückt. Dies gelingt am besten, wenn er sich mit dem übermächtigen Erzeuger identifiziert, um seiner »Rache« zu entgehen. Das männliche Kind muß lernen, seine Wut gegen den Vater zu zügeln, sie nicht »auszuleben«; und es überwindet so die ödipale Verstrickung, indem es sich in Selbstkontrolle übt. Zwei der mächtigsten Triebimpulse des Menschen, Inzest und Mordlust, geraten in dieser Lebensphase unter die Kontrolle von verinnerlichten, vom Vater ausgehenden Geboten. Diese Verinnerlichung von Regeln und Geboten ist der Ursprung des Gewissens, der moralischen Wertvorstellungen, aber ebenso der Schuldgefühle für die nie völlig unterdrückbaren Triebwünsche, die auch im weiteren Leben zu schaffen machen.

Die entscheidende Figur in diesem »ödipalen Dreieck«

ist für das Kind der Vater – ihn muß es beobachten, seine Verhaltensweisen gilt es zu kopieren, was er sagt oder tut, erhält Gesetzes-Charakter.

In der Auseinandersetzung mit dem Vater entsteht allmählich die Männlichkeit des Jungen: Er übernimmt die väterlichen, männlichen Verhaltensmuster, strebt aber auch nach Autonomie und Eigenständigkeit. Er erprobt seine Stärke und Selbständigkeit im Umgang mit dem Vater, dann auch mit anderen Menschen. Die Väter geben ihren Söhnen ihre persönliche, aber auch die gesellschaftliche Moral weiter und vermitteln ihnen, wie bedeutsam die Einhaltung von Normen ist. Sie machen ihnen den Wert und die Notwendigkeit von Abgrenzungen deutlich, zwischen gut und böse, richtig und falsch, öffentlich und privat, »innen« und »außen«. Dieser idealtypische Ablauf der ödipalen Phase macht aus kleinen Jungen kleine Männer. Von nun an lernen sie und entwickeln sich auf der Basis dieser frühen, entscheidenden Erfahrungen mit ihren Vätern.

Die Kinder der vaterlosen Gesellschaft

Aber seit der Formulierung dieses Entwicklungsmodells durch Freud haben sich die familiären Verhältnisse und vor allem die Vaterrolle dramatisch verändert. Diese Veränderungen haben psychische Konsequenzen gehabt, die sich sehr deutlich an der Persönlichkeitsstruktur und an den Problemen der heute erwachsenen Männer der Nachkriegsgeneration ablesen lassen. Sie sind wie ihre Altersgenossen in anderen Industrieländern auch Kinder der »vaterlosen Gesellschaft«: Der Vater, das Väterliche, verschwindet immer mehr aus dem Familienleben. Die Aufspaltung von Arbeit und Familienleben im Laufe der Industrialisierung hat dazu geführt, daß die Familienväter aus dem Haus verschwanden und erst abends wiederkehrten. Sie waren zeitlich kaum noch präsent, Erziehung wurde mehr und mehr die Sache der Mütter. Diese Entwicklung hat sich in der Nachkriegszeit noch beschleunigt: Die Väter verflüchtigten sich noch mehr; als Manager, Angestellte oder Arbeiter wurden sie von ihren Firmen und Fabriken vereinnahmt. Ihre Energie, ihre Kreativität und ihr Engagement wurden von der Arbeitswelt fast völlig aufgebraucht, zu Hause mutierten sie mehr und mehr zu »Besuchern« oder »Gästen«, die sich in die Erziehung kaum noch einmischten oder erschöpft und unkonzentriert als »willkürlich operierende Schreckgespenster« (Alexander Mitscherlich) oder »belächelte Alte« (Theodor W. Adorno) in Erscheinung traten. Unter dem zunehmenden Konkurrenzdruck der westlichen Wirtschaftssysteme und unter dem Einfluß der immer noch gültigen Hochleistungsideologie ist die Abwesenheit des Vaters immer ausgeprägter geworden, der Kontakt zu den Kindern hat sich in den meisten westlichen Ländern auf wenige Minuten am Tag verringert, Zeit bleibt gerade noch für zwei oder drei »Interaktionen«.

Als Alexander Mitscherlich 1963 sein Buch »Auf dem Wege zur vaterlosen Gesellschaft« schrieb, hatte er jedoch nicht nur die allgemeine, sich in allen Industriestaaten abzeichnende »Vaterlosigkeit« im Blick, sondern vor allem auch die spezielle deutsche Väterlichkeit, deren verlorene, zerbrochene und diskreditierte Tradition er beklagte. Die deutschen Väter der Kriegsgeneration »verschwanden«, sofern sie nicht gefallen oder in lange Gefangenschaft geraten waren, in den Nachkriegsfamilien auf zweifache Weise: Zum einen waren sie im Wiederaufbau absorbiert und überbeschäftigt, zum anderen waren sie als väterliche, moralische Autorität nicht mehr vorhanden.

Das »Vater-Debakel« (so der Psychiater H. Tellenbach) nahm seinen Lauf: Die klassische Ödipussituation fand einfach nicht mehr statt, die Jungen »kriegten« ihre Mama quasi kampflos. Der Ödipuskomplex wurde nicht überwunden, die Söhne verharrten in der Verliebtheit zur Mutter, der »Gegner« trat gar nicht erst auf. Das Verhalten und die Persönlichkeit einer ganzen Generation von Söhnen wurde in Deutschland von starken, immer präsenten und oft auch überwältigenden und vereinnahmenden Müttern geprägt.

Die Vater-Sohn-Beziehungen verkümmerten, in der entscheidenden ödipalen Auseinandersetzung fanden die Söhne keinen Widerpart mehr, nicht im Guten, nicht im Schlechten. Die Mütter übernahmen nun auch noch die Aufgabe, Identifikationsfigur und »moralische Instanz« für ihre Söhne zu sein. Diese Söhne wurden »durchmuttert«, wie es der Psychotherapeut Lukas M. Moeller ausdrückt. Im Miniaturmatriarchat der Nachkriegsfamilien entstanden enge Mutter-Sohn-Symbiosen, aus denen sich die Söhne kaum oder nur sehr schwer wieder lösen konnten. Wie bereits beschrieben wurde, war schon die präödipale Phase in den ersten drei Lebensjahren der Nachkriegsgeneration belastet durch die komplizierte Bindung an die Mütter – mit der Folge von großen Defiziten und Beschädigungen in der Ich-Entwicklung. Nun wurde den Müttern auch noch die Last der Verantwortung für die Herausbildung des Über-Ich – des Gewissens, der moralischen Normen, der »männlichen Festigkeit« – aufgebürdet. Überspitzt ausgedrückt: Die Väter der Kriegsgeneration haben in der Erziehung ihrer Söhne weniger Falsches als gar nichts gemacht. Sie haben sich nicht geeignet als Vorbilder, mit denen sich ihre Jungen identifizieren konnten; ihre väterliche Autorität reichte nicht aus, um Lebensperspektiven und Orientierungen zu vermitteln.

Karrieristen oder Terroristen?

Welche Folgen hatte diese »Vaterlosigkeit« für die Söhne? Wie beeinflußte die »Durchmutterung« ihre Persönlichkeit und ihr Verhalten als Erwachsene? Konnten sie überhaupt, im Sinne einer ausgereiften psychodynamischen Entwicklung und Reifung, »erwachsen« werden? Und was bedeutet es für die eigene Vaterrolle, wenn man als Sohn von einem schwachen, politisch und moralisch korrumpierten, kaum präsenten Vater (nicht) erzogen wurde?

An zwei extremen Beispielen läßt sich verdeutlichen, welche Persönlichkeitsdefizite die »Vaterlosigkeit« einerseits und die »Durchmutterung« und Ich-Beschädigung andererseits bewirken können, Defizite und Deformationen, die letztlich bis zur Selbstzerstörung führten. Die Rede ist von zwei fast gleich alten, vaterlos aufgewachsenen Angehörigen der Nachkriegsgeneration, wie man sie sich unterschiedlicher kaum denken kann: Uwe Barschel und Andreas Baader. Beide verloren ihre Väter im Krieg, beide wuchsen in »weiblichen« Haushalten auf, waren der »kleine Mann« für ihre Mütter, beide entwickelten starke narzißtische Charakterstörungen mit Anflügen von Größenwahn, narzißtischer Ausbeutung anderer, Unfähigkeit zur Selbstkritik.

In einem »Kapselporträt« des Andreas Baader schreibt der Familientherapeut Helm Stierlin: »Der 1943 geborene Andreas Baader verlor seinen Vater ... bereits 1945 im Kriege. Dessen Witwe ... blieb ledig und verdiente ihren und des Buben Unterhalt als Sekretärin. Über längere Zeiträume lebten noch andere weibliche Verwandte, die ihre Männer ebenfalls im Krieg verloren hatten, im Baaderschen Haushalt. Alle diese Frauen verwöhnten den kleinen Andreas. Andreas ... war eigenwillig, hübsch, draufgängerisch, von einer bübisch-verschmitzten Boshaftigkeit, ein Herzensbrecher. In den Augen der ihn umsorgenden Frauen konnte er nichts falsch machen ... ein verwöhnter Prinz mit kindlichem Größenselbst, der sich auch später alles erlauben konnte ...« Übersteigerte Selbstsicherheit, Skrupellosigkeit, die Ausbeutung weiblicher »Bezugspersonen«, extreme Risikobereitschaft: Baaders Persönlichkeitsprofil als RAF-Akteur hat seine Wurzeln ohne Zweifel auch in der frühkindlichen Lebensphase.

Über Uwe Barschel, den ehemaligen Ministerpräsidenten von Schleswig-Holstein, schreibt der Psychoanalytiker Dieter Ohlmeier: »Die Affäre Barschel ... ist exemplarisch ..., weil wir sie ständig und unter uns beobachten können. Die Figur Barschels ist eine tragische Figur ..., weil sich in ihr etwas spiegelt, das exemplarisch für die heutige Krise des Männlichen und des Väterlichen anzusehen ist ... Ein »Landesvater« mit jungenhaft hilflosem Gesicht, hölzern, ohne Charisma, ohne auch im persönlichen Bereich mit väterlichen Eigenschaften ausgestattet zu sein ...«

Der Karrierist und der Terrorist: zwei extreme, aber nicht untypische Ausprägungen eines Charakters, dem das väterliche, männliche »Korrektiv« in den entscheidenden Jahren fehlte. Baader und Barschel, und mit ihnen Millionen deutscher Söhne von schwachen oder nicht präsenten Vätern, sind nicht wirklich erwachsen geworden, sie blieben – wie die Märchenfigur Peter Pan – große Jungen, die nicht älter werden wollten: Baader spielte den charmanten Lausbub, er spielte Räuber und Gendarm, er spielte selbst im Hochsicherheitstrakt noch mit der Öffentlichkeit und seinen Wächtern. Barschel machte mit seinem Machtstreben und seiner Skrupellosigkeit die Verletzungen und Demütigungen einer harten Kindheit wett, lehnte sich an politisch zweifelhafte Ziehväter und Vaterfiguren an und gab in der Kieler Affäre wie ein ertappter Apfeldieb sein großes Indianerehrenwort. Dann stahl er sich wie sein Altersgenosse von der RAF durch Selbstmord aus der Verantwortung.

Die extremen Einzelschicksale von Barschel und Baader sollten nicht darüber hinwegtäuschen, daß sie keineswegs »ganz anders« waren als die meisten ihrer Generation. Die Merkmale des Peter-Pan-Syndroms sind unter den heute Dreißig- bis Fünfzigjährigen sehr häufig anzutreffen: Bindungsunfähigkeit und -unsicherheit, ein »freibeuterischer« Lebensstil, Chauvinismus, Probleme mit der eigenen Geschlechtsrolle, Verantwortungslosigkeit. Zwar wird äußerlich oft eine Maske betonter Männlichkeit getragen, aber dahinter verbirgt sich eine Selbstzentriertheit und eine emotionale Lähmung, die Bindung an andere sehr schwierig macht.

Forcierte Fröhlichkeit wechselt sehr rasch mit tiefer Traurigkeit und Niedergeschlagenheit. Das Verhältnis zur Mutter ist meist problematisch, gekennzeichnet vor allem durch Schuldgefühle, Wut und enge Bindung. Der Vater existiert auch jetzt, wo der Sohn selbst »erwachsen« ist, kaum; Entfremdung, Sprachlosigkeit und Gleichgültigkeit herrschen vor. Die »großen Jungen« haben es aufgegeben, die Liebe des Vaters erringen zu wollen, aber gelegentlich wird der psychisch so Ferne auch idealisiert – ein schwaches Echo der frühkindlichen Sehnsucht nach väterlicher Zuwendung.

Die vorenthaltene väterlich-männliche Mitgift ist sicher mitverantwortlich dafür, daß die Nachkriegsgeneration so große Probleme mit der Geschlechtsrolle hat. Die endlosen Debatten über die »neue« Männlichkeit, das Schwanken zwischen überkommenen Macho-Positionen einerseits und anbiedernden Softie-Allüren andererseits sind Symptome für eine tiefe Rollenverunsicherung. Es gibt für die erwachsenen Männer der Nachkriegsgeneration keinen Konsens mehr darüber, was die Identität als Mann ausmacht. Die Frauenbewegung hat diese Unsicherheit nur noch verschärft, ihre Wurzeln liegen aber in den defizitären und beschädigten Vater-Sohn-Beziehungen.

Die Auflösung der väterlichen Autorität in der Nachkriegszeit hat die Konturen des Männlichen verwischt. Es geht allerdings nicht darum, ein unrealistisches Idealbild des Vaters, der ja in früheren Epochen nur allzuoft ein strenger Patriarch und Pascha war, zu entwerfen und den Verlust solcher Modelle zu betrauern. Aber im Hinblick auf die kindliche Entwicklung läßt sich darüber streiten, ob sich nicht selbst ein traditionelles Vatermodell günstiger auswirkt als die moralische und männliche Leerstelle, die die Kriegsväter hinterließen. Sie entzogen ihren Söhnen die Identifikationsmöglichkeiten mit männlichen Vorbildern und stürzten sie in Unsicherheit, Selbstwertprobleme und Selbstzweifel!

Margarete Mitscherlich sieht in diesen Selbstwertproblemen, neben Liebesunfähigkeit und mangelnder Frustrationstoleranz, die schwerwiegendste Folge der »vaterlosen« Erziehung. Die Ge- und Verbote des Vaters stellen den Hauptinhalt des Über-Ichs dar, diese »innere« moralische Instanz wird aber nicht nur gefürchtet und respektiert, sie ist im Idealfall auch ein geliebter und wichtiger Teil des eigenen Selbst geworden, die Repräsentanz und moralische Mitgift einer geachteten Person und ihrer Werte. Wenn sich dieses Über-Ich nicht bilden kann, resultieren daraus Unsicherheit und Orientierungslosigkeit und schließlich auch der Verlust des Selbstwertgefühls.

Muttersöhnchen

Die Jungen blieben vor allem Söhne ihrer Mütter. Sie waren Mamas kleiner »Beschützer«, Mamas Tyrann, Mamas Kavalier. Diese Rollen nehmen sie in ihr Erwachsenenleben mit, und die Beziehungen zu Frauen sind im Grunde »Wiederholungen« dieser besonderen Mutter-Sohn-Beziehung. Die Partnerinnen übernehmen die Rolle der Mütter, und sie werden so auch gesehen und erlebt von den erwachsenen Söhnen: so dominant, überbehütend, erstickend-liebevoll, einschränkend, launisch, fordernd wie die eigene Mutter. Und sie können sich entweder so verwöhnen und bemuttern, sich buchstäblich das Lätzchen umbinden lassen wie »damals«, oder sie entfliehen diesen zu engen »mütterlichen« Umarmungen ihrer Partnerinnen, die eher als Freiheitsberaubung empfunden werden.

Die lückenhafte, unvollständige Identität der »vaterlos« erzogenen Söhne wirkt sich aber nicht nur in der Beziehung zu Frauen aus. Die Muttersöhne haben Probleme mit der Übernahme von Verantwortung, von Pflichten zur Fürsorge für andere. Die Scheu vor dem Eingebundensein in Pflichten und Verantwortungen läßt sich heute sehr leicht als Freiheitsbedürfnis, Ungebundensein, Spontaneität maskieren – Werte, die in der Konsum- und Freizeitgesellschaft ohnehin propagiert werden.

Dieter Ohlmeier beobachtet bei der Nachkriegsgeneration geradezu eine »Flucht aus der Väterlichkeit«, womit auch die Anstrengungen und das Unbequeme der Vaterrolle gemieden werden. Und er fragt, ob beispielsweise das Sinken der Geburtenzahlen in der Bundesrepublik nicht auch auf die Verantwortungsscheu der heute Erwachsenen zurückzuführen ist: »Sich in unbequemer Weise zu exponieren und zu artikulieren wird offenbar immer schwieriger. Dagegen ist eine eigenartige Ängstlichkeit in Form funktionaler Angepaßtheit zu beobachten. Sie kann sich im ganz persönlichen Bereich so auswirken, daß schon das Zeugen und Erziehen eigener Kinder in die ... Funktionalisierung des Lebensentwurfes nicht mehr hineinpaßt. Ich glaube nämlich, daß auch das Abnehmen der Geburtenzahlen etwas zu tun hat mit einer Flucht aus der Väterlichkeit, und würde davor warnen, dafür immer nur die Mütter und die Frauen anzuschuldigen ... Ich frage mich, ob nicht der Wunsch nach Funktionalisierung, Computerisierung und ›Machbarkeit‹ im Alltag an die Stelle persönlicher Potenz und psychischer Zeugungskraft getreten ist.«

Aufzuwachsen ohne die Chance, sich an einer Vaterfigur stoßen und reiben und ihre positive Autorität akzeptieren und in die eigene Persönlichkeit integrieren zu können, veranlaßte die heute erwachsenen Söhne aber auch, sich einen Ausgleich für diese Entbehrung zu suchen. Vaterersatzfiguren sollten die emotionale Lücke ausfüllen. Zu finden waren solche Figuren vor allem in Polit- und Psychosekten der sechziger und siebziger Jahre. Es ist auffällig, daß beispielsweise Bhagwan vor allem Zulauf von jungen Erwachsenen der Nachkriegsgeneration aus Deutschland hatte, der Anteil der Deutschen an der Gefolgschaft des indischen Gurus war überproportional hoch. Die Identifikationsbereitschaft mit solchen Ersatzvätern spiegelt das starke Bedürfnis nach Führung, nach Idealen, nach Vorbildern wider, ein Grundbedürfnis offensichtlich, das paradoxerweise selbst in den Hochzeiten der antiautoritären Bewegung wirksam war. Diese Ablehnungsorgie galt ja vor allem den angemaßten, moralisch nicht legitimierten Autoritäten der schwachen und korrupten Vätergeneration. Diesen falschen Autoritäten hielt die Protestbewegung der sechziger und siebziger Jahre ihre vermeintlich integren, nichtkorrumpierten und idealisierten Ersatzväter, etwa Ho Chi Minh oder Mao-Tse-tung, entgegen.

Das Buch des Journalisten Christian Schultz-Gerstein

»Der Doppelkopf« ermöglicht es, die Suche eines Intellektuellen aus der Söhnegeneration nach einem integren, vorbildlichen Wunschvater nachzuvollziehen. Schultz-Gerstein fand diese Vaterfigur in dem Schriftsteller (und ehemaligen Widerstandskämpfer und KZ-Häftling) Jean Améry. Die Begegnung mit diesem Mann läßt die Lügen, das Ausweichen, die Feigheit der Väter, des eigenen Vaters, nur noch deutlicher hervortreten: »Da fragst du nach Hitler, nach den Juden, nach den Konzentrationslagern. Und sie erzählen dir alles mögliche ... natürlich vor allem von Hunger, Krieg und Kälte und Bombennächten und wie schlecht es ihnen ging und daß sie rein gar nichts gewußt hatten. Das hast du doch als Kind schon gemerkt, daß da bei all diesen Erzählungen irgendwas nicht stimmt ..., daß die dich irgendwie belügen. Und am Ende dann immer dieser Satz: ›Aber das kann man sich sowieso nur vorstellen, wenn man es selbst erlebt hat.‹ Da hast du dann gesessen, gedemütigt, schuldig, diese Zeit nicht miterlebt zu haben; aber nun mußte Vater endlich an die Arbeit, oder das Essen wurde kalt, und du hast keinen Mucks gesagt.«

Alexander Mitscherlich spricht von der »Identifikationsnot« der Söhne und der ausbleibenden Hilfe in ihrer »Identitätsverwirrung«, die besonders in der Pubertät zum beherrschenden Problem wird. Werden die Schutz- und Führungsbedürfnisse nicht durch die eigenen Väter erfüllt, suchen die Jugendlichen nach idealen »Übervätern«, denen sie sich anvertrauen können. Diese Suche gleicht sehr häufig einer Regression, einer Rückkehr in die Kindheit, in der alle Härten und Risiken des Lebens von den Eltern abgewendet wurden. Indem sie sich als Jugendliche und Erwachsene solchen Übervätern anvertrauen, kompensieren sie unbewußt die schmerzlich vermißte väterliche Zuwendung, die sichere, positiv bewertete männliche Autorität, und werden leichte Beute für Sektenführer oder charismatische Politiker.

Der Schriftsteller und Mitherausgeber des »Kursbuch« Karl Markus Michel schrieb 1966: »Wenn die Söhne sich auflehnen, sind die Väter gemeint, die Welt, die sie repräsentieren, also eine zumindest äußerlich noch intakte Welt. Nach 1945 aber fanden die jungen Männer in Deutschland nur Trümmer vor. Was die Väter geschaffen hatten, war so ungeheuerlich, daß es jeder Anprangerung spottete.« Das ist die spezifisch deutsche Mitgift der Vätergeneration, die das »Vaterlose« der internationalen Entwicklung auf eine einsame Spitze trieb: Zu all den Problemen des Aufwachsens in der modernen Nachkriegsgesellschaft kam in Deutschland das Erbe der Hitler-Zeit hinzu. Die Väter waren nicht nur sprachlos, sie entzogen sich nicht nur der Auseinandersetzung mit ihren Söhnen, sie waren schuldig der Mittäterschaft, des Mitwissens und Duldens der größten Verbrechen, die Menschen jemals verübt hatten.

Dieser historische Bruch in den Beziehungen zwischen zwei Generationen vergrößerte die Distanz zwischen Vätern und Söhnen in Deutschland noch mehr, als es die neuzeitliche »Vaterlosigkeit« ohnehin getan hat. Dieter Ohlmeier berichtet, daß in nahezu jeder Psychoanalyse »die Spuren des Nationalsozialismus und der nationalsozialistischen Väter zu entdecken sind« – eine Tatsache, die oft auf Unglauben stoße. Viele Jahre und Jahrzehnte sei einfach nicht beachtet worden, wie sich dieser Umstand in den Persönlichkeitsbildern der heute im mittleren Alter stehenden Kinder, vor allem der Söhne, niedergeschlagen hat. Die Nachkriegsgeneration der Deutschen hat bis heute das Problem noch nicht gelöst, noch nicht lösen können, eine »sinnstiftende Kontinuität« (Helm Stierlin) zwischen den Generationen zu finden.

Fünftes Kapitel
Partnerschaft und Liebe: Der lange Arm der Eltern

»Bis daß der Tod uns scheidet« – dieses Versprechen auf lebenslange Bindung geben sich zwar auch heute noch viele Paare vor dem Traualtar, doch nur noch ganz wenigen dürfte es gelingen, diesen Satz ohne jeden Zweifel zu sagen. Zu allgegenwärtig sind Trennungen und Scheidungen, zu bewußt die Möglichkeit des Scheiterns. Ganz Aufgeklärte sprechen bereits nicht mehr vom Lebenspartner, sondern vom »Lebensabschnittspartner«, sie schließen Eheverträge ab, die im Falle einer Trennung die teuren Scheidungsanwälte überflüssig machen sollen – sie rechnen mit dem Ende der Liebe, schon ehe das Abenteuer der Zweisamkeit richtig begonnen hat. Solange es gutgeht, bleibt man zusammen, tauchen unüberwindbare Konflikte auf, verliebt man sich neu.

Doch selbst die »Coolen« hoffen natürlich, im Lebenspartner endlich den Menschen gefunden zu haben, der ihnen all ihre Hoffnungen nach Liebe, Nähe und Geborgenheit erfüllt. Man mag Platons Parabel von den zwei Menschenhälften, die sich verloren haben und in der Liebe wiederfinden, als romantisch abtun und sich abgeklärt über die »große Liebe« äußern, wir suchen dennoch alle in unseren Liebesbeziehungen nach dem Menschen, der genau zu uns paßt. Wen wir als »passend« wahrnehmen, hängt dabei allerdings weniger von »Schicksal«, »Zufall« oder »Fügung« ab, wie wir gerne glauben wollen. Der berühmte Funke, der uns entflammt, entspringt unserer Lebensgeschichte. Welchen Mann, welche Frau wir uns als Partner aus vielen Menschen auswählen, wird vor allem von den Erfahrungen beeinflußt, die wir bis zu diesem Zeitpunkt mit unseren Eltern sammeln konnten.

In kaum einem anderen Lebensbereich wird der Einfluß unserer Eltern so deutlich wie in unserer Partnerwahl. Der Mann, in den sich eine Frau unendlich verliebt, die Frau, von der sich ein Mann fast um den Verstand gebracht sieht – sie sagen mehr über das Verhältnis zu unseren Eltern aus, als wir ahnen und wahrhaben wollen. Vor allem die extreme Leidenschaft, die Liebe auf den ersten Blick, das Zusammenfinden zweier verwandter Seelen sind meist nicht das Wunder, für das wir es halten. Viel besungen und bedichtet, ist die Urgewalt der Liebe meist nichts anderes als ein »Symptom«: ein Symptom für unsere unerfüllten Bedürfnisse, für unsere Defizite, für unsere Kindheitswunden; ein Symptom, an dem die in der Partnerschaft auftauchenden Konflikte bereits ablesbar sind.

Ein Mann und eine Frau, die sich ineinander verlieben, sind nicht allein: Ihre Eltern schauen ihnen über die Schulter, wenn sie verliebt durch den Park schlendern, wenn sie sich mit unendlicher Begierde lieben oder Pläne für die Zukunft machen. Ihre Eltern liegen mit im Bett, wenn sich sexuelle Probleme einstellen, sie führen Regie bei den Streitereien und Vorwürfen, und sie sind nicht selten der eigentliche Grund, wenn Beziehungen scheitern.

Das klingt zunächst unvorstellbar und stark übertrieben. Wer will schon wahrhaben, daß er in Liebesdingen nicht frei entscheidet? Denn anders als bei früheren Generationen können die Eltern doch kaum noch Einfluß darauf nehmen, welchen Partner man wählt. Im Gegenteil: Wie viele Söhne und Töchter der Nachkriegsgeneration haben den Ehepartner gegen den Willen ihrer Eltern geheiratet? Und schließlich haben die Eltern oft gar keine Möglichkeit zur Einmischung, denn man wohnt doch nicht umsonst 500 Kilometer entfernt von ihnen. Nein, die eigene Partnerschaft hat mit den Eltern nun wirklich nichts zu tun.

Diese verständliche Abwehr ist wohl auch der Grund dafür, daß bei der Frage nach den Gründen für das Scheitern so vieler Beziehungen zunächst nur oberflächliche Antworten gegeben werden. Sicher spielen veränderte gesellschaftliche und ökonomische Verhältnisse eine Rolle, ebenso wie die Tatsache, daß unser soziales Leben nicht gerade bindungsfreundlich ist. Arbeit und Leistung haben absoluten Vorrang vor dem Privat- und Intimleben. Die Zeit, die Paare täglich im vertrauten Gespräch verbringen, läßt sich in Minuten errechnen, genauso die Zeit, die Väter ihren Kindern widmen. Immer mehr Menschen müssen für die Fahrt zum Arbeitsplatz mehrere Stunden in Kauf nehmen, kommen sie dann nach einem harten Arbeitstag nach Hause, reicht die Energie gerade noch für die Zeitungslektüre und das Fernsehen. Fünf Stunden täglich, so haben Sozialwissenschaftler errechnet, verbringt der Bundesbürger mit den diversen Medien: eine halbe Stunde Zeitunglesen, zweieinhalb Stunden Radio, zwei Stunden Fernsehen.

Auch die Emanzipation der Frauen, die Vorstellung von der romantischen, dauerhaften Liebe und die Auflösung traditioneller Werte sind weitere Faktoren, die Beziehungen brüchig werden lassen.

Doch das ist nur die Oberfläche. Untrennbar verbunden mit all diesen gesellschaftlichen Ursachen sind die Erfahrungen, die wir in unserer Familie machen konnten oder machen mußten. Unsere Eltern sind unsere Vorbilder – in positiver wie in negativer Hinsicht –, und sie beeinflussen auch, »wohin die Liebe fällt«. Und nicht nur das: Wenn aus Liebe Haß wird, wenn romantische Hoffnungen in verzweifelten Kämpfen enden, dann ist gerade das auf den Einfluß der Eltern zurückzuführen. Familientherapeuten haben darauf hingewiesen, daß es vor allem die Krisen in unseren Beziehungen sind, die uns deutlich signalisieren, wie wenig wir uns von unseren Eltern, ihren Wünschen und Bedürfnissen, gelöst haben.

Um lieben zu können, muß man loslassen

Dabei spielt es keine Rolle, welche äußere Unabhängigkeit und welchen äußeren Erfolg wir erreicht haben: Beziehungskrisen sind unabhängig vom Alter und vom sozialen Status der Beteiligten mehr oder weniger auf eine elterliche Mitgift zurückzuführen. Eine Partnerschaft kann nur dann gelingen, wenn sich die Liebenden innerlich und äußerlich von ihren Eltern lösen konnten. Hunderte Kilometer Distanz zum Elternhaus und nur gelegentliche Besuche an Festtagen sind zwar eine äußere Trennung, doch sagt die räumliche Entfernung nichts darüber aus, ob sich ein erwachsenes Kind auch innerlich von den Eltern trennen konnte. Familientherapeuten sprechen von der »bezogenen Individuation«, wenn die Ablösung von den Eltern gelungen ist. Dazu gehört, daß ein erwachsenes Kind genau weiß, was es fühlt und will, und sich nicht den Bedürfnissen der Eltern unterordnet, daß es in der Lage ist, eigene Ziele zu entwickeln und zu verfolgen, Ziele, die durchaus andere als die von den Eltern vorgegebenen sind, daß es Verantwortung für das eigene Handeln übernehmen kann. Die daraus zwangsläufig entstehenden Konflikte müssen innerhalb der Familie verhandelbar sein, das heißt, sie müssen ausgesprochen werden dürfen, ohne daß sie zu unüberbrückbaren Meinungsverschiedenheiten und Zerwürfnissen führen.

Es hängt im wesentlichen von den Eltern ab, ob die »bezogene Individuation« gelingt: In den ersten Lebensjahren braucht ein Kind die bedingungslose Liebe seiner Eltern, es muß sich »sicher gebunden« fühlen, es muß ein »Urvertrauen« entwickeln können. Doch nach etwa eineinhalb Jahren beginnt das Kind seine Unabhängigkeit zu entdecken und zu erkunden. Gleichzeitig will es aber die völlige Sicherheit, die Einheit mit der Mutter, nicht aufgeben. Der Psychoanalytiker D. W. Winnicott hat bereits 1953 darauf hingewiesen, daß der Mutter in dieser Phase eine bedeutende Rolle zukommt: »Es ist Aufgabe der Mutter, das Kind zu desillusionieren.« Sie muß es ermutigen, die Welt zu erkunden, und sie muß ihm die Illusion nehmen, die innige Mutter-Kind-Einheit würde ewig währen. Viele Mütter scheitern mehr oder weniger an dieser Aufgabe, weil sie selbst sich nicht desillusionieren wollen, weil sie das Kind nicht loslassen können und seine ersten Schritte in die Unabhängigkeit unbewußt boykottieren.

Den meisten Müttern der Generation, von der in diesem Buch die Rede ist, ist die Gratwanderung zwischen Bindung und Loslassen nicht gelungen. Viele der heute Dreißig- bis Fünfzigjährigen haben zwar enge Bindungen erfahren, hatten aber meist auch Mütter, denen es schwerfiel, die Kinder in die Unabhängigkeit zu entlassen. Diese Mütter richteten ihre ganze Aufmerksamkeit auf ihre Söhne und Töchter, sie banden sie symbiotisch an sich und konnten sie dann, als die Zeit dafür gekommen war, nicht gehen lassen. Die in der Anfangszeit so notwendige Bindung, Nähe und Geborgenheit wurde für das heranwachsende Kind zum Alptraum.

Macht also auch die Familienpsychologie wieder die Mütter für alles verantwortlich? Nein: Auch die Väter tragen ihren Teil dazu bei, warum Mutter und Kind sich so eng aneinander binden, warum Frauen soviel Angst vor der Eigenständigkeit ihrer Kinder haben. Sowenig wie die Mütter ihre Aufgabe erfüllen konnten, sowenig nahmen die Väter ihre Vaterpflicht wahr, kritisiert der Psychotherapeut Howard M. Halpern. Sie hätten »das Kind bei der Hand nehmen und mit ihm in die größere Welt hinausschlendern [sollen, um] ihm ihre Freuden und verwirrenden Reize zu zeigen, ihm beizubringen, mit den Gefahren fertig zu werden, und ihm Vertrauen und Mut einzuflößen, sich dort nach draußen zu begeben. Ein wirklich guter Vater wird sich auch um das kleine Kind in der Mutter kümmern, das vielleicht während dieser Zeit der Trennung betrübt ist und sich bedroht fühlt. Die wesentliche Aufgabe des Vaters besteht darin, Mutter und Kind bei der Trennung voneinander zu helfen.« Doch die Väter, die sowohl dem Kind als auch der Mutter bei der schwierigen Loslösung hätten helfen müssen – sie waren nicht vorhanden. Entweder waren sie im Krieg gefallen, oder sie waren mit anderen, angeblich wichtigeren Dingen beschäftigt als der Kindererziehung.

Die heutige Elterngeneration war also weitgehend den Müttern ausgeliefert und hat deshalb große Schwierigkeiten, sich aus dieser engen Mutterbindung zu lösen und autonom zu werden. Dies ist eine Mitgift, die beide Geschlechter, Söhne und Töchter, in ihre eigenen Beziehungen einbringen. Ohne daß es ihnen bewußt wäre, versuchen sie im nachhinein, die fehlende Autonomie zu erlangen und gleichzeitig die bei der Mutter erfahrene frühe Nähe wieder zu erleben. Sie überfordern bei diesem Versuch, der zwangsläufig zum Scheitern verurteilt ist, nicht nur sich selbst, sondern auch den Partner.

Besonders ausgeprägt ist dieser Mechanismus bei der Nachkriegsgeneration, die Unabhängigkeit und Freiheit in den Paarbeziehungen propagierte und die Ehe als bürgerliche, einengende Institution ablehnte. Aufgewachsen in beengenden Kleinfamilien, in denen mehr Zeit für die Vermehrung des Wohlstandes aufgewendet wurde als für die Pflege der familiären Beziehungen, wollten die Kinder der Nachkriegsgeneration alles anders machen. Ihre Beziehungen sollten frei sein von allem Zwang, von Eifersucht und Besitzdenken. In der forcierten Liberalität und Freizügigkeit der sechziger und siebziger Jahre sollten die alten bürgerlichen Vorstellungen von Partnerschaft und Ehe überwunden werden. Das neue Ideal war die sogenannte offene Beziehung, in der alles gesagt und getan werden konnte, ohne daß mit den aus dem Elternhaus bekannten Zurechtweisungen und Einschränkungen gerechnet werden mußte. Treue, Monogamie, Eifersucht – all das galt als rückständig und kleinbürgerlich. »Wer zweimal mit demselben pennt, gehört schon zum Establishment«, hieß die Parole. Freie Menschen sollten sich in freier Liebe begegnen.

Doch die Revolution des Privatlebens scheiterte. Die zelebrierte Selbständigkeit, die zur Schau getragene Autonomie, der freche, antibürgerliche Gestus, das war eine Politshow, war Provokation und Wunschdenken zugleich. Die, die sich so autonom und unabhängig gebärdeten, waren es in Wirklichkeit überhaupt nicht. Sie spielten die Selbständigen, die Erwachsenen, und waren dennoch die Kinder ihrer Eltern geblieben. Alle Parolen und Kreuzzüge gegen die beengende Kleinfamilienidylle konnten nicht darüber hinwegtäuschen, daß die »Revolutionäre« in ebendieser Idylle erzogen worden waren. Hätte das, was sie anstrebten, gelingen sollen, dann hätten sie zur Freiheit erzogen werden müssen. Doch eine solche Erziehung hatten die wenigsten genossen. Vielmehr waren sie immer noch an ihre Mütter gebundene Kinder, die nun mit dem Partner die längst fällige Abgrenzung nachholen wollten. Der Lebenspartner sollte jetzt das Verständnis für eigene Autonomiewünsche aufbringen, das die Mutter einst verweigert hatte. Gleichzeitig aber mußte der Partner auch das immer noch vorhandene und nie ganz gestillte Bedürfnis nach bedingungsloser Liebe und Zuwendung erfüllen. So ist für diese Generation in besonderem Maße kennzeichnend, was für neurotische Beziehungen allgemein gilt: »Ich kann nicht mit dir, aber ohne dich geht es auch nicht.«

Typisch für diese Generation sind Beziehungen wie die zwischen Ute und Peter: »Haß-Liebe nennt Peter sein Verhältnis zu Ute. Er beschreibt die Situation mit seiner Freundin, die regelmäßig zu einer ›Zerreißprobe‹, zu einer unerträglichen Auseinandersetzung bis zur Trennungsandrohung führt, wie folgt: Wenn er mit Ute einige Stunden zusammen ist, stellt sich bei ihm regelmäßig eine wachsende Unruhe ein, mit dem Drang, weglaufen zu müssen. Er gerät zunehmend in einen panikartigen Angstzustand. Sein Gefühl ist nur, von Ute bedrängt, eingeengt, gezwungen zu werden, wie gefangen und eingeschlossen zu sein, obwohl sie eigentlich lieb zu ihm sei. Er fühlt sich unter einem furchtbaren Druck, will nichts wie weg, empfindet die Beziehung als ›Joch‹, als ›Gefängnis‹. Gerade dann aber klammere sie sich an ihn wie eine Klette und mache ihm jedesmal eine Szene. Sie könne es nicht aushalten, wenn er so abrupt aufbreche, wenn er überhaupt weggehen wolle. Sie sage, er sei gefühlskalt und ein Psychopath, und: ›Wenn du mich lieben würdest, dann würdest du bleiben.‹ Er aber hat nur einen Gedanken: ›Ich brauche mein Stück Freiheit.‹ Und er wird innerlich ganz kalt. Sie kommt ihm in diesen Situationen vor wie ausgewechselt, wie ein Polyp, nehme ihm die Luft zum Atmen, sauge ihn aus wie ein Vampir. So steigert er sich in einen richtigen Haß hinein auf sie, die sich so abhängig an ihn hängt wie eine Last, ihn runterzieht ›wie ein Klotz am Bein von einem, der am Ertrinken ist‹. Wenn sie dann weint, kann er ihre Verzweiflung zwar verstehen, ist aber wie gefühllos. Er muß auf Distanz gehen, es ist sonst wie Selbstaufgabe ... Wenn sie dann droht, Schluß zu machen, überkommt ihn die Verzweiflung. Er kommt sich oft gemein und fies vor, wie ein Macho, besonders wenn sie dann so depressiv dasitzt, so elend und abhängig und ganz klein. Schließlich – er kann weder weggehen noch bleiben – sitzen sich beide völlig fertig gegenüber, in kalter Verzweiflung und in unerträglich werdender Angst, daß nun die Beziehung endgültig zerbricht, daß alles aus ist. Wenn die Spannung bis zu einem Grad angewachsen ist, an dem bald alles egal ist, sinken sie sich wieder in die Arme, schlafen wieder zusammen.

Stunden danach wächst in Peter erneut das Gefühl, die Beziehung brauche ihn auf, er müsse unbedingt zu sich selber kommen. Er kann aber nicht Schluß machen, weil er so an ihr hängt.

Hin und wieder möchte er aber eine Nacht allein in seinem Zimmer verbringen (er wohnt in einem anderen Stadtteil), mal seine Ruhe haben. Aber er bekommt Depressionen und Verzweiflungszustände, wenn er es mal schafft.«

Im Fall von Peter und Ute, der von der Psychoanalytikerin Christiane Bassyouni aufgezeichnet und interpretiert wurde, kommt sehr klar zum Ausdruck, wie der Wunsch nach Autonomie und Selbständigkeit mit dem gleichzeitigen Wunsch nach Regression, hier vor allem in der Sexualität möglich, kollidiert. Beide Partner haben dieselben Bedürfnisse, weil sie auch dieselben Defizite haben; ihre Situation ist vergleichbar mit einer Schaukel. Ist der eine mal oben – sprich: will er mehr Unabhängigkeit –, gerät der andere in Panik und klammert. Zeigt der andere regressive Tendenzen, sehnt sich nun plötzlich der anklammernde Teil nach Autonomie. Ute und Peter haben sich, wie so viele andere Paare auch, ineinander verliebt, weil sie die Ähnlichkeit gespürt haben: die Ähnlichkeit in ihren Erfahrungen, Verletzungen, Defiziten ihrer Kindheit. In einer Art Wiederholungszwang fühlen wir uns von Menschen angezogen, die, genau betrachtet, nicht gut für uns sind. Indem wir uns in Menschen mit ähnlichen Strukturen und Konflikten verlieben, erhoffen wir uns eine verspätete Ablösung von den Eltern und endlich die Selbständigkeit, Individuation, die wir zum unbelasteten Überleben dringend benötigen.

Doch fatalerweise erwartet dies auch der Partner von uns, und so drehen wir uns in unseren Beziehungen im Kreise. Mit dem Ergebnis, daß wir entweder in unbefriedigenden Beziehungen und Ehen verharren oder nur noch in der Trennung die Lösung sehen. Der »andere« hat uns enttäuscht, hat unsere Erwartungen nicht erfüllt, er oder sie »paßt« einfach nicht zu uns. In Wirklichkeit haben wir – wieder einmal? – die Auseinandersetzung mit uns selbst gescheut und unbewußt vor unserer eigenen Geschichte kapituliert.

Vertan haben wir damit die Chance, in der Beziehung zum Partner die Wunden endlich verheilen zu lassen, die wir uns in unserer Herkunftsfamilie zugezogen haben. Um diese Chance nutzen zu können, müssen wir uns allerdings zunächst bewußt werden, was wirklich hinter den Problemen und Auseinandersetzungen steckt, die uns das Zusammenleben so erschweren.

Zwischen Loyalität und Auflehnung

In jeder Familie gibt es ganz spezifische Muster, die von Generation zu Generation weitergegeben werden können, wie Familientherapeuten in ihrer Arbeit mit problembelasteten Familien immer wieder beobachten konnten. Als Hauptmuster haben sich das Problem der »Bindung« und »Ausstoßung«, der »Delegation« und der »Loyalität« herauskristallisiert – Muster, die sehr eindrucksvoll von dem Heidelberger Familientherapeuten Helm Stierlin und seinen Kollegen beschrieben worden sind.

Ein Mensch ist dann sehr stark gebunden, wenn ihm durch massive Verwöhnung oder durch die ständige Betonung seiner Pflichten den Eltern gegenüber die Ablösung und Eigenständigkeit erschwert wird. »Ausgestoßene« sind in anderer Form an die Familie gebunden. Sie sind bereits früh durch Vernachlässigung oder Lieblosigkeit im übertragenen Sinne »aus dem Nest« geworfen worden, sie haben nie erfahren, was Geborgenheit und Vertrauen bedeutet.

Ob gebundene oder ausgestoßene Kinder, beide wachsen mit ganz spezifischen Aufträgen (»Delegationen«) ihrer Eltern auf. »Gebundene Delegierte« müssen als Kind und später auch als Erwachsener den Eltern, den Geschwistern oder auch den Großeltern emotionale Stütze sein, ihnen wird die Rolle eines Ratgebers, Trösters oder Vertrauten zugewiesen, oder es wird erwartet, daß sie Familienmitglieder umsorgen und versorgen. Eigene Wünsche nach Geborgenheit, nach Außenkontakten, nach sexuellen Beziehungen haben dann keinen Raum und müssen unterdrückt oder den Wünschen der Familie untergeordnet werden.

»Ausgestoßene Delegierte« haben nie aufgehört, durch

enorme Kraftanstrengungen, Anpassung und Leistung die elterliche Liebe doch noch zu erringen. Erwachsene »Ausgestoßene« versuchen daher, auch wenn sie längst das Elternhaus verlassen haben, die Leistungserwartungen ihrer Familie zu erfüllen: Karriere zu machen, ein anständiges Leben zu leben.

Familien fordern weiter auch »Loyalität« von ihren Mitgliedern. Das kann bedeuten, daß sich Geben und Nehmen die Waage halten müssen, daß unbewußt Buch geführt wird (der Familientherapeut Ivan Boszormenyi-Nagy spricht von »Schuld- und Verdienstkonten«), daß im Sinne von Familienmythen gelebt wird. Die Verpflichtung zur Loyalität ist ein unsichtbares, aber starkes Band, das dann zu Konflikten führen kann, wenn die Loyalität den Eltern gegenüber stärker ist als die Loyalität dem Partner gegenüber.

Durch Loyalität oder Aufträge gebundene oder auch ausgestoßene Kinder wachsen in einer Art »Familienghetto« heran, das sie, auch wenn sie erwachsen sind, nicht wirklich verlassen können. Meistens herrscht in solchen Familien, trotz Nähe, eine Atmosphäre, die wenig Wärme und Geborgenheit vermittelt, eine Atmosphäre, die zudem durch Sexualfeindlichkeit und einen einengenden, konfliktunterdrückenden oder rivalisierenden Umgangston gekennzeichnet ist.

Diese Familiensituation – Einengung, ungelöste Konflikte, starke Loyalitäten, Aufträge und Bindungen – bildet ein Raster, das unbewußt an den Menschen angelegt wird, in den sich der junge Erwachsene verliebt. Und in dieser Situation gelten nun tatsächlich die beiden Allerweltsweisheiten gleichermaßen: »Gleich und gleich gesellt sich gern« und »Gegensätze ziehen sich an«. Wir erkennen im anderen Bekanntes, bereits Erlebtes, wieder, wir reagieren auf seine Ähnlichkeit, und gleichzeitig reagieren wir auch auf das Fremde, das uns fasziniert. Und so kommt es, daß wir uns in Menschen verlieben, die uns vertraut und fremd zugleich sind. Akzentuieren wir die Unterschiede, wird die Partnerwahl zur »Protestwahl«: Es kommt dann vor allem darauf an, daß der Partner ganz anders als die Eltern ist. Große Hoffnungen sind mit ihm verbunden: Er soll all das leisten, was die Familie nicht leisten konnte; er wird zum Gegenbild der Eltern und muß stellvertretend Konflikte mit ihnen ausfechten; er soll Bedürfnisse befriedigen, die die Familie nicht befriedigen konnte.

Wenn das Bedürfnis nach Kontinuität überwiegt, dann ist die Partnerschaft für viele Menschen nur eine Fortsetzung des Elternhauses – einschließlich der dort vorhandenen Konflikte – mit anderen Personen.

Welche Funktion den jeweiligen Partnern zugewiesen werden kann, was von ihnen erwartet wird, wenn sie als »Veränderer« ausgewählt werden oder eher als »Bewahrer«, kann an einigen typischen Konflikten aufgezeigt werden:

- *»Nichts wie weg von zu Hause!«* – »Ich war bereits zwanzig, als ich meinen späteren Mann kennenlernte. Mein Auszug von zu Hause war bereits überfällig, ich hielt es im Grunde nicht mehr aus. Ich wollte mir nicht mehr anhören müssen, daß ich, ›solange du deine Füße unter meinem Tisch hast‹, für alles, was ich tat, Rechenschaft ablegen mußte. Mein Mann wohnte in einer anderen Stadt; daß ich zu ihm zog, war gar keine Frage« *(45jährige Hausfrau und Mutter).*

  Nicht selten wird der Partner zum Hoffnungsträger, zum Bundesgenossen, mit dessen Hilfe man es endlich schafft, sich aus der engen Bindung an die Eltern zu lösen. Eine Heirat ist ein offizieller Grund und verschont vor den Schuldgefühlen und Auseinandersetzungen, die bei einer anderen Form der Loslösung zu erwarten wären.

Konflikte treten auf, wenn der Partner die Rolle des Veränderers gar nicht spielen will: entweder weil er selbst noch viel zu sehr an seine Eltern gebunden ist und seinen Partner oder seine Partnerin in den elterlichen Haushalt integrieren will – oder weil er nur allzu bereit ist, sich an die Schwiegerfamilie anzugliedern.

– *»Ich wollte es denen mal zeigen.«* – »Meine Eltern waren völlig gegen meine zukünftige Frau. Ich habe sie gegen ihren Willen geheiratet und mich endlich einmal durchgesetzt« *(38jähriger Angestellter).*

Wer seine Eltern als kontrollierende und bestimmende Macht erlebt, verliebt sich vielleicht in einen Menschen, der ihm stark genug erscheint, eine »Gegenmacht« zu bilden. Der Partner soll stellvertretend mit den Eltern Konflikte austragen, er soll endlich das tun, was man selbst sich niemals trauen würde: ihnen die Stirn bieten. Oftmals steckt dahinter auch der Wunsch, der Partner möge einem zu mehr Selbstsicherheit und Mut verhelfen.

Doch dieser Wunsch geht selten in Erfüllung; statt dessen geraten die meisten erwachsenen Kinder langfristig in Konflikte, wenn der eigene Lebenspartner sich gegen die Eltern wendet. Das, was an ihm am Anfang als anziehend erlebt wurde, kehrt sich dann ins Gegenteil.

Die Familientherapeuten Harald Knoke und Günter Reich schildern einen Fall aus ihrer Praxis, der dieses Dilemma sehr gut veranschaulicht: »Eine Frau suchte durch Anlehnung an ihren späteren Mann, der auf sie forsch, beredt, wie ›jemand, der immer Rat weiß‹, wirkte, ›Befreiung‹ von ihrem einengenden, autoritären Vater. Tatsächlich stritt der Mann sich auch für sie mit diesem, während sie schweigend daneben stand. So lernte sie nicht selbst, sich auseinanderzusetzen, sondern stellte unbemerkt wieder ein Unterordnungsverhältnis her. In der Ehe erlebte sie dann den Mann als ›dominant‹, ›einengend‹, ›erdrückend‹, zog sich bei beginnenden Auseinandersetzungen schweigend zurück und kränkte ihn durch außereheliche Beziehungen.«

– *»Ich pfeif' auf euren guten Ruf.«* Familien, in denen sehr starre Wertvorstellungen und Regeln gelten, fordern zum Protest heraus. Kinder, die den offenen Widerspruch nicht wagen, drücken ihn oftmals in der Wahl ihrer Lebenspartner indirekt aus. Sie heiraten eine Person, die geringe Bildung hat, aus einer niedrigen Schicht stammt, Ausländer ist oder die »falsche« Religion und politische Überzeugung hat.

Doch die Rechnung geht meist nicht auf: Auf Dauer sind die so unterschiedlichen Wert- und Normvorstellungen nur schwer zu verkraften; der Partner, der sich eigentlich von der eigenen Familie lösen wollte, vertritt nun genau die elterlichen Meinungen und gerät so in Konflikt mit dem eigenen Partner. Das »andere«, das uns am Partner vielleicht so angezogen hat, wird irgendwann bekämpft, das Vertraute droht uns zu erstikken, und unsere Loyalität der Herkunftsfamilie gegenüber gerät in Konflikt mit der Loyalität zum Partner. Plötzlich vertritt man ihm gegenüber die Positionen und Werthaltungen der eigenen Familie: Aussprüche wie »Meine Mutter hätte dies so und nicht anders gemacht« oder »In unserer Familie gibt es keine Schwächlinge« deuten darauf hin, daß die Loyalität der Herkunftsfamilie gegenüber die Oberhand gewinnt.

Der Loyalitätstransfer von den Eltern auf den Partner ist mißlungen. Wenn sich zwei derart loyal mit ihren Eltern verbundene Menschen zusammentun, dann kommt es zum »Kampf der Familienstile«: Jeder hält an ihm vertrauten Gewohnheiten – zum Beispiel Eßgewohnheiten, Sauberkeitsansprüchen – fest. Der Fall von Claudia, den der Familientherapeut Günter Reich schildert, verdeutlicht, wie Loyalitätskonflikte eine Beziehung belasten können.

Claudia hatte nach Abschluß ihrer Berufsausbildung in einer größeren Stadt eine Arbeit gefunden. Endlich gab es einen guten Grund, dem Kleinstadtmief ihres Heimatortes und ihrem einengenden Elternhaus den Rücken zu kehren. Beide Eltern waren sehr darauf bedacht, in der Umgebung einen »guten Eindruck« zu machen, legten Wert auf Ordnung, Sauberkeit, ein gepflegtes Äußeres. Außerdem waren sie stolz auf den materiellen Wohlstand, zu dem sie es durch den Fleiß des Vaters gebracht hatten. Doch hinter den verschlossenen Türen sah es ganz anders aus: Die Eltern stritten sich häufig, der Vater verhielt sich den Kindern gegenüber jähzornig und tyrannisch. Die nachgiebige Mutter beklagte sich dann bei Claudia über ihren Mann und versuchte, bei ihr Trost zu finden.

Als Claudia ihren Mann Klaus kennenlernte, schätzte sie vor allem seine fröhliche, offene Art. Er war lustig, spielte gut Gitarre, konnte gut reden, gut argumentieren. Er konnte ihr stundenlang zuhören, war geduldig, es gab keinen Streit. Kurz: Klaus war für Claudia ein Bilderbuchmann. Und außerdem war er Student, in vielem nicht so engstirnig und kleinkariert wie die Männer, die sie vorher kennengelernt hatte. Er nahm die Dinge nicht so genau. In Klaus' Elternhaus wurde auf Geistiges, Musisches und Sport sehr viel Wert gelegt, materielle Dinge wurden als »Äußerlichkeiten« abgetan.

Klaus und Claudia heirateten gegen den Widerstand vor allem seiner Mutter, die statt des Kleinstadtmädchens lieber eine Akademikerin an der Seite ihres Sohnes gesehen hätte.

Schon bald nachdem sie zusammengezogen waren, kam es zu Streitigkeiten. Klaus empfand die Beziehung zu Claudia und der inzwischen gemeinsamen Tochter als einengend und erdrückend. Er warf ihr vor, sie sei kleinkariert, kleinbürgerlich und pingelig in Haushaltsangelegenheiten, lege zuviel Wert auf Ordnung und würde seine intellektuellen Seiten nicht zu schätzen wissen. Ihre Zurückhaltung, die er am Anfang der Beziehung als so positiv erlebt hatte, empfand er nun als ständigen Appell an ihn, doch etwas für sie zu tun.

Claudia fühlte sich von Klaus überhaupt nicht mehr unterstützt und akzeptiert. Sie beklagte sich über sein ständiges Theoretisieren, seine nun plötzlich verschwundene Bereitschaft zum Zuhören, seinen Jähzorn. Klaus erinnerte sie nun an ihren Vater.

An diesem Beispiel wird sehr deutlich, wie zunächst als positiv und anziehend empfundene Eigenschaften des anderen im Laufe der Zeit mit den von der Familie vermittelten und mit in die Ehe gebrachten Wertvorstellungen in Konflikt geraten können.

Die Werte der Eltern sind auf Dauer die stärkeren; ein Stellvertreterkrieg löst keine Familienbande. Mit der Wahl des Partners wird zwar oft der Aufstand gegen die Eltern geprobt, doch gelingt er nur selten. Solange nicht eine eigene Identität gefunden, solange die Ablösung von den Eltern nicht aus eigener Kraft gelungen ist, solange die Angst vor dem »Zorn« der Eltern größer ist als der Freiheitsdrang – so lange können Liebesbeziehungen auf Dauer nicht glücklich verlaufen.

Der amerikanische Psychologe Sam Keen hat beschrieben, wie schwer es sein kann, sich von Vertrautem zu lösen, aber auch was Menschen sich einhandeln, wenn sie der Angst vor dem Neuen nachgeben: »Das erste und schwierigste ›Nein‹ ist die Entscheidung, unsere Bande mit dem Zuhause zu lösen, die Entfremdung zu ertragen, die sich unweigerlich einstellt, wenn man alles Vertraute hinter sich läßt. Wir sind versucht, in Sicherheit zu bleiben und der Tragödie auszuweichen. Aber wenn wir das tun, werden sich alle wonnigen Tugenden der Kindheit in Abhängigkeit und Unselbständigkeit verwandeln. Anstatt Verantwortung zu übernehmen, entwickeln wir uns zu Reaktionären; statt kreativ werden wir konservativ. Um etwas zu erschaffen, müssen wir erst zerstören lernen.«

Wenn wir diese »Zerstörung« fürchten, wenn uns die Ablösung von der Familie nicht gelungen ist, dann ist das Scheitern unserer Liebesbeziehungen fast programmiert. Was wir »Liebe« nennen, so Sam Keen, »wird dann zur vergeblichen Suche nach dem, was uns (nach unserer Vorstellung) fehlt – ein Vater oder eine Mutter, die uns genügend lieben würden. Das Vakuum ist eine Ikone unserer Sehnsucht. Je mehr wir einen Liebhaber, eine Ehefrau, einen Ehemann, ein Kind, einen Beruf, eine Ursache, ein Ding oder eine Droge für den Versuch einspannen, die Leere auszufüllen, desto mehr wird dieses ›Liebesobjekt‹ zu einem Ersatzziel des Eros, zum Idol, das uns unausweichlich enttäuschen wird und das wir schließlich hassen werden.«

Gleichgültig, ob bei der Partnerwahl die Veränderungswünsche oder der Wunsch nach Kontinuität überwiegen, auf Dauer kann der Partner den hohen Ansprüchen nicht gerecht werden, er muß enttäuschen. Viele Paare versuchen, diese Probleme zunächst zu ignorieren, hoffen, daß sich das – oder der andere – schon noch ändern wird. Die äußeren Anzeichen ihrer Konflikte und Schwierigkeiten versuchen sie geflissentlich zu ignorieren, oder, was häufig der Fall ist, sie messen ihnen nicht den gebührenden Stellenwert bei. So bringen sie ihre Probleme oft nicht in Zusammenhang damit, daß sie

- auch nach der Heirat oder nach dem Zusammenziehen mit dem Partner äußerlich eng mit den Familien verbunden bleiben,
- weiter bemüht sind, die Erwartungen der Eltern zu erfüllen (»Sonntags erwartet uns meine Mutter nun mal zum Essen«),
- sie bei der Familie Rückhalt suchen, weil sie nur wenig Kontakte zu anderen Menschen haben (Claudia zum Beispiel telefonierte, schon bald nachdem sie mit Klaus eine gemeinsame Wohnung bezogen hatte, täglich oder fast täglich mit ihrer Mutter – die beiden Frauen beklagten sich dann über ihre Männer),
- sie weiter auch materiell von der Familie abhängig bleiben und die Trennung vom Elternhaus große Befürchtungen auslöst (so glaubte zum Beispiel ein Mann, daß seine Mutter sterben könnte, wenn er sie nicht regelmäßig besucht).

Doch die Eltern sind meist auch von sich aus, natürlich nicht bewußt, sehr aktiv, um die Zweisamkeit des Paares zu »stören«: Gefragt oder ungefragt sind sie ständig mit Ratschlägen oder Kritik zur Hand; sie zeigen mehr oder weniger unverhohlen, daß sie vom Partner ihres Kindes nicht viel halten und daß sie eine andere Einstellung zur Kindererziehung haben. Beleidigt geäußerte Sätze wie »Ich sag' nichts mehr dazu, das ist deine Sache« oder »Ich hab' es ja immer schon gewußt« sind eindeutige Indizien dafür, daß die Eltern ihren »Kompetenzbereich« überschreiten.

Auch eine gestörte oder unbefriedigende Sexualität hat nicht selten ihre Wurzeln in den Ursprungsfamilien:

Wenn die Eltern eine strenge Sexualmoral vertraten, doppelte Botschaften bezüglich des Sexualverhaltens gaben, Sexualität mit Schuld und Strafe in Verbindung brachten, wenn sie ihren Kindern das Gefühl sexueller Minderwertigkeit vermittelten oder Rivalitäten mit dem gleichgeschlechtlichen Elternteil die sexuelle Entwicklung prägten, dann erschwert dies die Identifikation mit der eigenen Geschlechtsrolle. Eine befriedigende Sexualität ist erst dann möglich, wenn die von den Eltern aufgebauten Barrieren überwunden werden können. Diese Menschen haben Probleme mit Nähe, sie fühlen sich schuldig, wenn sie Sexualität genießen, oder reden sich ein, daß sie im Grunde gar kein Interesse an Sexualität haben.

Wenn die Schwierigkeiten größer werden und eine Verdrängung immer schwerer fällt, dann scheint als einziger Ausweg nur noch die Trennung zu bleiben. Von der Loslösung vom Partner – oder oft sogar auch von einer neuen Liebe – wird das Ende der Konflikte erwartet. Ein verhängnisvoller Irrtum. Manche Menschen ahnen zwar, daß ein ihnen unverständlicher Mechanismus sie immer wieder in die Arme ganz bestimmter »Typen« treibt, aber ohne Hilfe können sie meist nicht erkennen, daß sie einem Wiederholungszwang erliegen.

Wiederholt wird in der eigenen Partnerschaft aber nicht nur die eigene Kindheitserfahrung. Auch die Qualität der Elternbeziehung wie auch das Verhältnis, das die Eltern zu ihren eigenen Eltern hatten, werfen Schatten auf das »junge Glück«. Viele Eltern sind ihren Kindern kein Vorbild, sie geben kein Modell dafür ab, wie Partnerschaften befriedigend gestaltet werden können. Wer Schwierigkeiten in Liebesbeziehungen hat, mußte meist eine glücklose Elternehe erleben. Die Beziehung der Eltern ist in der Regel stark belastet, Trennungen und Scheidungen sind häufig. Familientherapeuten sprechen von einer »Scheidungstradition«, die von Generation zu Generation weitergereicht wird.

Trotz dieses gewaltigen Erbes, das uns unsere Eltern für unsere eigene Partnerschaft mitgeben, muß die Vergangenheit nicht unbedingt zu unserem Schicksal werden. Wir sind nicht dazu verdammt, ständig die Muster unserer Familie zu wiederholen, an ihre Botschaften und Aufträge ein Leben lang gebunden zu sein. Nur wenige von uns sind in einem Familienklima aufgewachsen, das ihnen vollständige Autonomie und Unabhängigkeit ermöglicht hat. Und dennoch können wir dem Wiederholungszwang entkommen. Vorausgesetzt, wir machen uns bewußt – mit Hilfe des Partners oder eines unterstützenden Dritten –, was wirklich hinter den Krisen steckt, in die eine Beziehung geraten kann. Wir müssen bereit sein, uns unserer Vergangenheit zu stellen, scheinbar Selbstverständliches zu hinterfragen, und vor allem: Wir müssen feststellen, welche Wünsche, Bedürfnisse, Normen wirklich unsere eigenen sind und welche von außen, von unseren Familien, an uns herangetragen werden.

Sechstes Kapitel
Vergeben und vergessen?

Familie – das ist Geborgenheit, das sind Gespräche und gemeinsame Mahlzeiten, das sind Weihnachts- und Geburtstagsfeste, das ist ein Schutzwall gegen den Streß der Welt »da draußen«. Die Eltern sind immer liebevoll, und auch die bereits erwachsenen Söhne und Töchter kehren immer wieder gerne in den »Schoß der Familie« zurück. Rührend ist dann die Begrüßung, festlich gedeckt der Tisch, das Haus blitzblank geputzt, und dennoch sieht die Mutter wie aus dem Ei gepellt aus. Sie ist nicht gestreßt, sie hat keine Probleme, weder mit den Kindern noch mit dem Ehemann. Und auch die Großeltern, die selbstverständlich noch im Kreis der Familie leben, haben ihren Stellenwert: als Geschichtenerzähler für die Enkel oder als zu umsorgende liebenswerte Alte.

Wenigstens in Werbesendungen sind Familien noch so, wie wir sie uns alle wünschen: heil und glücklich. Da versammelt sich die Großfamilie um den Suppentopf mit der köstlichen Instantsuppe, da kredenzt die weißhaarige Mutter ihrem überraschend heimkehrenden Yuppie-Sprößling, nein, nicht Selbstgebackenes, sondern die Erzeugnisse des allseits bekannten Keksfabrikanten, da zerbricht sich ein glückliches Ehepaar den Kopf, mit welchem Weinbrand man wohl den Vater am besten verwöhnen kann, da versammelt sich die Bilderbuchfamilie auf der Veranda der Vorstadtvilla zum gemeinsamen Frühstück, bei dem natürlich die XY-Margarine nicht fehlen darf.

Die Werbefamilien kennen keinen Streit, keinen Streß, keinen Ehebruch, keine Schulschwierigkeiten und keine nervenden Schwiegereltern. Werbefamilien lieben sich, genauso wie es Staat und Kirche im Grunde immer noch von allen Familien erwarten.

Natürlich, wir wissen, daß das Leben niemals so ist, wie es die Werbung uns vorgaukelt, und dennoch erwischt uns die verlogene Familienidylle an einem ganz empfindlichen Punkt. Ganz tief in wohl jedem von uns schlummert die Sehnsucht nach dieser Idylle, der Wunsch, die Eltern bedingungslos lieben zu können und von ihnen ebenso bedingungslos akzeptiert zu werden. Selbst wenn die meisten es gar nicht merken: Das Werbebild der idealen Familie kann uns kleine schmerzhafte Stiche versetzen, weil wir es unbewußt mit unserer eigenen Realität vergleichen. Auch wenn wir wissen, daß die Tütensuppe, bei der die Werbefamilie so gemütlich beisammensitzt, unsere Familienmahlzeiten auch nicht harmonischer macht, wir spüren trotz aller Aufgeklärtheit das Defizit. Denn unsere Familienwelt ist in den meisten Fällen keine heile Welt:

- Wir telefonieren nicht angeregt mit unseren Eltern, sondern reagieren eher gestreßt auf ihren wöchentlichen Anruf.
- Festtage verlaufen meist in einer angespannten Atmosphäre, da hilft auch kein erlesener Kaffee mit »Verwöhnaroma«. Vor allem die Weihnachtsfeiertage lassen unzählige Töchter und Söhne schon Wochen vorher in leichte Panik verfallen.
- Regelmäßige Besuche bei den Eltern vermeiden wir, und wenn sie doch stattfinden, wundern wir uns, war-

um wir immer nach solchen Anlässen Bauch-, Kopf- oder Magenschmerzen haben oder mit unserem Partner zu streiten anfangen.

- Wir haben es längst aufgegeben, mit unseren Eltern über unsere beruflichen Probleme oder Erfolge zu reden. Sie verstehen es doch nicht und interessieren sich auch nicht dafür, denken viele von uns. Und häufig ist die elterliche Frage »Wie geht es dir?« tatsächlich rein rhetorischer Art, denn sie reden lieber über sich, ihre Krankheiten, ihre Erwartungen und ihre Ärgernisse.
- Wir vermeiden es, sie in unsere Wohnungen einzuladen, denn sie wissen alles besser: wie die Wäsche gewaschen, wie das Essen gekocht und die Kinder erzogen werden sollen.
- Wir haben Angst davor, daß unsere Eltern alt und pflegebedürftig werden, denn wir wissen nicht, ob wir sie genug lieben, um sie versorgen zu können.

Von all diesen Quälereien merken unsere Eltern in der Regel nichts. Wenn wir mit ihnen zusammen sind, machen wir »gute Miene zum bösen Spiel«, wir reißen uns zusammen und verdonnern auch unsere eigenen Kinder und Partner zu »Wohlverhalten«. Nörgeleien, offene oder stumme Vorwürfe lassen wir meist über uns ergehen. Nur selten platzt uns der Kragen, und wir wehren uns offen gegen ihre Einmischungen oder Vorwürfe. Meistens spielen wir brav das »Spiel«, das uns von unseren Eltern schon sehr früh beigebracht worden ist: Die Eltern haben die Macht, was sie sagen, gilt, Kinder haben zu gehorchen. So reagieren wir auf Sätze wie »Dankbarkeit wäre zuviel verlangt«, »Du könntest dich mal mehr um Vater/Mutter kümmern«, »Ich habe es dir ja gleich gesagt, aber du wolltest nicht hören« und »Wo warst du, ich habe ständig versucht, dich zu erreichen« immer gleich: abwiegelnd, abwehrend, verärgert – und ständig schuldbewußt.

Wir, die längst erwachsenen Kinder unserer Eltern, verhalten uns nicht wie Erwachsene, sondern immer noch wie das kleine Kind, das wir mal waren. Immer noch wollen wir nichts riskieren, um ihre wie auch immer geartete Zuwendung nicht zu verlieren, immer noch hoffen wir, daß sie endlich einmal wirkliches Interesse an unserer Person zeigen und daß sie irgendwann doch noch zu den Eltern werden, wie wir sie uns gewünscht hätten. Gleichgültig, ob wir Hunderte von Kilometern entfernt wohnen oder in der Nachbarschaft, gleichgültig, ob wir wütend über sie herziehen oder still unter ihrem Verhalten leiden, gleichgültig, ob wir mit ihnen streiten oder lieber »auf Harmonie« machen – all das sind Anzeichen dafür, daß es uns noch nicht gelungen ist, wirklich erwachsen und von unseren Eltern unabhängig zu werden, daß wir die Ablösung von unseren Eltern nicht geschafft haben.

Für den Philosophen Khalil Gibran sind Eltern der Bogen und die Kinder der Pfeil: Aufgabe der Eltern ist es, die Kinder loszulassen, sie ihre eigene Bahn finden zu lassen. Daß die wenigsten Eltern dieses Kunststück vollbringen, haben wir in den einzelnen Kapiteln dieses Buches deutlich gemacht. Statt uns loszuschicken, bepacken sie uns mit ihren Aufträgen, ihren eigenen unerfüllten Wünschen, ihren Geboten und Verboten, ihren Ängsten und Bedürfnissen. Sie sind verantwortlich für die Art unserer Erinnerungen: Sie waren es, die uns allein gelassen, geschlagen oder mißachtet haben. Sie waren es, die absoluten Gehorsam forderten und unser Leben kontrollierten. Sie waren es, die uns mit ihren Sorgen belasteten, aber kein Ohr für unsere Kindersorgen hatten. Ob wir diese Erinnerungen verdrängen oder sie uns immer wieder schmerzhaft ins Gedächtnis rufen – sie prägen nicht nur unser Leben, unseren beruflichen Erfolg und unsere Beziehungen, sondern auch das Verhältnis zu den alten (oder auch bereits gestorbenen) Eltern. Um endlich erwachsen zu werden, müßten wir uns zunächst der Last bewußt werden, die sie uns aufgebürdet haben, und dann lernen, wie wir die einzelnen »Gepäckstücke« nach und nach loswerden können.

Doch wie kann uns dies gelingen? Wie können wir uns von unseren Eltern lösen und von ihnen unabhängige Menschen werden? Müssen wir rebellieren, den Kontakt mit ihnen brechen, die Auseinandersetzung mit ihnen suchen, oder müssen wir lernen, ihnen zu verzeihen?

Es fehlt nicht an Büchern, die uns mit guten Ratschlägen versorgen, wie wir »In Frieden mit den Eltern leben« können, wie uns der »Abschied von den Eltern« gelingt und wie wir »Probleme mit den Eltern« bewältigen können. Und die Auseinandersetzung mit der eigenen Kindheit ist auch Kernpunkt fast jeder Therapie. So einig sich die Experten darin sind, daß es gilt, sich von den Eltern zu lösen, unabhängig zu werden, die mißlungene »Individuation« nachzuholen, zum eigenen »Selbst« zu finden, bei der Frage, wie dieses Ziel zu erreichen ist, spalten sie sich in zwei Lager: Während die einen die Versöhnung mit den Eltern predigen, halten andere es für gefährlich, den Eltern zu verzeihen und sich um Verständnis für sie zu bemühen. Die Argumente der Vertreter dieser beiden Standpunkte sollen im folgenden kurz vorgestellt werden.

»Nur wer verzeiht, kann inneren Frieden finden.« Dieser religiösen Ideologie hängen auch viele Therapeuten an, und sie geben diesen Glauben als Therapieziel an ihre Patienten oder an die Leser und Leserinnen ihrer Bücher weiter. Da heißt es dann zum Beispiel: »Wenn du nie mit einem deiner Eltern gut ausgekommen bist und du diesen Elternteil auf deiner Reise so zurückgelassen hast, daß der Gedanke an ihn in dir Ärger oder Selbstmitleid oder irgendein anderes Gefühl hervorruft ..., dann hängst du immer noch an ihm. Dann sitzt du immer noch fest. Und du mußt dieses Verhältnis normalisieren, bevor du deine Arbeit beenden kannst. Und was genau heißt nun dieses ›Normalisieren‹? Nun, es bedeutet, diesen Elternteil ... neu und mit ganzem Mitgefühl zu erfassen ... ihn als ein Wesen zu sehen, dem du geistesverwandt bist und das zufällig dein Vater oder deine Mutter ist ... Man muß hart an sich arbeiten, wenn man das feste Bild, das man sich über Jahre hinaus von einem Menschen gemacht hat, wieder aufgeben soll, aber solange dieses Bild nicht durch eins voller Mitgefühl ersetzt wird, sitzt du immer noch fest« (Baba Ram Dass, »Be Here Now«, Lama Foundation, 1971).

Andere versprechen, daß wir durch Verzeihen die Vergangenheit bewältigen können: »Wenn du deinen Eltern verzeihst, werden liebevolle Empfindungen wieder zum Leben erweckt. Du bist nicht mehr dauernd in Verteidigungsstellung und brauchst keine Angst mehr davor zu haben, daß jemand oder etwas wieder an alte Wunden rührt« (Bloomfield).

Verzeihen wird möglich, so die Botschaft, wenn man sich seine eigenen negativen Gefühle den Eltern gegenüber eingesteht, sie sich mit Hilfe einer Therapie oder auch aus eigener Kraft bewußtmacht. Wut über das erlittene Unrecht, die Lieblosigkeiten und die Vernachlässigung darf erlebt werden (aber Vorsicht: niemals die Eltern konkret damit konfrontieren, das würde den Prozeß der Versöhnung blockieren), doch am Ende der Wut muß das Verzeihen stehen.

Um dieses Ziel erreichen zu können, ist es besonders wichtig, sich um Verständnis für die Eltern zu bemühen. Verständnis gewinnt man zum Beispiel dann, wenn man, wie es der amerikanische Psychotherapeut Harold

H. Bloomfield empfiehlt, sich die Kindheit der eigenen Eltern vergegenwärtigt und vor jedem Zusammentreffen mit ihnen ein Kindheitsfoto der Eltern betrachtet. »Schau dir das Kinderbild genau an. Was mag er oder sie damals gefühlt haben? Was für Unsicherheiten, welcher Druck von außen haben dieses kleine Kind schon belastet? Was hatte man ihr über ihre Rolle als Frau, Ehefrau und Mutter beigebracht; was ihm über seine Rolle als Mann, Ehemann und Vater? Was denkt dieses Kind, das immer noch in den Eltern steckt, von sich selbst? Was für ungelöste Konflikte beeinflussen seine Stimmungen?«

Diese Fragen sollen unser Mitgefühl für die Eltern und Verständnis für ihr Handeln uns gegenüber wecken. Kurz: »Man darf nie vergessen, daß auch sie einmal Eltern gehabt haben!«

Was in den Fallbeispielen, die in derartigen Ratgebern niemals fehlen, immer positive Wirkung zeigt und die erwachsenen Kinder zu autonomen Persönlichkeiten macht, stößt bei anderen Therapeuten auf massive Kritik. Sie sind der Ansicht, daß Vergeben und Verzeihen »nur eine andere Form der Verleugnung darstellt«, wie die Psychotherapeutin Susan Forward schreibt. Vergeben verhindert die Verarbeitung, denn: »Wenn ich dir vergebe, können wir so tun, als ob das, was geschah, nicht so schrecklich gewesen sei.«

Ebenso wie Susan Forward beantwortet auch Alice Miller die Frage »Muß ich meinen Eltern verzeihen, um Frieden finden zu können?« mit einem eindeutigen »Nein«. Sie ist die wohl radikalste Gegnerin des Verzeihens, und sie ist die einzige, die vehement all jene Therapieformen (vor allem die Psychoanalyse) angreift, die Verzeihen als Therapieziel ausgeben und damit in ihren Augen das Kind im hilfesuchenden Erwachsenen verraten. Die Forderung »Nur wenn du deinen Eltern alles verziehen hast, was sie dir angetan haben, kannst du gesund werden« hält sie für das beste Mittel, um eine Gesundung zu verhindern. Wie, so fragt sie, kann man Eltern verzeihen, die Alkoholiker waren, die ihr Kind »mißbraucht, verwirrt, geschlagen, total überfordert und ausgebeutet haben«? Der Akt des Verzeihens kann, so Miller, »den latenten Haß und Selbsthaß nicht auflösen, sondern überdeckt ihn in einer sehr gefährlichen Weise«. Denn das Verzeihen verhindert den Zugang zu der schmerzlichen Wahrheit und den verdrängten Gefühlen, und so wird das Erlittene an die nachfolgende Generation weitergegeben. Das, was einem selbst angetan wurde, tut man dann wiederum – unbewußt und blind für das eigene Schicksal – den eigenen Kindern oder anderen Abhängigen an.

Miller schildert diesen Wiederholungszwang am Beispiel einer Mutter, die als Kind von Vater und Bruder sexuell mißhandelt worden war. Aufgewachsen in einer Klosterschule, lernte diese Frau »ausgiebig den Segen der Verzeihung« und machte ihren Frieden mit Vater und Bruder. Doch als sie selbst Mutter einer Tochter wurde, überließ sie ihr Kind häufig ihrem dreizehnjährigen Neffen, ohne sich Sorgen zu machen. Daß der pubertierende Knabe sich an ihrer Tochter verging, blieb so lange verborgen, bis diese als junge Frau eine Psychoanalyse begann. Doch auch dort bekam sie zu hören, daß ihrer Mutter keine Vorwürfe gemacht werden könnten, denn schließlich wußte sie nicht, was der Neffe in ihrer Abwesenheit mit ihrer Tochter anstellte.

»Die meisten Therapeuten fürchten die Wahrheit«, schreibt Alice Miller, und deshalb sind sie vielen Menschen keine Hilfe bei der Bewältigung ihrer Kindheitserfahrungen. »Sie stehen unter dem Einfluß zerstörerischer Interpretationen westlicher und östlicher Religionen und predigen den einst mißhandelten Kindern Verzeihung.

Damit schaffen sie einem Menschen, der seit seinen frühesten Jahren im Teufelskreis der Erziehung steht, einen neuen Teufelskreis, der sich therapeutisch nennt. Sie bringen ihn in eine Falle, aus der er kaum einen Ausweg finden wird.«

Therapeuten, vor allem Psychoanalytiker, fürchten auch deshalb die Wahrheit, weil auch sie verinnerlicht haben, daß man die Eltern nicht beschuldigen dürfe. Sie können ihre Patienten nicht zu den wahren Gefühlen führen, denn diese Gefühle würden die eigenen verdrängten Schmerzen aufbrechen lassen. Zum eigenen Schutz predigen sie Verzeihung und »ver-ziehen« damit die Realität, legen den Schleier des Vergessens über das Geschehene. Das mißhandelte, vernachlässigte, leidende Kind wird so um die Chance gebracht, seine verdrängten Gefühle zu spüren und sich wirklich zu befreien.

Niemand kann wütend sein auf Eltern, denen er verziehen hat, meint auch Susan Forward, die ebenso wie Miller vor der »Vergebungsfalle« warnt. Wut, Verzweiflung und vielleicht sogar Haß sind notwendige Gefühle, um sich vom negativen Einfluß der Eltern nachhaltig befreien zu können. Gerade das Gegenteil von Verzeihung scheint bei der Bewältigung von frühen Schädigungen hilfreich zu sein. Verbrechen müssen beim Namen genannt werden, fordert Miller, und es ist ein Verbrechen, wenn Kinder mißhandelt oder vernachlässigt werden. Denn das fügt ihnen einen lebenslangen Schaden zu. Statt Verzeihung hält sie Auflehnung gegen das Erlittene und die Anklage der Eltern für notwendig. Doch genau das fällt den meisten sehr schwer. Sie können die Vorstellung, ihre Eltern zu beschuldigen, immer noch nicht ertragen. Statt zu sagen: »Ihr seid verantwortlich für das, was mit mir geschehen ist«, nehmen viele Töchter und Söhne ihre Eltern in Schutz. »Sie wollten nur mein Bestes«, »Sie wußten es nicht anders«, »Es geschah nicht aus bösem Willen« und wie die Entschuldigungen noch lauten mögen. Es scheint eine »Kardinalsünde« zu sein, so meint Alice Miller, wenn man ausspricht, was Eltern einem angetan haben. Das Gebot, die Eltern zu achten, was immer sie tun, sitzt tief in jedem von uns.

So mag es manchem schwerfallen, was die Psychotherapeutin Susan Forward für unbedingt notwendig hält, will man sich von einer »vergifteten« Kindheit befreien: »die Verantwortung für die schmerzlichen Erlebnisse dorthin verlagern, wohin sie gehört« – zu den Eltern. Um ihren Klienten diesen Schritt zu erleichtern, hat Forward eine Liste von Aussagen zusammengestellt, die der Erwachsene im Gespräch mit dem kleinen Kind, das er einmal war, laut aussprechen soll:

»Du warst nicht verantwortlich dafür ...

- daß sie dich vernachlässigten oder ignorierten,
- daß sie dir das Gefühl gaben, ungeliebt oder unliebenswert zu sein,
- daß sie dich grausam oder gedankenlos neckten,
- daß sie dir Schimpfnamen gaben,
- daß sie unglücklich waren,
- daß sie Probleme hatten,
- daß sie entschieden, nichts gegen ihre Probleme zu unternehmen,
- daß sie tranken,
- was sie taten, wenn sie tranken,
- daß sie dich prügelten,
- daß sie dich sexuell belästigten.

In einem zweiten Schritt soll der Satzteil »Du warst nicht verantwortlich dafür ...« ausgetauscht werden durch »Meine Eltern waren verantwortlich dafür ...« Eine direkte Konfrontation mit den Eltern (sofern sie noch leben) wird von Therapeuten nicht empfohlen. Viel wichtiger ist es, daß das betroffene Kind im Erwachsenen nicht weiter dazu gezwungen wird, die Wahrheit zu verleugnen.

Es ist sicherlich kein Zufall, daß in vielen Ratgeberbüchern überwiegend von Äußerlichkeiten im Eltern-Kind-Verhältnis die Rede ist. Die nervenaufreibenden Einmischungen der Eltern, ihre direkten und indirekten Vorwürfe, ihre Empfindlichkeiten sind viel häufiger Thema als die frühe Vorgeschichte, die verantwortlich ist für den Clinch, in dem sich erwachsene Kinder und ihre Eltern oft befinden. Wenn es nur um diese Äußerlichkeiten ginge, wäre Verzeihen nach dem Motto »Der Klügere gibt nach« wahrscheinlich der beste und einfachste Weg. Doch es geht um mehr als um einen reibungslosen Ablauf des Zusammenlebens. Es geht um die psychische Gesundheit der betroffenen Töchter und Söhne, und es geht darum, der Wiederholung erlittenen Unrechts Einhalt zu gebieten.

Ob mit oder ohne entsprechende therapeutische Hilfe – wer seine Kindheitserfahrungen wirklich bewältigen will, muß sich den damit verbundenen Gefühlen stellen und sie erneut durchleben. Er muß erkennen, daß er von seinen Eltern im Stich gelassen, gedemütigt, mißhandelt worden ist. Er muß sich eingestehen, daß seine Eltern nicht diese idealen Wesen sind, für die er sie gehalten hat, ja halten mußte, um nicht den Verstand zu verlieren. Die Eltern müssen von dem Sockel der Bewunderung heruntergeholt werden, denn nur so erhält das erwachsene Kind eine Chance, den Teufelskreis des Wiederholungszwangs zu durchbrechen. Denn wenn Kinder sich nicht gegen die Eltern zur Wehr setzen dürfen, werden sie sich mit großer Wahrscheinlichkeit für das ihnen zugefügte Unrecht an anderen rächen: an ihren eigenen Kindern, ihren Mitarbeitern, ihren Untergebenen oder gar einem ganzen Volk, wenn sie in entsprechende Führungspositionen kommen. Alice Miller hat in ihrem Buch »Abbruch der Schweigemauer« unter anderem am Beispiel von Adolf Hitler und Nicolae Ceauşescu eindrucksvoll aufgezeigt, daß ohne eine entsprechend grausame Kindheit kein Mensch später zum Diktator wird.

Statt vorschnell zu verzeihen und zu entschuldigen, gilt es, sich zum Fürsprecher für das kleine verstörte Kind in einem selbst zu machen, Mitleid mit sich selbst und weniger mit den Eltern zu empfinden. Viele Menschen haben sich auf diesen Weg begeben, und wenn sie dabei von einem Therapeuten begleitet wurden, der nicht als Therapieziel die Verzeihung anstrebte, sind sie sicherlich ein gutes Stück unabhängiger geworden. Nicht wenige aber sind steckengeblieben: Im Verhältnis zu ihren Eltern hat sich nicht wirklich etwas geändert, ihre Probleme sind nach wie vor, vielleicht in abgeschwächter Form, vorhanden.

Wohl jeder kennt solche Menschen, die sehr genau wissen, was ihnen in ihrer Kindheit angetan worden ist, und die sich bei jeder Lebensschwierigkeit darauf berufen: »Ich gerate immer an die falschen Männer, weil ich immer nur den starken, versorgenden Vater in ihnen suche.« – »Wenn meine Mutter nicht so überbehütend gewesen wäre, würde mir heute das Alleinsein leichter fallen.« – »Ich bin nun schon in meiner dritten Analyse, aber niemand kann mir helfen, diese gewalttätigen Eltern, die mein ganzes Leben zerstört haben, zu bewältigen.«

Aus dem berechtigten Mitleid mit dem kleinen Kind, das sie einmal waren, ist bei diesen Menschen blockierendes Selbstmitleid geworden. Selbstmitleid ist ein sentimentales Gefühl, das eine starke Sogwirkung hat, aber nichts verändern hilft. Denn ein selbstmitleidiger Mensch verstellt sich selbst den Zugang zu den wirklichen Gefühlen. »Selbstmitleid verhindert die Erkenntnis von ohnmächtiger Wut und Scham, die fast immer auch eine Angst vor dem Verlassenwerden umschließt«, erklärt die Psychoanalytikerin Ursula Grunert. »Dem Selbstmitleid liegt im Kern die Angst zugrunde, die Mutter oder die nächste Bezugsperson zu verlieren, auf die man lebensnotwendig angewiesen ist, wenn man nicht das brav-angepaßte, alle Wünsche des Erwachsenen erfüllende Kind ist. Das Selbstmitleid wird so verstehbar als letzte Bastion vor dem Selbstverlust, der Selbstaufgabe.«

Wer auf die Geschichte seiner Kindheit mit Selbstmitleid reagiert, kann das Wissen um das Geschehene nicht zur wirklichen Befreiung nutzen. Er bleibt in der durchaus notwendigen Phase der Anklage stecken: Weil mir das und das angetan wurde, bin ich heute ein unglücklicher Mensch. Der Schmerz über das Erlittene führt jedoch nicht zu einem gesunden Trauerprozeß, der das Gefühl, »ein armer Mensch« zu sein, umwandelt in berechtigte Wut und schließlich zu einer gesunden Distanz dem eigenen Schicksal gegenüber führt. Wer im Selbstmitleid verharrt, schädigt sich selbst: Er trinkt, schluckt Tabletten, gerät von einer Therapie in die andere, er bleibt, wie Ursula Grunert es ausdrückt, »auf seinen Gefühlen sitzen«.

Erst wenn aus dem Selbstmitleid eine positive Selbstzuwendung wird, kann es gelingen, sich von der Last der Vergangenheit zu befreien und ein eigenständiges Leben zu leben. Doch wie kann aus Selbstmitleid positive Selbstzuwendung werden?

Ursula Grunert fällt dazu als Beispiel eine Patientin ein, »die immer wieder den gleichen Prozeß durchmachte: Wenn sie eine Wut auf ihren Partner hatte, der sie mit bestimmten Dingen überforderte, konnte sie diese Wut nicht äußern aus tiefsitzender Angst, ihn dann zu verlieren. Sie schwieg also und verlagerte den Prozeß nach innen, geriet in Gefühle von Ausweglosigkeit und Verzweiflung, tat sich selber unendlich leid. Das ging bis zu Selbstmordgedanken, auch um dem Freund mal zu zeigen, was er mit ihr anstelle. In diesen Zuständen von innerem Aufruhr scheinbar ohne Ausweg fing die Patientin an zu trinken – um sich dafür dann noch mehr leid zu tun und zu hassen. Der Haß, der ursprünglich dem Freund galt, wird aus tiefsitzender Verlustangst gegen das eigene Selbst gewendet.« Erst als die Patientin erkannte, daß sie wütend war und wem diese Wut galt, gewann sie etwas Abstand von sich selbst. Statt sich selbst leid zu tun und sich selbst zu schädigen, suchte sie die Auseinandersetzung mit der Quelle ihres Unbehagens – ihrem Freund.

So wie diese Frau aus Angst vor dem Verlassenwerden ihren Freund vor ihren Gefühlen schützte und ihre Wut gegen sich selbst richtete, so bleiben viele bei der Bewältigung ihrer Kindheit in selbstschädigendem Verhalten stecken. Sie weisen ihren Eltern nicht nur die Verantwortung für das kleine Kind zu, sondern auch für den Erwachsenen, der sie jetzt sind. Dabei bleiben sie in der Opferrolle stecken und schaffen es nicht, sich wirklich von den Eltern abzulösen. Immer noch hoffen sie auf Wiedergutmachung, auf die Liebe, die sie einst entbehrten. Die Wahrheit über die Kindheit hat ihnen nicht die Augen geöffnet für die Chancen, die in dieser Wahrheit liegen.

Niemand kann sich der Mitgift seiner Eltern entziehen. Doch niemand muß sein Leben lang eine Marionette bleiben, deren Bewegungen von den Eltern mit Hilfe unsichtbarer Fäden gesteuert werden. Voraussetzung dafür ist der Mut, die Verantwortung für das eigene Leben zu übernehmen, die Fäden, die durchaus auch Halt geben können, zu durchtrennen und ein neues Selbstbild zu entwickeln. Das Selbstbild eines von den Eltern unabhängigen, nicht mehr länger beeinflußbaren Menschen, der um seine Vergangenheit weiß und die Zukunft nun in die eigenen Hände nimmt. Dazu gehört auch, zu akzeptieren, daß das Erbe unserer Eltern Spuren hinterlassen hat, die nicht auszulöschen sind. Wir müssen lernen, mit den ganz spezifischen Defiziten zu leben, die wir unseren Eltern »verdanken«. Vieles, was man als Kind entbehrt und erlitten hat, kann man durch liebevolle Beziehungen zu anderen Menschen – dem Partner, den eigenen Kindern, Freunden – oder durch eine hilfreiche Therapie in seiner Wirkung abmildern. Doch es gehört zu einem reifen, autonomen Menschen, daß er um seine wunden Punkte weiß und nicht versucht, sie aus seinem Leben wegzuleugnen.

Wer als Kind von seinen Eltern nicht geliebt wurde, kann diese Erfahrung nicht tilgen, er kann jedoch aufhören, dieser Liebe hinterherzurennen.

Wer als Kind von seinen Eltern geschlagen worden ist, wird den Schmerz nie vergessen. Doch er kann ihn überwinden und so vermeiden, sich an seinen eigenen Kindern zu vergreifen.

Wer als Kind ständig Angst hatte, allein gelassen zu werden, kann diese Angst nicht ungeschehen machen. Doch er kann erkennen, daß er heute als Erwachsener keine Angst mehr zu haben braucht und seine Bedürfnisse artikulieren kann.

Wir alle haben eine Geschichte, zu deren Schattenseiten wir uns bekennen müssen. Es liegt an uns, ob wir unser weiteres Leben von den gemachten Erfahrungen bestimmen lassen oder ob wir uns davon befreien und für andere, selbstverantwortete Erfahrungen offen werden.

Siebtes Kapitel
Leben mit der Mitgift

Die Nachkriegsgeneration hat, wie im zweiten Kapitel gezeigt wurde, das »Drama des Übergangs« gemeistert – gehandicapt durch die Mitgift ihrer Eltern, hat sie trotzdem ein halbwegs normales Gemeinwesen errichtet und für erträgliche, zivilisierte und demokratische Zustände gesorgt. Wir haben diese Mitgift in diesem Buch beschrieben und gezeigt, wie sehr sie die individuellen Lebensentwürfe und das gesellschaftliche Klima gleichermaßen geprägt hat. Die Nachkriegsgeneration hat Lebensformen entwickelt, durch die sie das Erbe der Elterngeneration überwinden wollte: Rebellion, Radikalismus, Gegenentwürfe, aber auch Bildung, Karriere und Macht waren Wege, der Enge und Bedrückung zu entkommen, die die Eltern psychologisch und politisch geschaffen hatten. Die extremen Versuche, solche Wege zu finden, sind durch Andreas Baader auf der einen und Uwe Barschel auf der anderen Seite markiert. Beide waren Angehörige der »traurigen Generation«, beide sind mit ihren Versuchen, ihre Mitgift zu überwinden, gescheitert.

Zwischen diesen Extremen hat die überwiegende Mehrheit der Nachkriegsgeneration ihr Leben organisiert, weniger spektakulär und nach bürgerlichen Maßstäben meist erfolgreich. Sie ist sich aufgrund großer analytischer und selbstanalytischer Anstrengungen, durch Lektüre, Therapie und die »Befragung der Eltern« allmählich immer bewußter geworden, wie sehr die eigenen Lebensentwürfe von den Eltern beeinflußt wurden und immer noch werden. In nahezu allen »normalen« Biographien der Nachkriegsdeutschen sind die Schatten der Eltern, aber auch der »überlebensgroßen« Ereignisse in ihrer Kindheit und Jugend sichtbar. Die heutige Erwachsenengeneration hat mühsam genug gelernt, sich mit der Mitgift der Eltern auseinanderzusetzen und nicht in Selbstmitleid, Verbitterung und Resignation zu verharren.

Die folgenden Selbstreflexionen und Kurzbiographien von Angehörigen der Nachkriegsgeneration veranschaulichen, wie sich die elterliche Mitgift in den Lebensplänen – in Beruf, in Beziehungen, im Verhältnis zu den eigenen Kindern – ausgewirkt hat. Sie zeigen auch, wieviel Reflexion, wieviel Seelenarbeit, wieviel Auseinandersetzung mit den Eltern nötig waren, um sich wenigstens so weit von deren Erblasten zu befreien, daß ein freieres, selbstbestimmteres Leben möglich wurde. Die Fähigkeit zur Selbstreflexion, zur psychologischen Einsicht in die Zusammenhänge von Kindheitserfahrungen und dem Erwachsenenleben, war ein Auswahlkriterium beim Zusammenstellen dieser biographischen Skizzen – ebenso wie die Bereitschaft, offen über die persönlichen Erfahrungen, Verletzungen und Probleme zu sprechen. Keine(r) der Befragten hat seine/ihre Erfahrung im Stile einer psychologisierenden Klage, einer »Abrechnung« oder aber einer verklärenden, alles erklärenden »Revision« der eigenen Geschichte vorgetragen. Niemand hat einen faulen, oberflächlichen Frieden mit seinen Eltern geschlossen, niemand ist aber auch in vorwurfsvoller Verbitterung verharrt. Die Elternbilder und die Selbstbilder dieser Geschichten sind stimmig und exemplarisch für die Thesen, die in diesem Buch vertreten werden.

Die Lebensgeschichten machen sehr deutlich, daß die Nachkriegsgeneration vor allem eines leisten mußte: Arbeit an der eigenen Identität, an der lebensnotwendigen Selbstsicherheit. Das erforderte vor allem, die bewußten Überzeugungen mit der lange Zeit unbewußt gebliebenen psychischen Mitgift in Einklang zu bringen. Das »Drama des Übergangs« bestand ja vor allem darin, sich mit Verstand und Überzeugung von tradierten und als falsch oder belastend erkannten »Erziehungsergebnissen« zu distanzieren und abzugrenzen, gleichzeitig aber diese Erziehung »in den Knochen« stecken zu haben und emotional befangen und gebunden geblieben zu sein. Diesen Widerspruch überwunden und mit dem klaren Bewußtsein einer besonderen psychohistorischen Situation das eigene Leben gestaltet zu haben, ist das gemeinsame Merkmal dieser Biographien. Die Befragten sind an der psychischen Arbeit gewachsen. Dennoch haben auch sie den Preis bezahlt, den ihre Generation entrichten mußte: Ihr Lebensgefühl ist eingefärbt von jener Melancholie, die der Einsicht entspringt, historisch und psychisch besonders exponiert und besonders gefordert zu sein und auch in Zukunft die Last der deutschen Geschichte mittragen zu müssen – ebenso wie die nie völlig überwindbaren Seelenwunden aus der eigenen Kindheit.

Für die so Geprägten trifft zu, was Peter Sloterdijk in seiner »Rede an das eigene Land« 1989 sagte: »Nahe am Schrecken geboren zu werden bedeutet, wenn nicht für eine ganze Generation, so doch für die Jahrgänge, die heute um die Vierzig sind, in eine Welt gekommen zu sein, in der die Menschen es noch nicht wieder gelernt haben, für sich selbst und füreinander zu garantieren. Ich glaube, wir Nachkriegskinder haben den gnostischen

Schock stärker verspürt als andere, leichtgeborene, ruhiggetragene – denn deren Mütter führen weniger Nachbeben von Flucht und Todesangst mit sich …«

Wir danken den Frauen und Männern, die uns ihre Lebensgeschichten so offen und bereitwillig erzählt haben. Ihre selbstkritischen und sensiblen Beobachtungen haben dieses »Psychogramm einer Generation« über die psychologische Abstraktion hinausgehoben und plastisch gemacht.

Marianne: »Ständig hatte ich das Gefühl, überflüssig zu sein«

Auf Außenstehende wirkt die siebenunddreißigjährige Marianne selbständig und selbstbewußt. Sie ist eine erfolgreiche Wissenschaftlerin, anerkannt in ihrem Fach. Marianne hat einige enge gute Freunde und einen Lebensgefährten, mit dem sie »eigentlich glücklich« sein könnte, wie sie meint. »Eigentlich«, denn so wirklich an sich heranlassen kann sie tiefe Gefühle nicht. Sie lebt die meiste Zeit mit einer Glaswand zwischen sich und den anderen, muß immer wieder gegen depressive Stimmungen ankämpfen, weiß im Grunde nicht, wer sie eigentlich ist. Soviel sie auch leistet, es ist für sie nie genug, sosehr andere auch auf sie zugehen, sie kann ihnen ihre Zuneigung nicht abnehmen.

Marianne hat vor vielen Jahren eine Psychoanalyse begonnen, weil sie damals glaubte, aus eigener Kraft nicht mehr aus dem »dunklen Keller« ihrer Depression herauszufinden. Damals hat sie zum erstenmal über sich und ihre Mutter nachgedacht; eine Mutter, von deren Liebe sie bis dahin überzeugt gewesen war. Die Erkenntnis, ein von Anfang an ungeliebtes Kind gewesen zu sein, war schmerzhaft und hat eine ungeheure Wut auf die Mutter ausgelöst. Diese Wut ist inzwischen verschwunden und hat, so scheint es, einer tiefen Resignation Platz gemacht. Geblieben ist ein distanziertes Verhältnis zur Mutter wie auch zur bedeutend älteren Schwester; zwei Menschen, denen sie es als Kind nie recht machen konnte.

Marianne ist ein Beispiel dafür, daß psychische Vernachlässigung und psychischer Mißbrauch, die längst nicht so spektakulär sind wie Schläge oder Verwahrlosung, ebenso tiefe Wunden hinterlassen können. Mariannes Fall zeigt aber auch, wie einflußreich Mütter sein können, wenn die Väter sich als schwach erweisen und das Feld der Kindererziehung völlig ihren Frauen überlassen.

»Du hast mir nur alles Negative von dir vermacht«, warf ich vor kurzem ironisch meiner Mutter vor. »Meine ständigen Kopfschmerzen, die dicken Oberschenkel, die Neigung zu Krampfadern, die Angst, dick zu werden.« – »Alles Äußerlichkeiten«, entgegnete die Mutter, auf meinen scherzhaften Ton eingehend, »von den inneren Werten, deinen Eigenschaften, die du ja schließlich auch von mir hast, sprichst du nicht.« Und schon wechselten wir das Thema, denn nun wurde es uns beiden zu »heiß«. Welche Eigenschaften? hätte ich sie fragen müssen, was meinst du? Meine Depressionen? Meine Ängste? Mein Gefühl, nichts wert zu sein? Meinst du etwa meine Fähigkeit, mich allem und jedem anzupassen, einfühlsam und verständnisvoll zu sein? Oder sprichst du von meinen beruflichen Erfolgen, auf die du so stolz bist, denn »deine« Tochter hat es zu etwas gebracht?

Solche Fragen stelle ich nicht an meine Mutter, die inzwischen die Achtzig überschritten hat. Was soll ich heute noch eine alte Frau mit Fragen quälen, deren Antworten ich im Grund ja längst weiß. Und ich vermute: Sie weiß sie auch. Sie muß spüren, daß ihre Tochter, die so ganz nach ihren Vorstellungen geraten ist, nicht glücklich ist. Aber vom Spüren zum Wissen ist ein großer Schritt, und den mute ich ihr heute nicht mehr zu.

Selbst in meinen schlimmsten Zeiten habe ich ihr die Auseinandersetzung mit mir erspart. Ich habe gegen sie gewütet, ich bekam Magenschmerzen, wenn ich sie besuchen mußte – und das war immerhin jeden Sonntag –, doch ich habe kein Wort gesagt. Das war besonders schwer in der Zeit, als ich eine Psychoanalyse machte. Anfangs hatte ich ihr von der Therapie erzählt, ich wollte wohl, daß sie mein psychisches Elend endlich bemerkt. Ihre Reaktion darauf war allerdings typisch für sie. »Was soll dieser Unsinn«, hat sie wörtlich gesagt, »wenn es dir nicht gutgeht, dann melde dich doch bei unserem Hausarzt an. Er verschreibt dir sicher ein paar Tabletten. Du bist doch nur überarbeitet.« Ich habe dann nie wieder über die Therapie gesprochen. Wie ich überhaupt mit ihr nur Belanglosigkeiten austauschte.

Das hatte ich schließlich von ihr gelernt: Halte deinen Mund, es sei denn, es fragt jemand nach deiner Meinung. Meine Meinung, ich selbst mit meinen Wünschen und Bedürfnissen, war jedoch so gut wie nie gefragt. »Wie oft habe ich dir gesagt, du sollst nur reden, wenn Erwachsene es dir erlauben«, fauchte Mutter mich an und unterstrich ihre Mahnung mit einer Backpfeife, als ich ihr, die in ein Gespräch mit meiner Tante vertieft war, aufgeregt mitteilen wollte, daß die Katze vom Balkon gefallen sei. Als ich dann die Botschaft endlich angebracht hatte, fing ich noch mal eine Ohrfeige ein, diesmal begleitet mit den wütenden Worten: »Warum sagst du das nicht gleich!«

Ständig hatte ich das Gefühl, im Wege und überflüssig zu sein. Oftmals schickte sie mich in die Ecke, ohne daß ich so recht wußte, warum. Heraus durfte ich immer erst, wenn ich bereit war, die »magischen« Worte zu stammeln: »Es tut mir leid. Bitte entschuldige.« Wie viele Male sagte ich diese Sätze, ohne zu wissen, warum. (Auch heute ertappe ich mich selbst in belanglosen Situationen, daß ich mich entschuldige, obwohl genaugenommen gar kein Grund vorliegt.) Was hatte ich verbrochen, wofür mußte ich in der Ecke stehen? Also versuchte ich, möglichst nicht aufzufallen.

Das war nicht nur wegen der Verfolgungen meiner Mutter sinnvoll, wenn ich nicht auffiel, konnte auch meine zehn Jahre ältere Schwester nicht auf mir herumhacken. Wenn ich ihr in die Quere kam, fiel ihr immer etwas ein, um mich zu piesacken. In ihren Augen war alles an mir falsch: Entweder war ich zu leise oder zu laut, zu langsam oder zu schnell, zu brav oder zu böse. Keiner der Erwachsenen, das bestätigte später meine Mutter, hat die Tyranneien meiner Schwester und meine Angst vor ihr wahrgenommen. Niemandem schien aufzufallen, daß ich immerhin bis zu meinem fünfundzwanzigsten Lebensjahr mit meiner Schwester außer »guten Tag« kein Wort wechselte. Ich mußte erst so alt werden, bis ich es wagte, mich mit meiner Schwester auseinanderzusetzen. Daß sie für mich keine eingebildete Bedrohung war, habe ich von ihr selbst vor wenigen Jahren bestätigt bekommen: Ich sei ihr so verhaßt gewesen, gestand sie mir, weil sie ständig auf mich aufpassen mußte. Ihre Freunde hätten sie deswegen gehänselt, und sie hätte sich so angebunden gefühlt. Und so hat sie damals versucht, mich loszuwerden. Sie hat mich stundenlang im eiskalten Bach sitzen lassen, in der Hoffnung, ich würde mir eine ordentliche Krankheit zuziehen; sie hat mich im Kinderwagen den Berg runterrollen lassen mit dem Wunsch, der Wagen möge sich überschlagen. Wohlgemerkt: Davon weiß ich nur aus ihren eigenen Erzählungen; gespürt habe ich aber die tödliche Ablehnung durchaus.

So blieb mir als Kind tatsächlich nichts anderes übrig, als mich möglichst klein und unsichtbar zu machen. »Nur nicht auffallen« war meine Devise. Und wenn, dann nur mit Herausragendem. Gute Noten waren selbstverständlich, die Angst vor dem Nikolaus dagegen war beschämend. Jahr für Jahr mußte ich die Ermahnungen des heiligen Nikolaus über mich ergehen lassen, immer in der

Angst, der ebenfalls mitgekommene Knecht Ruprecht würde mich am Ende doch noch in seinen Sack stecken und mitnehmen. Meine Tränen wurden mit Lachen und Hohn quittiert – wie feige doch das kleine Mädchen war.

Und dann war wieder mal Nikolaus-Tag. Diesmal, das hatte ich mir geschworen, sollten sie nicht über mich lachen. Diesmal wollte ich mutig sein. Und ich setzte mich, ganz in Erwartung des Kommenden, auf die Treppe. »Was machst du da?« fragte mich nach Stunden meine Mutter. »Ich warte auf den Nikolaus«, sagte ich triumphierend, obwohl mir das Herz bereits tief in die Hose gerutscht war. Das Warten hatte mich doch zermürbt. Noch heute habe ich das schallende Gelächter meiner Mutter in den Ohren, als sie herausprustete: »Bist du dumm, der Nikolaus kommt dieses Jahr doch gar nicht.«

Es gab viele solcher Erlebnisse, jedes einzelne ließ mich immer mehr ein Stück verschwinden. Ich zog mich in mich selbst zurück. Nichts ließ ich mir mehr anmerken: Freude wollte ich ebensowenig teilen wie Schmerz. Als ich mich einmal sehr schmerzhaft am Bügeleisen verbrannte, kam kein Laut über meine Lippen. Erst am Abend, beim Ausziehen, bemerkte meine Mutter die Brandwunde und erschrak. Dieses Erschrecken entschädigte mich damals für den unterdrückten Schmerz. Das hatte sie nun davon, ich hatte ihr gezeigt, daß ich sie nicht brauchte. Und gleichzeitig war ich auch brave Tochter, denn »in unserer Familie kennt man keine Wehleidigkeit«, wie Mutter immer betonte.

Es gab noch so einen Spruch, dessen Tragweite mir erst als Erwachsene bewußt wurde. Wenn sich Menschen umarmten oder in der Öffentlichkeit zärtlich zueinander waren, kommentierte meine Mutter dies mit einem mißbilligenden Ton in der Stimme: »Wir machen so etwas nicht.« Und meinte damit: Wir sind etwas Besseres, wir wissen uns zu benehmen. Konsequenterweise kann ich mich nicht daran erinnern, berührt, geküßt oder gestreichelt worden zu sein. Höchstens, ganz selten, wenn meine Mutter mal gerade nicht anwesend war, tollte mein Vater mit mir herum. Überhaupt, mein Vater: Glaube ich meiner Erinnerung, dann war er selten anwesend und hatte – im Gegensatz zu meiner Mutter – nicht viel zu sagen. Sicherlich, er brachte das Geld nach Hause, und Geld war auch ständiger Streitpunkt. Aber daß er sich besonders um mich gekümmert hätte, das kann ich nicht sagen. Mein Vater hat mir Schwimmen beigebracht, den Kopfstand und den Hechtsprung. Das aber war schon alles. Eigenartigerweise erzählen Verwandte, daß ich – anders als meine zehn Jahre ältere Schwester – Vaters Liebling gewesen sei und immer seine Nähe gesucht hätte. Doch davon weiß ich nichts.

Meine Mutter hatte mich so okkupiert, daß für ihn wohl kein Platz mehr blieb. Ich war ihr Eigentum, von mir wollte sie alles wissen, was ich tat, selbst was ich dachte. Natürlich hat sie mein Tagebuch gelesen, natürlich hat sie mir hinterhergeschnüffelt, natürlich hat sie mir meine Freunde und Freundinnen ausgesucht – und sie auch wieder verabschiedet, wenn sie ihr nicht mehr gefielen. Meine erste ernsthafte Beziehung, die immerhin fast elf Jahre dauerte, war im Grunde auch von meiner Mutter eingefädelt. Dieser Mann war bereit, nicht nur mich, sondern auch meine Mutter – bildlich gesprochen – in seine Arme zu schließen. Von ihm hatte sie nichts zu befürchten, er hat mich ihr nicht weggenommen. Und ich habe mich wohl auch nur deshalb an ihn gebunden, weil ich so keinen Konflikt mit Mutter riskierte.

Vater starb, als ich sechzehn war, und von diesem Zeitpunkt an war die Herrschaft meiner Mutter über mein Leben perfekt. Ich mußte im Ehebett schlafen, ich durfte kaum mit Freunden ausgehen, ich mußte nur noch für sie dasein. Unser Leben bestand im wesentlichen aus Haushaltsarbeiten und Essen. Meine Mutter, stark übergewichtig, fütterte mich ab. Und so wurde ich immer runder. Das war der Beginn meiner Eßstörungen.

Bis ich etwa Mitte Zwanzig war, fraß ich immer dann Unmengen von Nahrung in mich hinein, wenn ich mit dem Leben nicht zurechtkam. Den Freßorgien folgten regelmäßig selbstkasteiende Maßnahmen – manchmal lebte ich wochenlang nur von Säften und Wasser. Ich kämpfte einen zähen Kampf um einen schlanken Körper, und gleichzeitig kämpfte ich um mein psychisches Überleben. Das Gefühl der Wertlosigkeit begleitet mich seit meiner Kindheit; ich spüre es auch heute noch, wenn auch nicht mehr so stark. Intuitiv wußte ich aber immer: Überleben kann ich nur durch Leistung. Ich machte das Abitur nach, ich arbeitete und studierte gleichzeitig. Und ich schaffte immer, was ich mir vornahm. Das ist bis heute so geblieben: Ohne das Gefühl der Überlastung, ohne »zuviel« Arbeit, kann ich scheinbar nicht existieren. Freude am Erfolg, an einer vollendeten Arbeit stellt sich allerdings nicht ein; bereits die nächste Aufgabe im Blick, stelle ich mich der neuen Herausforderung.

Beruflich habe ich es längst geschafft, aber dennoch kann ich nicht lockerlassen. Ich brauche das Gefühl, überlastet zu sein, mehr zu leisten als andere. In meinen schwarzen Momenten, wenn mich die depressive Stimmung niederhält, dann ist meine größte Angst, meinen Verpflichtungen nicht nachkommen zu können. Dieses Pflichtgefühl und die Angst vor dem Versagen halten mich im Grunde aufrecht. Ohne Leistung, so fürchte ich, würde ich eines Tages »kippen«. Was das bedeutet, wage ich nicht zu denken.

Meine Mutter weiß von alledem wenig. Für sie bin ich

die erfolgreiche Tochter, die es geschafft hat, aus der unteren Mittelschicht aufzusteigen. Daß ich ein ungewolltes Kind war, das sie mit allen ihr damals zur Verfügung stehenden Mitteln abtreiben wollte, das hat sie mir in einem der wenigen offenen Gespräche ohne Schuldbewußtsein gestanden. Einen Zusammenhang zwischen dieser Tatsache und ihrem Erziehungsstil kann sie gar nicht sehen. Denn in ihren Augen hat sie mich geliebt – und liebt mich noch.

Vorwürfe mache ich ihr längst keine mehr. Sie konnte nicht anders, und sie hat sicherlich wie alle Eltern ihr Bestes gegeben. Daß das für mich nicht ausreichte – ist das ihre Schuld? Ich kann heute mit meiner Vergangenheit leben, auch wenn ich mich immer seltsam fühle, wenn ich länger als einen Tag mit meiner Mutter zusammen bin. Ich fühle mich niedergeschlagen, bekomme Kopfschmerzen und werde noch schweigsamer, als ich es ohnehin schon bin. Eine Glasglocke legt sich auf mich, und ich merke, ich bin nicht mehr ich. Glücklicherweise muß ich heute nicht mehr allzuoft und allzulange mit meiner Mutter Zeit verbringen. Sobald ich bei ihr aus der Tür bin, lichtet sich der Nebel, macht einem leichten Schuldgefühl Platz – doch auch das schwindet mit den ersten Kilometern, die ich auf der Autobahn zurücklege.

Klaus: »Ich habe nie meine Vaterrolle lernen können«

Der fünfzigjährige Klaus ist heute Inhaber einer erfolgreichen Bildagentur. Anders als viele in der als »flippig« geltenden Branche hat er sich eine ausgeprägte Sensibilität für moralische und ethische Fragen bewahrt und versucht, seine persönlichen Überzeugungen nicht in Widerspruch zu den Anforderungen des Jobs geraten zu lassen. Klaus arbeitet in der Agentur eng mit seiner Frau zusammen, die für ihn Ruhepol, Vertraute, Geschäftspartnerin, Alter ego und vieles mehr ist – eine symbiotische Beziehung, die ohne Zweifel all die Nähe, Bindung und Einheit bietet, die er in seiner Kindheit so schmerzlich vermißt hat. In den äußerlich so turbulenten Kriegs- und Nachkriegsjahren litt Klaus vor allem unter einer sich entziehenden, aber doch auch mit dem »kleinen Mann« kokettierenden Mutter und einem Vaterersatz, der all das an »schwarzer Pädagogik« an seinem Stiefsohn ausagierte, was er selbst als geprügelter und mißbrauchter Jungnazi erlebt hatte. Diese »Vaterlosigkeit« und die bindende und zugleich distanzierte Mutter wurden für Klaus nur deshalb nicht zum schweren Trauma, weil er in seiner Großmutter und in seinen Brüdern Bezugspersonen hatte, die ihm emotionale Wärme und Rückhalt gaben.

Dennoch sind die Spuren dieser Kindheit in »großer« und erbärmlicher Zeit und die Mitgift der Eltern sichtbar: eine »wissende« Melancholie, die Verabsolutierung der Familie als Lebensmittelpunkt, das intensive Bemühen, den eigenen Kindern immer nur das Beste zu bieten – mit dem Risiko der Verwöhnung und Überbehütung.

Meine frühesten Erinnerungen gehen zurück an meinen Geburtsort Posen, wo ich relativ abgeschirmt von der Außenwelt in einer Apotheke und ihrem Garten und Hof aufwuchs, eine Apotheke, die meine Eltern von Juden oder Polen »übernommen« hatten – als Ersatz für die Apotheke, die sie selbst in Riga zurücklassen mußten. Als Vierjähriger habe ich wohl die meiste Zeit in dieser Apotheke verbracht, ich erinnere mich an hohe Mauern, ein Gartengrundstück und einen Hund. Wir lebten sehr abgeschottet, und dramatisch werden meine Erinnerungen erst wieder, als dann der Treck nach Westen begann, die Flucht vor der herannahenden Front. Besonders erinnere ich mich an einen Bombenangriff in Schneidemühl, an die Leichen von erfrorenen Babys am Wegesrand, das Schießen der russischen Panzer. Alle diese Erlebnisse waren begleitet von dem Gefühl: Wo war meine Mutter? Von dem Zeitpunkt an, als mein Erzeuger sagte, wir müßten jetzt endlich »ins Reich«, ward sie nicht mehr gesehen. Meine Tante und meine Großmutter haben uns in den Westen gebracht. Anlaufstelle war Baden-Baden, das erschien meinen Verwandten weit genug weg von der Ostfront. Dort habe ich den 8. Mai 1945 erlebt, sah, wie das Schild »Adolf-Hitler-Straße« entfernt wurde und kurz drauf marokkanische Soldaten den ersten französischen Panzern entstiegen.

In dieser Zeit war ich total fixiert auf meine Großmutter, die auch später mit mir über jene Zeit sehr viel objektiver und ehrlicher sprechen konnte als meine Mutter. Ich habe mich sehr um die »oral history« meiner Großmutter bemüht, denn sie konnte mir auch über meinen leiblichen Vater etwas erzählen, was meine Mutter nie tat. Meine Großmutter starb, als ich zehn Jahre alt war. Heute ist mir sehr bewußt, daß sie einer uns unbegreiflich fremden Generation angehörte. Sie hat im größten Schlamassel von Krieg und Flucht versucht, ihre Würde und ihre Lebensweise zu bewahren. Sie wusch ihre letzte Seidenbluse immer wieder, um sie tragen zu können, als wir einquartiert waren. Sie hat eine Fassade, eine Staffage, aufrechterhalten bis zuletzt – wenn Kinder ins Zimmer kamen, sprach sie französisch oder russisch weiter – und litt doch sehr unter den Verhältnissen.

Sie erkrankte, und erst nach ihrem Tod 1951 wandte ich mich meiner Mutter zu. Und zwar in einer Weise, die so besitzergreifend war, daß ich nachts gewohnheitsmäßig mein Kopfkissen packte und zu ihr ins Bett schlüpfte. Zehn, elf Jahre war ich damals, und meine Mutter hat es geduldet. Heute sehe ich das ganz klar, ich war ganz abnormal auf meine Mutter fixiert. Alles, was ich bei meiner Großmutter gefunden hatte, Liebe, Geborgenheit, Sicherheit, versuchte ich in dieser Zeit auf meine Mutter zu übertragen. Sie hat mir in den entscheidenden Jahren der Kindheit gefehlt, und als ich sie später, in der Pubertät etwa, wieder gebraucht hätte, ließ sie mich im Regen stehen. Das hat später ganz extreme Formen angenommen – als ich heiratete, schickte sie meiner Frau einen Einschreibebrief des Inhalts, daß ich neurotische Zwangsvorstellungen hätte und sie damit krank machen würde (was mit mir geschah, war eh egal), weshalb sie mir das Haus verbieten müsse.

Trotzdem bin ich ihr für zwei, drei Dinge sehr dankbar – etwa die Liberalität und das stimulierende intellektuelle Klima zu Hause. Es gab Bücher, interessante Menschen, und es gab keine Tabus. Aber diese Bindung, die ich suchte, bekam ich nicht, meine Versuche, sie für mich zu gewinnen, wurden enttäuscht.

Das Problem aber, das mir heute am meisten zu schaffen macht, ist: Ich habe nie meine Vaterrolle lernen können. Herr H., den meine Mutter im Westen geheiratet hatte, war für mich kein Vater. Er war dreizehn Jahre jünger als meine Mutter, Jahrgang 1927, Hitlerjugend, Flakhelfer, Gefangenschaft bei den Amerikanern – ein in der Wolle gefärbter, verdorbener junger Mann, der die Nazierziehung verinnerlicht hatte und sie auf seine Art, geradezu eins zu eins »weitergab«: Vom Spindappell bis zum rituellen Abstrafen hat er all das mit uns gemacht, was er wohl selbst erfahren hatte. Wenn wir, meine beiden Brüder und ich, unartig waren, hat er uns zum Fenster hinausgehalten. Er hat ständig mit Angst und Drohungen als Erziehungsmittel gearbeitet, uns beispielsweise Dunkelhaft bei kleinen Vergehen verordnet, geschlagen und so weiter. Das alles aber mit dem Gestus »Mir tut das ja mehr weh als euch«. Meine Mutter hat all das mitgetragen, wie sie immer die Erwartungen ihrer Männer erfüllt hat. Mein Stiefvater war aber auch – zu allem anderen – ein extremer Geizkragen. Ich erinnere mich vor allem daran, wie er mir anbot, bei ihm zu essen, als meine Frau unser erstes Kind bekam. Ich solle ruhig zu ihm kommen, solange sie im Krankenhaus sei, die Mahlzeit koste nur zwei Mark achtzig. Er war zu dieser Zeit immerhin schon Geschäftsführer eines der größten deutschen Medienkonzerne. Ich bin später ins andere Extrem verfallen, und wenn meine Frau nicht aufpassen würde, wäre ich da noch extremer. Geld bedeutet mir nichts, ich bin kein Kaufmann, wenn ich Geld habe, gebe ich es mit vollen Händen aus. Herr H. hat sich vor einigen Jahren umgebracht. Er war geschäftlich sehr erfolgreich, aber während einer Primärtherapie hat er eine Überdosis Barbiturate genommen. Da war er aber von meiner Mutter schon geschieden. Er war ein total kaputter Mensch.

Das Zusammenleben meiner Mutter mit Männern

stand nie unter einem guten Stern. Aber die beiden, Herr H. und meine Mutter, haben uns immer totale Harmonie vorgespielt, das ist mir später klargeworden. Wir haben nie eine Auseinandersetzung mitgekriegt, nicht einmal eine geflüsterte.

Meine Mutter hat mich und meine Brüder oft geschlagen, wenn sie die Beherrschung verloren hat, sozusagen »im Affekt«. Mein Stiefvater aber strafte uns wie ein Nazischerge: cool, sadistisch, mit einem »Urteil«, sachlich: zwei Stunden Dunkelhaft. Mich hat er beispielsweise gezwungen, Boxkämpfe mit meinen jüngeren Brüdern auszutragen, obwohl er wußte, daß ich niemandem ins Gesicht schlagen konnte.

Später war ich einmal in einem Ferienheim im Schwarzwald, wo ich einen Erzieher kennenlernte, der so ganz anders war. Ich habe diesen Mann geliebt. Er zeigte mir, daß Erziehung auch ganz anders sein konnte: liebevoll, kameradschaftlich, ohne Gewalt. Dieser Erzieher war genauso alt wie mein Stiefvater.

Meine Ablösung von diesem Elternhaus bestand vor allem darin, daß ich – entgegen dem erklärten Willen meiner Eltern – ein Jahr nach Paris ging, um als Maler zu leben und zu lernen. Sie waren dagegen, aber gehindert haben sie mich nicht. Meine Mutter schrieb mir sehr emotionale Briefe nach Paris, aber mit dem heutigen Abstand erkenne ich, daß diese Briefe ein gutes Stück Koketterie waren, sie waren so geschrieben, als hätte ihr ein Kitschschriftsteller gesagt: So mußt du an deinen Künstlersohn in Paris schreiben. Das war mehr Selbstdarstellung und Selbstinszenierung, die Mutter, die »schuld« an dem künstlerisch begabten Sohn war, schreibt ihm nun entsprechende Briefe.

Meine Brüder sind bis zum heutigen Tag unglaublich wichtig für mich. Wir haben diesen »Vater« zusammen erlitten, und auch diese Mutter. Mein jüngster Bruder steht mir am nächsten, gerade weil er besonders verschlossen und verhärtet ist. Ich glaube, daß ich ihm sogar näherstehe als seine eigene Frau. Wir sind richtiggehend zusammengeschweißt worden in der Kindheit. Von unserem Stiefvater haben wir eine Halbschwester, die heute fünfunddreißig ist und nie so richtig in unseren Zirkel hineinkam. Wir haben heute ein gutes Verhältnis zu ihr, aber als Jungen waren wir oft sehr grausam – es ist zum Heulen, aber an ihr haben wir in kindlicher Form das wiederholt, was uns der Stiefvater angetan hat: Wir haben, um sie zu erschrecken und zu ängstigen, ihren Teddy zum Fenster hinausgehalten, so wie er uns hinausgehalten hat.

Meinen jüngsten Bruder rufe ich seit zwanzig Jahren jeden Sonntag um zwölf Uhr an – ich habe ohnehin viele Rituale –, wir sind uns alle drei immer noch sehr nahe. In unserer Freundschaft, unserer Schicksalsgemeinschaft, haben wir nie einen Bruch erlebt.

Als ich aus Paris zurückkam, lernte ich meine spätere Frau kennen. Ich habe mich sofort und rückhaltlos entschieden: Das ist sie! Sie war sich damals noch nicht so ganz sicher. Ich habe gleich und eindeutig Stellung bezogen – die und keine andere.

Ich bin taub gewesen für jede elterliche Kritik an meiner Frau, an den Umständen et cetera. Von der ersten Sekunde an war für mich klar: Das ist meine Familie. Meine Eltern wollten die Ehe hintertreiben, aber vergeblich.

Wenn ich meine heutige seelische Verfassung beschreiben soll – ich bin sehr selbstbewußt und selbstsicher, aber auch schwerblütig bis melancholisch. Ich bin total auf meine Frau fixiert, ich bin sozusagen monomanisch monogam. Ich halte dies gar nicht für ein Verdienst, treu zu sein, ich kann gar nicht anders. Neulich hat mich eine attraktive Frau, mit der ich beruflich zu tun habe, zum

Essen bei sich zu Hause eingeladen; ich konnte diese Einladung nicht annehmen, ich kann damit nicht umgehen.

Bis zum Alter von dreiundzwanzig, vierundzwanzig Jahren war ich unglaublich schüchtern, ich bin bei jeder Gelegenheit rot angelaufen. Ich habe mich bei jeder Begegnung mit Menschen unheimlich schwer getan. In meiner Frau habe ich einen großen Rückhalt gehabt, so daß ich dies heute überwunden habe. Diese so spät errungene Selbstsicherheit ist zum großen Teil auf ihre Unterstützung zurückzuführen.

Bis heute quält mich immer wieder ein Traum: Ich bin wieder bei meinen Eltern, »zu Hause«, und mein Stiefvater hat irgend etwas Unsägliches mit meiner Frau gemacht, und ich wache auf und bin unglaublich erleichtert, daß ich in meiner eigenen Wohnung bin und »bei mir«. Ich bin nicht diesem schrecklichen Menschen ausgeliefert, ich muß keine Angst haben.

Bei meinen eigenen Kindern, die inzwischen junge Erwachsene sind, wollte ich alles anders und besser machen. Ich habe meine Kinder nie, nie geschlagen. Das Schlimmste, an das sich mein Sohn und ich erinnern können und worüber wir heute oft lachen, war, daß ich ihm – nachdem ich ihn viele Tage lang vergeblich gebeten hatte, das Katzenklo seiner Katze zu reinigen – dieses Klo in sein Bett schüttete. Das ist jetzt zehn Jahre her.

Die Erziehung meiner eigenen Kinder war sicher ein Gegenprogramm zu meiner eigenen Erfahrung. Vor dem Hintergrund dieser »austerity«, dieses unglaublichen Geizes, meines Stiefvaters habe ich sie materiell sicher verwöhnt. Aber auch Zärtlichkeit habe ich ihnen immer gegeben, wenn sie sie brauchten. Wenn sie von jemandem Schläge bekamen – etwa von einem Hausmeister –, habe ich nie erst gefragt: »Was habt ihr denn angestellt?«, sondern den Mann sofort angezeigt.

Meine Frau meint allerdings, ich hätte mich der Vaterrolle entzogen, ich hätte immer nur den Freund und Kumpel abgegeben. Meine Kinder sagen dagegen: Das hast du schon richtig gemacht. Denn ich habe mich nicht angebiedert an sie – sie sprechen mich beispielsweise nicht mit dem Vornamen an, wie das heutzutage ja oft üblich ist.

Weil ich alles anders machen wollte bei meinen eigenen Kindern, weil ich es auch weitgehend geschafft habe, halte ich die These für Quatsch, daß jedes geschlagene Kind seine Schläge an die eigenen Kinder oder an andere Menschen »weitergibt«. Man kann aus seinen eigenen Erfahrungen lernen, und man kann sicher diese unglückselige deutsche Tradition der »gesunden Härte« unterbrechen. Daß ich das geschafft habe, darüber bin ich glücklich, darauf bin ich ein bißchen stolz.

Heute habe ich große Probleme mit dem Älterwerden. Nur an wenigen Menschen habe ich Schönheit, Weisheit und Güte des Alters erlebt. Altwerden finde ich, ja degoutant. Irgendwie hoffe ich, daß der Herr mir ein Zeichen gibt und mir bestätigt, daß ich gar nicht sterben kann ... Ich will mir das Altwerden nicht schönreden, und vor allem denke ich in der letzten Zeit über Partnerverlust nach. Davor habe ich große Angst. Ich bin total von meiner Frau abhängig. Dazu kommt zunehmend das Gefühl, daß dies ein Land ist, in dem ich nicht alt werden will. Solange man jung ist und sich intensiv um die Familie kümmern muß, sieht man nicht so intensiv, was jenseits dieses »geschlossenen Kreises« geschieht. Aber was hier in den letzten Jahren geschieht, das erschreckt mich immer mehr. Wenn ich ein Gemeinwesen danach beurteile, wie es mit seinen Schwächsten und Geringsten umgeht, dann schneidet diese Bundesrepublik nicht gut ab.

In letzter Zeit geht mir oft ein Vers durch den Kopf, an dessen Dichter ich mich nicht erinnern kann:

> Der Tod ist groß,
> wir sind die Seinen lachenden Munds,
> wenn wir uns mitten im Leben meinen,
> wagt er zu weinen in uns.

Das trifft sehr stark mein Lebensgefühl. Trotzdem bin ich dankbar für vieles, für meine Familie, für ein paar gute Freunde, für Befriedigung im Beruf, ich sage mir: Wenn du dein Maß nicht gehabt hast, wer dann?

Wie der Held in Kurt Vonneguts Roman »Schlachthof Nr. 5« habe ich immer die Möglichkeit gehabt, mich auf einen Planeten wegzuschießen, der unerträglichen Realität zu entkommen.

Wenn ich mit meiner Mutter heute zusammen bin, bin ich angespannt, aber es ist nicht mehr der Psychoterror früherer Jahre, wo jedes, aber auch jedes familiäre Zusammensein mit Tränen, Türenknallen – mit einem Eklat eben – endete. Meine Geschwister liefen davon, meine Schwester heulte, meine Mutter saß mit einem verkniffenen Gesichtsausdruck da. Heute ist es mir möglich, zu dieser alten Frau zu gehen, die glaubt, das Verhältnis zwischen uns sei wieder normal, und zu ihr zu sagen: Gut, wir verbringen eine Stunde zusammen und tun eben so, als ob alles in Ordnung wäre. Aber der Bruch ist mir immer gegenwärtig. Und auch heute streiten wir dann über die Greueltaten der Balten während des Zweiten Weltkrieges, die sie rundweg abstreitet. Aber gut, ich habe meinen Frieden mit ihr gemacht.

Allerdings würde ich nie etwas für sie tun, was ich für einen guten Freund, der in einer Krise steckt oder Hilfe braucht, jederzeit tun würde: Ich würde meine Mutter nie zu mir nehmen. Auch nicht für eine Woche.

Anja: »Akzeptiert hat mich Vater nur als kleines Mädchen«

Anja ist achtundzwanzig Jahre alt. Ihre Eltern haben sich getrennt, als sie vierzehn war. Sie lebte dann noch einige Jahre mit ihrer Mutter und ihrer zwei Jahre älteren Schwester im gemeinsamen Haushalt, bis sie dann mit zweiundzwanzig von zu Hause auszog. Anja ist eine attraktive junge Frau, die konsequent ihr Philosophiestudium betreibt, nebenbei arbeitet, um nicht ausschließlich auf die elterliche Unterstützung angewiesen zu sein. In ihrem bisherigen Lebenslauf gibt es außer der elterlichen Trennung keine offensichtlichen Brüche oder Schwierigkeiten. Sie selbst meint, daß ihre Eltern mit ihren beiden Töchtern durchaus zufrieden sein können: »Wenn man sich so andere Familien anschaut ...« Und dennoch hat sie – vor allem vom Vater – Botschaften vermittelt bekommen, die wie ein Leitmotiv immer wieder auftauchen: »Alles, was du tust, taugt nichts«, »Du bist unreif« und »Nur das kleine Mädchen wird geliebt«. Anja sieht sehr klar, wie diese elterlichen Botschaften ihr Leben beeinflussen: Besonders ihre Beziehung zu Männern und ihr mangelndes Vertrauen in die eigene Leistung bringt sie in Zusammenhang mit ihren Erfahrungen mit ihrem Vater.

Meine Mutter ist leichter zu charakterisieren als mein Vater, weil sie positiver ist. Bei ihr fallen mir ein: Herzlichkeit, Wärme, Ehrlichkeit, Fürsorge (obwohl das sowohl positiv als auch negativ ist). Eher störend empfinde ich, daß sie von allen geliebt werden will und keine Kritik vertragen kann – auch keine konstruktive. Und mein Vater, ja ich muß leider sagen, daß ich an ihm nur negative Eigenschaften sehe. Mein Vater ist ein sehr destruktiver Mensch, in allem. Er ist gefühlskalt, er läßt gar nichts an sich herankommen. Er ist ein negativer Mensch. Sein Standardspruch ist: »In hundert Jahren ist sowieso alles vorbei.« Wenn es nach ihm ginge, sollten wir uns alle hinter den Ofen setzen und warten, bis wir sterben. Diese Lebensphilosophie versucht er leider auch anderen aufzuzwingen.

Mein Vater hat mir nie etwas gegeben, weder emotional, noch hat er mir Selbstbewußtsein vermittelt. Wenn ich mich über etwas gefreut habe, hat er es niedergemacht. Wenn ich etwas angefangen habe, Pläne hatte, dann hieß es immer gleich: »Ach, das hat sowieso keinen Sinn.« Wollte ich in Urlaub fahren, sah er bereits den kilometerlangen Stau voraus, wollte ich Handball spielen, malte er mir die schrecklichsten Verletzungen aus, und als ich anfing, Philosophie zu studieren, fand er das völlig daneben. Kurz, es war alles falsch, was ich machte. Ich kann mich nicht erinnern, von meinem Vater jemals den Satz gehört zu haben: »Das hast du gut gemacht.« Ob das gute Noten in der Schule waren oder das Abitur, es war alles selbstverständlich und keiner Rede wert. Natürlich habe ich immer auf eine Reaktion von ihm gewartet, im Grunde warte ich heute noch darauf.

Akzeptiert hat mich mein Vater nur als kleines Mädchen, und auch später konnte ich ihn nur erreichen, wenn ich diese Rolle spielte. Vielleicht liegt das daran, daß ich erst vierzehn war, als meine Eltern sich scheiden ließen. Da hatte ich noch keine so ausgeprägte eigene Meinung, und so konnte er mich gar nicht als eigenständiges, erwachsenes Wesen kennenlernen. Wahrscheinlich wollte er deshalb auch, daß ich bei ihm blieb und nicht meine Schwester. Die war schon weiter entwickelt, mit der hatte er bereits vor der Scheidung meiner Eltern massive Probleme. Ich habe ihm dann das kleine Mädchen bei meinen Besuchen immer vorgespielt, weil das der einfachste Weg war, um mit ihm auszukommen. Das heißt, ich habe ihn um Rat gefragt, habe Diskussionen vermieden, und so konnte er immer der Dominante sein. Ein Muster, das ich heute auch in meinen Beziehungen zu Männern wiederfinde.

Ich weiß nicht, ob das wirklich mit meinem Vater zusammenhängt, aber ich verliebe mich immer in Männer, die ich im Grunde nicht leiden kann. Es sind immer so Machotypen, die auch in ihren Einstellungen nicht unbedingt zu mir passen. Andererseits habe ich sehr viele nette platonische Freundschaften mit durchaus gutaussehenden Männern; ich kann mit ihnen über alles reden, aber schlafen könnte ich mit ihnen nicht. Oder wenn ich es tue, dann ist es eher langweilig. Es fehlt die Leidenschaft, die Symbiose. Von meinem letzten langjährigen Freund habe ich vor kurzem eine Karte bekommen, die mir symptomatisch erscheint für meine Liebesbeziehungen. Zum erstenmal wurde mir richtig bewußt, daß er mich immer – wie auch auf dieser Karte – als »liebe, kleine Anja« anredet. Er war immer der Große, ich immer das kleine Mädchen, das man beschützen muß, das im Bett aber durchaus die Hure sein sollte.

Da war es also wieder, das kleine Mädchen meines Vaters. Wie mein Vater hat sich auch mein Exfreund nicht dafür interessiert, was ich im Studium so mache, was ich über dies oder jenes denke, Diskussionen kamen nie zustande. Er hat alles für mich gemacht, hat die Beschützerrolle gespielt (vor allem vor anderen Männern wollte er mich beschützen), hat meine Leidenschaft im Bett gewollt, aber eine gleichberechtigte Beziehung wollte er nicht. Daran ist die Beziehung letztlich auch gescheitert. Seitdem habe ich immer mal wieder Affären, aber eben immer mit Machotypen, die ich oftmals noch nicht einmal meinen Freunden vorstellen möchte. Denn das würde deren Bild, das sie von mir haben, völlig erschüttern. Anziehend an diesen Männern finde ich auf den ersten Blick ihre Überlegenheit, ihre Männlichkeit, ihre Dominanz, sie entsprechen auch vom Äußeren dem Männlichkeitsideal, sind also groß und kräftig. Aber sie haben ein Verhalten, das ich im Grunde zutiefst hasse: »Ich bin der Mann, und du bist die Frau.« Die wollen dann zum Beispiel, daß ich mich feminin kleide und nicht so burschikos rumlaufe. Also ein klassisches Rollenverhalten. Aber: Die Sexualität ist leider mit diesen Männern erfüllender.

Ich glaube heute, daß ich als Kind immer etwas Angst vor meinem Vater gehabt habe. Er war unberechenbar, man wußte nie, woran man mit ihm war. Zuckerbrot und Peitsche, so könnte man seine Erziehung bezeichnen. Für Lappalien bekam ich harte Strafen, er hat auch zugeschlagen, und dann wieder erlaubte er Dinge, die meine Mutter verboten hat.

Meine Mutter war da klarer: Ihr ist auch schon mal die Hand ausgerutscht, aber irgendwie habe ich nie an ihrer Liebe gezweifelt. Sie war immer herzlich und uns Kindern zugewandt. Da gab es keine Wechselbäder. Sie hat mich auch gegen ihn in Schutz genommen. Einmal, ich erinnere mich noch genau, habe ich am Heiligabend ein Weihnachtsgeschenk fallen gelassen, und es ist zerbrochen. Als mein Vater das entdeckte, hat er fürchterlich getobt, und ich bekam schon das große Zittern. Meine Mutter aber hat die Schuld auf sich genommen, und so kam ich noch mal davon.

Ja, es ist schon auffällig, daß mir so gar nichts Positives zu ihm einfallen will. Manchmal zweifle ich daran, ob das Bild, das ich von ihm habe, wirklich von mir selbst kommt oder ob es nicht doch auch von meiner Mutter beeinflußt ist. Ich kann mich erinnern, daß sie lange vor ihrer Scheidung, da war ich vielleicht acht, neun Jahre alt, den Vater vor mir immer schlechtgemacht hat. Wenn er zum Beispiel auf Dienstreise war, dann sagte sie immer »Gut, daß er endlich mal wieder weg ist.« Und dann haben wir zusammen all die Dinge gemacht, die wir mit ihm nicht machen konnten und durften, in die Stadt zum Bummeln und Einkaufen zu fahren zum Beispiel, denn das hielt er für Benzinverschwendung. Da ich ja viel enger mit meiner Mutter zusammen war als mit ihm, kann es durchaus sein, daß ich mich deshalb über seine Abwesenheit gefreut habe, weil sie sich gefreut hat und selbst lockerer war. Vielleicht habe ich ihr einfach nachgeeifert. Grundsätzlich aber war die Situation schon entspannter, wenn mein Vater nicht da war.

Wenn ich zum Beispiel mal eine Tür zu laut zugeknallt hatte, dann konnte ich sicher sein, daß er wütend werden würde. Ich kann heute noch keine Tür knallen hören, ohne daß ich zusammenzucke und irgendwie auf ein Donnerwetter warte. Oder wenn ich samstags mit ihm zum Einkaufen durfte, dann hat er mich ständig zurechtgewiesen, ich soll anderen nicht im Wege sein. Wenn ich heute etwas länger an einem Einkaufsregal stehe, dann bekomme ich prompt das Gefühl, ich würde jemand anderen behindern.

Das waren eigentlich die Hauptbotschaften meines Vaters: Du stehst anderen im Wege, und was du machst, taugt nichts. Vielleicht ist das der Grund dafür, daß ich heute immer noch das Gefühl habe, nichts richtig machen zu können. Ich habe zwar den Eindruck, daß Menschen von mir immer sehr schnell begeistert sind, aber im Grunde weiß ich nie, warum. Das macht mir angst, denn ich denke, ich kann die Erwartungen der anderen gar nicht erfüllen. Aus dieser Angst heraus gebe ich oft vorzeitig auf. Lieber suche ich mir zum Beispiel einen neuen Job, als mit der ständigen Versagensangst konfrontiert zu sein und das Gefühl zu haben, die anderen irren sich in mir.

Ich habe mir nie erlaubt, Nebenwege zu gehen. Immer geradeaus. Ich war eine der wenigen von meinem Abiturjahrgang, die gleich nach dem Abitur zu studieren anfingen. Die meisten gönnten sich erst mal ein Jahr Ausland oder »au pair« oder sonst irgend etwas. Im Grunde bewundere ich die anderen Studenten, die genügend Selbstbewußtsein haben und mal ein Urlaubssemester einlegen und nicht an die Universität gehen. Die würden nie an sich selbst zweifeln, wenn sie mit zwölf Semestern noch nicht fertig wären.

Ich wäre nie auf die Idee gekommen, meine Eltern um ein Freijahr zu bitten. Es ist mir ja schon unangenehm, monatlich auf ihre Unterstützung angewiesen zu sein. Mein Vater hat mir monatlich 600 Mark zugesagt, aber nur bis zum achten Semester. Dann hätte ich nach seiner Meinung fertig sein müssen. Damit kein Mißverständnis aufkommt: Mein Vater muß sich das Geld nicht vom Munde absparen. Er ist selbständig und weiß wahrscheinlich gar nicht, wohin mit seinem Geld. Bei meiner Schwester ist das ganz anders: Sie bekommt die teuersten Geschenke von meinem Vater, Mikrowellenherd, Auto, Eigentumswohnung – alles mit der Begründung: weil ich studieren darf. Das, was meine Schwester macht, findet in den Augen meines Vaters Billigung. Sie arbeitet in seiner Firma mit, sie ist verheiratet, sie hat ein Kind. Geordnete Verhältnisse.

Vielleicht verhält er sich auch so, weil sie noch die einzige der Familie ist, zu der er Kontakt hat.

Wenn er mit mir mehr Kontakt wollte, dann hätte er sich anders verhalten müssen. Er weiß, wo ich wohne, aber er hat mich nie angerufen. Wenn ich mal zu ihm zu Besuch komme, drückt er mir eine Zeitung in die Hand und sagt: »Da hast du was zu lesen«, nur damit er nicht mit mir reden muß. Inzwischen lege ich auf das Zusammensein mit ihm gar keinen Wert mehr. Denn immer wenn ich Kontakt mit ihm hatte, bin ich hinterher ganz aggressiv, und oftmals muß ich auch einfach heulen. Dann sitzt mir ein richtiger Kloß im Hals. Denn er schafft es immer, mich zu kränken. Und zugleich habe ich auch eine Wut auf mich selbst, weil ich ihm nicht sagen kann, was ich will. Ich möchte ihm sagen, wie es mir mit ihm geht, damit er mal versucht, mich zu verstehen. Wahrscheinlich denkt er, Kinder müssen ihre Eltern automatisch lieben, vielleicht kommt er gar nicht von selbst auf die Idee, ich könnte Schwierigkeiten mit ihm haben. Er selbst hat mit seinem eigenen Vater auch massive Schwierigkeiten gehabt, mein Großvater war ein gefühlloser Tyrann, aber mein Vater wäre wohl nie auf die Idee gekommen, sich gegen ihn zu wehren. Man muß Vater und Mutter ehren – diese Überzeugung steckt tief in ihm drin.

Warum auch ich von mir aus nie mit ihm über mich gesprochen habe, liegt wohl daran, daß er Kritik nicht vertragen kann. Schon bei Kleinigkeiten reagiert er gereizt. Das hat er mit meiner Mutter gemeinsam. Sie kann Kritik an ihrer Person ebenfalls nur schwer annehmen. Zum Beispiel stört es mich kolossal, daß sie sich in Konflikten immer auf die Seite der anderen schlägt, niemals auf meine. Sie hat mir dann immer zu verstehen gegeben, daß ich falsch denke und handle. Wenn ich sie heute darauf anspreche, dann reagiert sie ziemlich gereizt. Sie will von jedem akzeptiert und geliebt werden, sobald man sagt, daß einem etwas an ihr nicht gefällt, dann fühlt sie sich angegriffen. Und so will sie auch nicht wahrhaben, daß es mich kränkt, wenn sie sich automatisch gegen mich stellt.

Warum sie das tut, konnte ich mir eigentlich nie so recht erklären. Vielleicht, weil sie denkt, ich sei unreif. Auch das kann ich nicht akzeptieren, denn ich bin wirklich nicht unreif. Meine Mutter sagt überhaupt oft Dinge, von denen sie wissen müßte, daß sie mich verletzen. Doch wenn ich sie darauf anspreche, streitet sie es ab. Nur ein Beispiel, das mich besonders getroffen hat: Ich bin immerhin schon achtundzwanzig, und meine Mutter meinte vor kurzem, sie könne sich nicht vorstellen, daß ich ein Kind hätte. Und wenn, dann würde sie es mir wegnehmen. Das hat mich sehr verletzt. Wochen später habe ich mit ihr darüber reden wollen, und da hat sie diese Aussage noch bestärkt: Es stimmt, meinte sie, du bist unreif.

Ich habe vielleicht manchmal eine lapidare Art, die auf Außenstehende unreif wirken kann, aber ich glaube, wenn ich mit meiner Mutter auf einer einsamen Insel wäre, hätte ich wahrscheinlich größere Überlebenschancen als sie. Denn sie ist in vielen Dingen wirklich unreif. Sie war ja nie allein, hat aus einem behüteten Elternhaus heraus geheiratet. Von ihrem Vater ist sie wohl sehr verwöhnt worden, und mein Vater hat ebenfalls alles für sie erledigt. Auch jetzt hat sie wieder einen Lebensgefährten, der vieles für sie erledigt. Natürlich hat auch meine Mutter eine Entwicklung gemacht, immerhin hat sie sich gegen meinen dominanten Vater aufgelehnt. Ich glaube aber dennoch, daß ich mich allein besser durchschlagen kann, als dies meine Mutter könnte. Sie aber bleibt dabei: Für sie bin ich unreif und eifersüchtig. Schon als ich noch ein kleines Kind war, hat sie immer ganz stolz betont, auch vor anderen, daß ich eifersüchtig bin, wenn sie sich um andere gekümmert hat. Da gibt es eine Szene, die von uns beiden ganz unterschiedlich interpretiert wird: Als mal wieder die Nachbarskinder zu Besuch waren, bin ich mit meinem Dreirad zufällig an einem Stuhl hängengeblieben, und der Stuhl ist die Treppe hinuntergesegelt. Meine Mutter sagt heute noch, ich hätte dies aus Eifersucht getan. Ich weiß aber, daß es anders war. Ich bin nicht eifersüchtig. Auch nicht in meinen Liebesbeziehungen, jedenfalls nicht über das übliche Maß hinaus.

Vielleicht hat sie ein schlechtes Gewissen mir gegenüber, weil meine Schwester ihr näherstand, jedenfalls war diese Bindung enger als die zu mir. Das lag zum einen daran, daß meine Schwester ihren Schutz brauchte, als sie in der Pubertät mit meinem Vater gar nicht mehr zurechtkam. In dieser Zeit ist zwischen meiner Mutter und meiner Schwester eine richtige Freundschaft entstanden. Das war ein richtiger Bund. Ich war damals immer die Kleinere, das Anhängsel, und vielleicht liegt darin auch der Grund, warum ich mich besser allein durchs Leben schlagen kann. Ich war von Anfang an dazu gezwungen.

Und bin es auch heute noch. Als ich ungewollt schwanger war und entscheiden mußte, ob ich das Kind behalten wollte oder nicht, habe ich das auch völlig allein entschieden. Meine Mutter hat sich in dieser Frage völlig herausgehalten, weil sie – was mich angeht – den Leitspruch hat: Was man auch sagt oder tut, man kann es dir doch nicht recht machen. Auch nach der Abtreibung war das Thema für sie tabu. Sie hat mich nie gefragt, wie es mir ergangen ist und wie ich es verkrafte.

Wenn sie sich für meine Probleme interessiert, dann ist mir das auch keine große Hilfe, weil sie immer so mit mir mitleidet. Wenn mir etwas passiert, muß ich sie meist trösten. Als ich zum Beispiel mal einen Autounfall hatte, kam sie mir im Krankenhaus schon weinend entgegen. Statt mich zu stützen, zieht sie mich eher runter. Für mich ist meine Mutter keine starke Frau. Dabei hätte ich so gerne eine starke Mutter gehabt. Aber es war eher umgekehrt. Vor allem in der Zeit der Scheidung kam sie öfter zu uns Kindern heulend ins Zimmer, sagte, sie würde ja alles nur für uns machen. Wir haben sie dann immer trösten müssen. Uns hat aber niemand unterstützt. Und das ist geblieben: Schwach sein kann ich auch heute nur bei Freunden.

Große Veränderungen im Verhältnis zu meinem Vater erwarte ich eigentlich nicht mehr. Immer mal wieder überlege ich, ob ich nicht doch mal meinem Vater alles sagen oder schreiben sollte – aber ich habe wenig Hoffnung, daß er überhaupt darauf eingehen kann. Meine Familie sind meine Mutter und meine Schwester, er gehört für mich eigentlich schon gar nicht mehr dazu.

Mir selbst wünsche ich, daß ich, wenn ich mal eigene Kinder habe, ihre Kritikfähigkeit fördern und ihnen Selbstbewußtsein vermitteln kann. Auf keinen Fall würde ich sie entmutigen, wenn sie eigene Pläne haben, und ich würde wohl auch nie sagen, daß das, was sie tun, völlig falsch ist. Die Risikobereitschaft, die in meiner Familie außer mir allen fehlt, die würde ich gerne bei meinen Kindern wiederfinden. Aber wer weiß, wie es sein wird, wenn es mal soweit ist: Vielleicht fällt es dann auch mir schwer, die Kritik und Eigenständigkeit meiner Kinder zu akzeptieren? Vielleicht ist man seinen Eltern doch ähnlicher, als man wahrhaben möchte?

Dietmar: »Meinem Vater kann ich keinen Vorwurf machen«

Am sechsunddreißigjährigen Dietmar wird deutlich, daß es nicht unbedingt ein Vorteil sein muß, ein Nesthäkchen zu sein. Acht beziehungsweise elf Jahre jünger als seine beiden Brüder, blieben ihm zwar viele Kämpfe, die sie noch mit den Eltern, vor allem dem Vater, auszufechten hatten, erspart. Frühe Erziehungsunsicherheiten und auch die Überzeugung, daß Prügel noch niemandem geschadet haben, prägten das Verhalten der Eltern den beiden ersten Söhnen gegenüber. Der dritte kam dann schon in den Genuß einer veränderten Haltung zum Kind. Bei der Kriegselterngeneration ist häufig ein Lernprozeß und größere Gelassenheit den jüngeren Kindern gegenüber zu beobachten.

Dennoch war die Rolle des Jüngsten für Dietmar problematisch. Anders als seine Brüder geriet er in eine stärkere Abhängigkeit von der Mutter, die ihre Probleme mit dem Älterwerden über den jüngsten Sohn zu lösen versuchte. Diese Abhängigkeit und das Gefühl, die Brüder nicht einholen zu können, haben es Dietmar erschwert, seine Identität zu finden.

Im Hinterkopf den Familienauftrag »Leiste etwas, wir erwarten das von dir«, hat ihn die kritiklose Bewunderung für den Vater und auch für den zweitältesten Bruder lange Zeit blockiert. Erst jetzt, nachdem das Studium endlich abgeschlossen und eine – auch von seiner Familie – akzeptierte Stelle in Sicht ist, scheint er seine Rolle als ewiger Nachzügler ablegen zu können.

Meine Eltern haben 1944 in Madrid geheiratet. Das war eine Ausnahmesituation. Mein Vater war Flieger und ist bei einem Feindflug über den Pyrenäen abgeschossen worden. Er hatte dabei Glück, weil er in Spanien und nicht in Frankreich runterkam – Spanien war ja bekanntlich mit Nazideutschland verbündet –, und er hatte auch Glück mit seiner Verletzung. Er war zwar sehr schwer verletzt, aber nur am Fuß. Und so kam er in Madrid ins deutsche Krankenhaus, und unter den Krankenschwestern war auch meine Mutter … Nach Anfangsschwierigkeiten haben sie sich um so intensiver ineinander verliebt. Die beiden waren ein tolles Paar. Das habe ich lange nicht gewußt. Aber nach dem Tod meines Vaters habe ich zum erstenmal richtig bewußt Bilder aus dieser Zeit angeschaut – und die sind wirklich sehr beeindruckend. Es sind Bilder von zwei jungen Menschen mit enormer Ausstrahlung und Persönlichkeit.

Ein glücklicher Zufall für ihn und später auch für uns Söhne war, daß er zwar Flieger war, aber niemals einen unmittelbaren Einsatz fliegen mußte. Er war unter anderem abkommandiert zu Wernher von Braun, er hat mal einen Wald in Brand gesetzt oder Schiffe in der Ostsee bombardiert – aber mehr war da nicht. Natürlich, er war Soldat, aber er hat niemanden getötet.

Vater hatte eher Anflüge von Abenteurertum: Mal eben mittags nach Nizza zum Kaffeetrinken fliegen oder eine Stippvisite bei seinem Vater – das liebte er. Da ist er dann mit seiner Ju über Nürnberg rübergerauscht. Es hat ihm Spaß gemacht, das Elitäre, das mit der Fliegerei verbunden ist, zu betonen.

Mein zweitältester Bruder sagt zwar heute noch, daß der Vater ein Faschist gewesen sei, da hat er vielleicht auch zum Teil recht. Denn so Mitte der sechziger Jahre, bei ganz verschiedenen Anlässen, kam das Thema immer wieder auf das Dritte Reich. Nicht gerade dumpf faschistisch, aber es war schon klar, daß diese Zeit für die Generation meines Vaters eine identitätsstiftende Zeit gewesen war. Da kommt man auch nicht dran vorbei. Allerdings: Mein Großvater war eindeutig kein Faschist. Er hat zum Beispiel nicht zugelassen, daß mein Vater in die Hitlerjugend eintrat. Und Vater war auch später nie in der Partei.

Schuld und Verantwortung wies mein Vater aber immer von sich. Als ich ungefähr neunzehn war, hatte ich mit meinem Vater zu dieser Thematik eine äußerst heftige Auseinandersetzung. Anlaß war eine Fernsehsendung »Journalisten fragen, Politiker antworten«, in der Helmut Kohl, damals noch nicht Bundeskanzler, von holländischen Journalisten heftigst wegen des Dritten Reichs angegriffen wurde. Der Alte, mein Vater, hat sich darüber fürchterlich aufgeregt. Als ich dann die Partei der Holländer ergriff, da haben wir unseren letzten politischen Krach miteinander gehabt. Diese Haltung – und die Tatsache, daß er ein Strauß-Fan war –, das haben wir Söhne ihm alle sehr übelgenommen.

Zu meiner Mutter habe ich ein ganz anderes Verhältnis als zum Vater. Mit meiner Mutter konnte ich nur ganz, ganz selten wirklich tiefergehende Gespräche führen, vielleicht zwei- bis dreimal in meinem bisherigen Leben. In einem dieser Gespräche sagte meine Mutter, mein Vater sei diplomatisch und ehrlich, während sie unehrlich und undiplomatisch sei. Das sehe ich auch so.

Auch heute noch bin ich mir nicht ganz klar über mein Verhältnis zu meiner Mutter. Deshalb habe ich auch gewisse Befürchtungen, wenn sie mal nicht mehr leben sollte und ich es bis dahin nicht klären konnte. Wenn ich so durch die Gegend laufe und darüber nachdenke, daß sie irgendwann nicht mehr dasein wird, davor habe ich schon Angst. Ich bin überzeugt, daß das noch schlimmer wird als beim Vater, eben weil zwischen uns noch soviel unklar ist. Das Verhältnis hat sich seit Vaters Tod zwar entspannt und verbessert, allein die Tatsache, daß sie noch da war, hat mir sehr geholfen. Aber dennoch ist noch vieles offen zwischen uns.

Auch wenn meine Mutter mich früher nicht ... geliebt haben sollte, nein, das ist ein zu starker Ausdruck, mit mir Schwierigkeiten gehabt haben sollte, dann hat sie das für sich auf ihre Weise bewältigt. Meine beiden Brüder, die ein weitaus besseres Verhältnis zur Mutter haben, fanden es immer auffallend, wie ungerecht die Mutter mir gegenüber gewesen ist. Das ist nicht meine Formulierung. Was sie damit sagen wollen: Die Mutter hatte mit mir Schwierigkeiten. Aber ich glaube nicht, daß diese Schwierigkeiten von Geburt an da waren. Die Bilder, die es von mir als Baby gibt, die können doch nicht täuschen: Das sind immer sehr liebevolle Situationen. Ich bin darauf immer fröhlich, ein Wonneproppen. Und ich war sicherlich ein Wunschkind, wenn auch aus der ursprünglich geplanten Andrea oder Monika dann doch wieder ein Junge wurde.

Diese Kinderbilder haben mir immer Zuversicht gegeben. Vor allem in einer schwierigen Phase, in der die Mutter eine sehr schlechte Rolle spielte. Das war in der Pubertät. Damals habe ich enorm zugenommen und auch andere Probleme entwickelt, unter anderem hatte ich Angst vor Entstellung und Verletzung, Dismorphophobie heißt das in der Psychologie.

Ich habe viel über die damalige Haltung meiner Mutter nachgedacht und versucht, sie zu verstehen. Mein Vater hatte zum erstenmal wieder eine repräsentative Funktion, er war Filialleiter. Die Eltern stürzten sich damals ins gesellschaftliche Leben. Die Mutter fing an zu rauchen und kam aber auch schon in die Wechseljahre. Das heißt, sie hat sich nicht mehr als attraktiv wahrgenommen. Was besonders schlimm für sie war, weil mein Vater damals fremdging. Mein Vater war ein sehr attraktiver Mann, seine Sportlichkeit hat er sich bis zum Schluß bewahrt. Meine Mutter wußte von der Geliebten meines Vaters, sie war so eine Art Hausfreundin, die bei uns ein und aus ging. Ich habe mit dieser Frau auch so meine Erfahrungen – auch sexueller Art. Wie sie mir später sagte, hätte ich durchaus auch mit ihr schlafen können. Damals war ich vierzehn.

Wenn ich heute so darüber nachdenke: Meinem Vater kann ich keinen Vorwurf machen. Gut, er hat meine Mutter betrogen, aber er war kein Don Juan. Er hat meine Mutter geliebt, das weiß ich. Möglicherweise hat die Erotik im Laufe der Zeit nachgelassen, und er hat manchmal in Ausnahmesituationen nachgegeben. Aber für unsere Familie hat das nie eine Rolle gespielt; die Ehe meiner Eltern war gut; bis zuletzt, dafür gibt es Hinweise, haben sie sexuell miteinander verkehrt.

In dieser Situation also, in der Vater fremdging und meine Mutter in einer Krise war, bin ich in eine Abhängigkeit von der Mutter geraten, weil sie mich nicht gerade mißbraucht, aber doch benutzt hat. Ich war das schwächste Glied in der Familienkette, mit dem sie ihre Dinge tun konnte. Das heißt, daß sie den jüngsten Sohn nicht aus ihren Klauen ließ. Sichtbar war diese Abhängigkeit an meinem Übergewicht: Immer wieder hieß es, wir nehmen jetzt gemeinsam ab, aber dann hat sie uns doch wieder vier, fünf Brote gerichtet. Die Brüder waren schon aus dem Haus. In dieser Zeit bin ich richtig durchgehangen.

Erst als ich mich mit sechzehn, siebzehn verliebte, konnte ich mich von ihrem Einfluß befreien. Sie war mir von diesem Zeitpunkt an dann völlig egal, es hat mich nicht interessiert, was sie dachte oder wie es ihr ging.

Diese Ablösung wurde sicherlich auch dadurch erleichtert, daß ich mich von ihr nicht wirklich geliebt gefühlt habe. Die eigentliche Unterstützung kam eben vom Vater. Immer schon. Als ich älter wurde, so Mitte Zwanzig etwa, war unser Verhältnis völlig unbelastet. Er hat damals noch mal so etwas wie einen Weisheitsschub bekommen – das wissen die Brüder gar nicht. Ich habe damals zu ihm gesagt: Eigentlich bist du ein Sozialdemokrat und hast viel begriffen in deinem Leben. Wenn man seine Über-Ich-geprägten faschistoiden Tendenzen, die er hatte, mal außer acht läßt, war er wirklich vom Herzen und vom Bauch her ein warmherziger, toleranter, freizügig denkender Mensch, der auch sehr lebensfreudig war.

Als er so plötzlich an einem Schlaganfall starb, das war furchtbar für mich. Vor dieser Situation hatte ich immer schon Angst gehabt, daß er irgendwann nicht mehr dasein könnte, als Vater, als Ansprechpartner, als Zufluchtsort, als bester Freund. Ja, er war auch mein bester Freund.

Mein großer Bruder hat sehr geschäftig auf Vaters Tod reagiert. Da ging es nur um Organisatorisches. Ich konnte gar nicht realisieren, daß der Vater gestorben war. Erst als ich ihn da so auf dem Totenbett liegen sah und ihm über die Stirn strich, da hatte ich das Gefühl, mir würde das Innerste herausgerissen. Gleichzeitig aber wußte ich auch, daß er mir ein Fundament mitgegeben hatte, das nicht zerstört werden konnte. Der Schmerz war unendlich, aber er hatte auch etwas Reinigendes. Ich habe tagelang sehr viel geweint.

Ich habe lange Zeit sehr große Schwierigkeiten gehabt, meine eigene Identität zu finden, weil es eben diese älteren Brüder gab. Ich war für sie immer nur der kleine Bruder. Das war die ersten Jahre durchaus in Ordnung, ich war ja der Kleine, der Nachzügler. Trotzdem war ich überall mit dabei. Das hat sich geändert, als ich älter wurde.

Da war ich für sie nicht mehr interessant, sie sind ihre eigenen Wege gegangen, und ich blieb plötzlich mehr oder weniger allein zurück. Das fand ich weniger gut. Zumal ich ja dadurch ganz meiner Mutter ausgeliefert war.

Erst als ich das Abitur machte, wurde unser Kontakt wieder positiver. Ich hatte jetzt als Jüngster eine gewisse Unabhängigkeit, die meine Geschwisterrolle unproblematisch erscheinen ließ. Einen Bruch mit meinem ältesten Bruder gab es dann, als er nach seinem Psychologiestudium bei einer großen, bekannten Unternehmensberaterfirma zu arbeiten anfing. Ich war damals wirklich ein Sozialist und konnte überhaupt nicht verstehen, daß sich mein Bruder ans Kapital verkaufte. Das habe ich ihm sehr kritisch klargemacht – mit der Folge, daß er mir aus dem Weg gegangen ist. Auch mein Vater war ihm gegenüber sehr kritisch und hat ihn auch als »Manager« etwas hochgenommen.

Intelligente Leistung – im Gegensatz zu einer proletarischen Leistung – hat in unserer Familie immer eine Rolle gespielt. Wir waren keine Bildungsbürger, aber wir strebten das Bildungsbürgerliche an. Meine Mutter hätte sicherlich gerne studiert, hat sich später dann auch mit Freud beschäftigt und Kurse an der Volkshochschule gemacht. Mein Vater war schon damit zufrieden, wenn er sich das intellektuelle Mäntelchen umhängen konnte. Insgesamt hat das Thema »Wir sind etwas Besseres« eine starke Rolle gespielt.

Deshalb wollte mein Vater wohl auch nicht, daß ich Fußball spielte. Er hat mich mit der Mutter in den Turnverein geschickt, er selbst war auch Turner, und er war auch stolz darauf. Mir hat das alles gar keinen Spaß gemacht, zumal die Mutter auch dabei war. Das war so eine Art Hausfrauenturnen; ich erinnere mich noch an diese dünnsohligen schwarzen Turnschuhe. Ich aber wollte zum Fußball, unbedingt. Ich wollte raus. Aber der Vater wollte mich nicht lassen. Gegen seinen Willen habe ich es als damals Sechsjähriger durchgesetzt, daß ich in den Fußballverein konnte. Ich bin einfach mit einem älteren Freund zum Auswahltraining und habe den Trainer dann durch meine Leistung überzeugt. Daß mir das gelungen war – gegen meinen Vater –, das hat mir viel Selbstvertrauen gegeben, auch für die Zukunft.

Als ich so Mitte Zwanzig war, hatte ich dann plötzlich das Gefühl, immer noch nichts erreicht zu haben. Erschwerend kam hinzu, daß ich innerhalb der Familie immer schon als intelligent galt und man mir eine große Karriere vorhergesagt hatte. Nun war es an der Zeit, zu beweisen, daß die in mich gesetzten Hoffnungen nicht umsonst waren. Doch noch hatte ich von meinen Fähigkeiten, die durchaus vorhanden waren, noch wenig umgesetzt. Mein Studium hatte ich begonnen mit der Einstellung: »Mir kann sowieso niemand mehr was beibringen.« Ich hatte mein Welt- und mein Menschenbild bereits entwickelt und war skeptisch, was mir die Hochschule noch bieten konnte. Aber da ein Studiumabschluß sein mußte, habe ich eben studiert.

Doch dann kam die Unzufriedenheit; ich hatte das Gefühl, daß ich meine Zeit verplemperte, daß ich im Grunde schon zwei Bücher hätte schreiben können. Klar, das war sehr überzogen, aber ich spürte den Druck der Erwachsenenrolle, die vorzeigbare Ergebnisse verlangte. Ich wollte zwar nie Karriere machen, aber ich wollte das, was mir zusteht, auch bekommen. Und mit diesem Anspruch bin ich ins Schleudern geraten. Je länger das Studium dauerte, desto weniger wurde ich meinem eigenen Anspruch und Maßstab gerecht.

Meine Brüder hatten inzwischen beide etwas erreicht –

der eine als Manager, der andere als Publizist –, und ihre Leistung entsprach durchaus meiner eigenen Leistungsmotivation. Probleme hatte ich allerdings nur mit dem zweitältesten Bruder, dem Publizisten. Das, was ich machen wollte, das hatte er immer schon realisiert. Egal, was ich mir auch einfallen ließ, er hatte die Idee schon umgesetzt. Es war wie die Geschichte vom Hasen und vom Igel. Ob es bei den Grünen war, das Bücherschreiben, sein Bekanntheitsgrad, da konnte ich ihn gar nicht mehr einholen. Das war durchaus entmutigend. Aber mir war auch klar, daß ich trotzdem weitermachen mußte. Und gleichzeitig wußte ich auch, daß ich etwas hinterherlief – auch der Zeit. Beim Tod meines Vaters hat mein zweitältester Bruder zu mir gesagt, ich sei bereits im roten Bereich. Womit er meinte, es werde jetzt höchste Zeit, das Studium zu beenden und einen Beruf zu ergreifen. Da war ich dreißig. Das war mir schon längst klar, und das hat meine Lebensfreude nicht gerade gesteigert.

Heute denke ich, daß ich meine Aufgaben sicherlich erfüllen werde, aber übergeordnet habe ich eine gewisse Angst, mir selbst untreu werden zu können, gewissen Werten, gewissen Idealen. Zum Beispiel den Idealen Solidarität, Humanität, Fähigkeit zur Empathie. Ich beobachte an mir, daß mein Interesse an den Mitmenschen schwindet, ich mache oft dicht und will nichts mehr wissen. Dieses Problem kannte ich früher nicht. Allerdings glaube ich, daß die Angst wohl daher kommt, daß ich mich in einem Übergang befinde. Meine Rollen ändern sich: Ich muß alte Rollen verlassen und neue erlernen. Verlassen muß ich die Rolle des jungen Bruders, jungen Studenten, des aufgeweckten Jungen von nebenan. Die neue Rolle ist noch nicht so klar: Ich habe begonnen, als Journalist zu arbeiten, wobei dieser Arbeitsplatz noch mit diversen Unsicherheiten verbunden ist. Daß ich eine neue

Rolle habe, sehe ich auch am Verhalten meines Bruders, des Publizisten. Er, der mich früher äußerst selten von sich aus angerufen hat (und wenn, dann war das für mich immer ein Ereignis), meldet sich nun auffallend häufig. Nun ist es nichts Besonderes mehr für mich. Mittlerweile ist mir das Verhältnis zu meinen beiden älteren Brüdern ziemlich egal.

Allerdings hängt es sicherlich mit dem großen Altersabstand zu ihnen zusammen, daß ich immer ältere Freunde gehabt habe. Bei gleichaltrigen Freunden hat mir immer etwas gefehlt. Bis heute habe ich vor allem ältere Freunde, die sind anregender, und ich konnte als Jüngerer immer mithalten. Das war einfach befriedigender.

Es gab jedoch auch weniger positive Erfahrungen mit älteren Männern. In meiner Kindheit gab es zwei, ich sag' es jetzt mal so, pädophile Dreckskerle, denen ich negative sexuelle Erfahrungen »verdanke«. Das eine war ein Verwandter, der andere kam über Verwandte ins Haus. Ich hatte dann immer Angst, daß ich denen wieder über den Weg laufen würde, ich wollte sie nicht mehr sehen. Aber später, in der Pubertät, hatte ich damit keine Probleme mehr. Da lief alles ganz normal.

Und ich habe heute zu Frauen ein gutes, wohltuendes, sehr liebevolles Verhältnis. Zwar stehe ich mittlerweile in dem Ruf, ein Chauvi zu sein, weil ich gewisse Dinge der Frauenbewegung mit diebischer Freude rhetorisch auseinandernehme, aber das hat mit meiner Solidarität Frauen gegenüber nichts zu tun.

Ich bereue es nicht, daß ich mehrere Freundinnen hatte. Die Sexualität halte ich für ein sehr gutes, unproblematisches Kommunikationsmittel zwischen den Geschlechtern. Ich möchte das auf keinen Fall propagieren, aber diese Grundqualität kann es geben. Treue ist schon ein sehr wichtiger Wert, aber die Frage ist doch, wie sich Treue realisiert. Ich gehe von mir aus, wie ich als Partner behandelt werden will. Es ist mir gleichgültig, wenn meine Freundin mal fremdgeht, ich will es auch gar nicht wissen, solange es nichts mit mir oder mit unserer Beziehung zu tun hat. Es soll nur nicht zur Gewohnheit werden.

Was Männer angeht – mich beunruhigt immer noch ein Traum, den ich vor etwa sieben Jahren hatte, der sehr stark homosexuell geprägt war. Ich hatte zwar nie einen homoerotischen Impuls oder Wunsch verspürt, aber dieser Traum beschäftigt mich doch so, daß ich mich frage, ob ich da nicht etwas hätte ausleben sollen.

Wenn ich einmal eigene Kinder haben sollte, dann möchte ich ihnen das ersparen, was mir an meinen Eltern nicht gefallen hat. Allerdings kann ich das schwer in Worte fassen, das ist eher ein Gefühl. Was ich allerdings jetzt schon weiß: Ich werde zu einem gewissen Anteil ein autoritäres Arschloch sein. Da lege ich jetzt schon Wert drauf, das muß auch sein, das geht nicht ohne Autorität. Die zwanzig Prozent Autorität, die bei meinem Vater in Ordnung waren, die haben mir auch gutgetan. Man muß Kindern was zum Beißen geben, aber gleichzeitig auch etwas zum Greifen, Sicherheit. Nicht zuviel, aber auf keinen Fall zuwenig.

Juliane:
»Die Erfahrung, daß mich niemand will, hat mein Leben geprägt«

Juliane ist fünfzig Jahre alt. Sie wirkt sehr selbstbewußt, tatkräftig und stark. Und in der Tat hat sie in ihrem Leben Erstaunliches geleistet: Sie ist als Heimleiterin immer noch in einer für Frauen untypischen Position, muß sich gegen Mitarbeiter durchsetzen, die in ihr lieber die »Mutter« als die konsequente Chefin sehen wollen, und sie hat ein als geistig behindert geltendes – und von den Fachleuten längst aufgegebenes – Kind adoptiert und zu einem lebensfrohen jungen Mann erzogen. Wäre sie nicht gewesen, würde dieser junge Mann heute in einem Heim für schwer geistig Behinderte sein Leben fristen. Sie hat erkannt, daß dieser Junge, der mit vernichtenden Diagnosen bereits gestempelt war, kein hoffnungsloser Fall ist. Gegen ignorante Psychologen, Ärzte oder Lehrer hat sie sich immer mit ihrem Glauben an den Sohn und ihrer Zähigkeit und Kampfbereitschaft durchgesetzt. Das Ergebnis: Der als geistig behindert Geltende konnte die mittlere Reife machen und absolviert nun eine Berufsausbildung.

Das ist der äußere Kampf, den Juliane geführt hat und zum Teil immer noch führt. Den Kampf, den sie mit sich selbst führen mußte und den sie manchmal zu verlieren schien, hat außer ihr und ihren Therapeuten wohl kaum jemand wahrgenommen. Wie es sich überhaupt als roter Faden durch ihr Leben zieht, sich allein das Leben erkämpfen zu müssen.

Meine Mutter hat einen Dünkel. Sie hält sich und unsere Familie für »etwas Besseres«, was kein Wunder ist, denn immerhin war ihr Vater General und verkehrte mit Kaiser Wilhelm II. Und auch die Heirat mit meinem Vater, einem Offizier, dessen Vater Universitätsprofessor war, sollte der höheren Tochter ein standesgemäßes Leben ermöglichen. Doch in meinen Augen hat es meine Familie nicht weit gebracht; weder meine Mutter noch mein Vater haben Überdurchschnittliches geleistet. Natürlich hat auch der Zweite Weltkrieg so manche Pläne zunichte gemacht.

Mein Vater war bereits vor der Machtergreifung Hitlers im Heer und ist so in das Dritte Reich hineingeraten. Identifiziert hat er sich allerdings nicht damit. Er war kein Anpasser, er war nicht in der Partei, und er hat immer gesagt, was er dachte. Damit hat er sich natürlich ziemlich unbeliebt gemacht und wurde zum Schluß sogar degradiert und an die russische Front versetzt. Von dort ist er nicht mehr wiedergekommen.

Natürlich schätze ich seine politische Haltung, obwohl ich denke, er hat nicht aus der Überzeugung heraus gehandelt, die ich heute für die einzig richtige halte: Ich hätte ihn gerne als Widerstandskämpfer gesehen, der sich aus politischer Überzeugung gegen Hitler stellt und Widerstand leistet; dann hätte mein Vater für mich einen höheren Stellenwert gehabt. Sein Widerstand aber entsprang dem Widerwillen, sich einzufügen und sich einem Mann unterzuordnen, Hitler, den er nicht für voll nahm. Ich denke, es ging ihm mehr um sich als um die Sache. Aber natürlich wäre es schlimmer für mich, wenn er ein Mitläufer gewesen wäre.

Ich war achteinhalb Jahre alt, als meine Mutter mir beizubringen versuchte, daß mein Vater nicht mehr aus dem Krieg nach Hause kommen würde. Es ist ihr nicht gelungen: Ich wollte das absolut nicht wahrhaben. Zum damaligen Zeitpunkt galt er als vermißt, aber meine Mutter war fest davon überzeugt, daß er sich lieber eine Kugel in den Kopf jagen würde, als in Gefangenschaft zu geraten. Meine Brüder akzeptierten ihre Argumente, ich aber nicht. Für mich lebte mein Vater, und ich war überzeugt, daß er nach Hause kommen würde. Deshalb habe ich gewartet – jahrelang. Ich war die einzige, die ihm die Treue gehalten hat, damit er, wenn er wiederkommt, jemanden vorfindet. Denn ich hatte damals schon mitbekommen, daß meine Mutter ihn nicht mehr wollte, daß auch über Scheidung schon gesprochen worden war. Wohl auch deshalb war für meine Mutter klar, daß Vater, wenn er überhaupt zurückkommt, nicht zu uns zurückkehren würde. Sie wollte ihn nicht wiederhaben; aber *ich* wollte ihn wiederhaben.

Und so habe ich darauf gewartet, daß er zurückkehrt, damit ich mit ihm weggehen kann. Denn zu meiner Mutter hatte ich ein sehr schlechtes Verhältnis, und ich wollte im Grunde nichts wie weg von ihr. Ich hatte mir einen Plan zurechtgelegt, und er sollte mir helfen, ihn auszuführen. Der einzige Mensch, der mir helfen könnte, so dachte ich damals, war mein Großvater, also der Vater meines Vaters. Da ich selbst so gut wie keinen Kontakt zum Großvater hatte, konnte nur mein Vater mich zu ihm bringen. Deshalb habe ich so verzweifelt auf ihn gewartet.

Ich hatte bereits als Vierjährige einmal einen »Fluchtversuch« unternommen: Damals bat ich meine Tante, eine Schwester meiner Mutter, bei ihr bleiben zu dürfen. Die hat das aber abgelehnt und gesagt, sie hätte keine Zeit für mich. Und sie hatte nichts Besseres zu tun, als es meiner Mutter zu erzählen, die natürlich stinksauer war. Bei jeder Gelegenheit hat sie danach zu mir gesagt: Wenn es dir nicht paßt, geh doch zu deiner Tante. So hatte ich nur noch meinen Vater, auf den ich all meine Hoffnung setzte. Es gab jedoch nie Gelegenheit, mit meinem Vater über meine Fluchtpläne zu sprechen, weil er niemals für mich auch nur eine Minute Zeit hatte. Wenn er mal nach Monaten wieder zu Hause war, habe ich immer auf der Lauer gelegen, um mit ihm zu sprechen. Aber es klappte nie. Bei seinem letzten Heimatbesuch ging er sogar weg, ohne sich zu verabschieden. Und ich hatte die ganze Zeit gesessen und gewartet. Danach habe ich ihm auch nicht mehr geschrieben, da war ein toter Punkt erreicht. Ich fühlte mich damals so absolut allein gelassen.

Und dennoch habe ich, als er als vermißt galt, stundenlang vor dem Radio gesessen und gehofft, er wäre bei der Aufzählung der Heimkehrer dabei. Erst in der Pubertät habe ich realisiert, daß er wirklich nicht wiederkommt. Die Augen geöffnet haben mir Briefe, die ich im Kleiderschrank meiner Mutter gefunden hatte. In diesen Briefen hat mein Vater klar zum Ausdruck gebracht, daß er nicht wiederkommen wollte. Da wußte ich plötzlich, daß auch ich für ihn kein Grund war zurückzukommen. Ich war es ihm nicht wert.

Ab diesem Zeitpunkt war klar: Es gab keine Hoffnung mehr, ich mußte es allein mit meiner Mutter aushalten. Ganz allein, denn an Gott konnte ich nun auch nicht mehr glauben. Zu diesem Zeitpunkt tauchte ein Satz auf, der mich lange begleitet hat: Ich werde nie jemand haben, der zu mir gehört. Dieses Gefühl, ganz allein zu stehen, hat dazu geführt, daß ich jahrelang mit dem Gedanken an Selbstmord gelebt habe: Ich ließ mir bei allem, was ich tat, dieses Hintertürchen offen.

Ein paar Jahre nach der Erkenntnis, daß mein Vater niemals zu uns zurückkehren würde, fingen dann meine Schulschwierigkeiten an. Ich bin nicht mehr aufgestanden, lag tagelang im Bett. Das ging monatelang so, aber meine Mutter hat natürlich nichts verstanden. Ich konnte kein Wort mehr schreiben, ich gab in der Schule leere Blätter ab. Das einzige, was sie dazu sagte, war: Geh doch ruhig mal wieder hin, vielleicht schreibst du das nächstemal eine Zwei. Weiter hat sie sich nicht gekümmert. Sie hat mit keinem Lehrer geredet, nichts. Das ging ungefähr zwei Monate lang so, mit dem Ergebnis, daß ich in der dreizehnten Klasse von der Schule abgehen mußte. Meine Mutter aber hat anderen Leuten erzählt, ich hätte Abitur gemacht. Leuten, die durchaus wußten, daß ich die Schule nicht abgeschlossen hatte. Nach außen wurde der Schein aufrechterhalten, die heile Welt, was innen passierte, war ihr gleichgültig.

Es kam dann noch mal eine tiefe Krise: Ich hatte mich damals unglücklich in einen Jungen verliebt. Unglücklich deshalb, weil wir nicht zusammenpaßten. Meine Familie war fremd im Dorf, wir waren Flüchtlinge, er war aus einer alteingesessenen Familie. Wir hatten nichts, seine Familie war eine Handwerkerfamilie. Als ich realisiert hatte, daß wir aus zwei Welten stammen und daß er mich auch nicht wirklich will, da war ich an meinem tiefsten Punkt angekommen. Der Freund war sicherlich viel vernünftiger als ich, er hatte recht damit, daß wir nicht zusammenpassen. Aber für mich war das eine weitere Erfahrung, daß mich jemand nicht will. Als ich merkte, er zieht sich zurück, habe ich deshalb gleich aufgegeben und nicht um ihn gekämpft. Das war für mich völlig klar. Damals bin ich in den Wald gegangen und habe nach einem Baum gesucht, an dem ich mich aufhängen konnte.

Diese Erfahrung, daß mich niemand wirklich will, hat mein ganzes späteres Leben geprägt. Um nur ja nicht wieder erleben zu müssen, daß mich ein Mensch, den ich liebe, verläßt, habe ich mich nur noch mit Menschen eingelassen, die mir eher gleichgültig waren. Die Angst vor Enttäuschung war viel zu groß, als daß ich eine enge Beziehung riskiert hätte.

Meine Mutter hat daher immer vergeblich auf die »gute Partie« für mich gewartet. Daß ich studierte, das war für sie nur ein schlechter Ersatz für den fehlenden Ehemann. Denn in meiner Familie zählt eine Frau nur durch den Mann. Sie selbst ist nichts wert. Dementsprechend wenig Selbstbewußtsein haben die Frauen meiner Familie, sie waren für mich alle kein Vorbild. Das war wohl mit ein Grund, warum ich mich meiner Mutter nicht unterordnen konnte, so wie sie es von mir verlangt hat. Die Folge war, daß ich am meisten unter der streng preußischen Erziehung zu leiden hatte. Wir hatten eine siebenschwänzige Katze zu Hause, und ich habe bereits als Vier-, Fünfjährige die meiste Dresche bekommen, mehr als meine Brüder. Das lag ganz einfach daran, daß ich mich nicht so gefügt habe, wie meine Mutter es wollte. Irgendwann habe ich gemerkt, daß sie nichts weiter kann als mich schlagen. Mehr hatte ich nicht von ihr zu befürchten. Sie hat mich verdroschen, und ich habe die Prügel in Kauf genommen.

Geholfen haben mir Bücher. Ich habe sehr viel gelesen und mich aus der Realität zurückgezogen. Wenn ich etwas über ungezogene Kinder las, habe ich mir diese Sätze gemerkt und sie dann bei Gelegenheit meiner Mutter präsentiert. Zum Beispiel: Wenn sie mich ins Gesicht geschlagen hat, habe ich gesagt: »Hier, ich halte dir auch noch die andere Backe hin.« Oder: »Was denn, war das schon alles?«

Ich habe niemals geweint, ich habe mich geweigert, mich zu unterwerfen. Meine Brüder haben geschrien, wenn sie verprügelt wurden, ich nicht. Die Konsequenz war, daß sie mich am meisten geschlagen hat, weil sie mein Ungehorsam so wütend gemacht hat. Ich verstehe das heute, was macht man mit so einem Kind? Sie war einfach hilflos und überfordert mit mir. Wenn sie mich geschlagen hat, habe ich mich danach verkrochen und unter Ausschluß der Öffentlichkeit geweint. Ich kam erst wieder aus meinem Versteck heraus, wenn keine Träne mehr zu sehen war. Meine Schwäche habe ich für mich behalten.

Das ist auch heute noch so: Ich würde meiner Mutter (wie übrigens vielen anderen Menschen) auch jetzt noch keine schwache Seite zeigen oder sagen, daß ich irgend etwas nicht kann. Ich gebe ihr überhaupt nichts von mir. Unsere Beziehung ist tot. Sie ist rein äußerlich, so äußerlich, daß sie mich noch nicht einmal fragt, wie es mir geht. Sie hat mich das nie gefragt.

Mit meinen Brüdern war das ein ziemlicher Machtkampf. Vaterlos aufgewachsen, mit einer schwachen Mutter, haben wir uns geprügelt, um uns durchzusetzen. Und trotzdem habe ich an meinen Brüdern sehr gehangen. An allen dreien. Sie waren die einzigen, die ich vermißt hätte, wenn ich aus der Familie fortgegangen wäre. Wir waren aufeinander auch angewiesen. Es war ja mitten im Krieg, und die ständigen Bombenangriffe waren für uns Kinder schon sehr schrecklich. 1943 wurde unsere Familie ausgebombt, danach kam dann die Flucht. Das Leben war ständig bedroht. Das schuf schon einen inneren Zusammenhalt zwischen uns Geschwistern. Meine Brüder waren meine Familie. Ich wollte so sein wie sie, ich wollte kein Mädchen sein, denn – wie gesagt – Frauen galten nichts in unserer Familie.

Mein beruflicher Weg war, weil ich ja kein Abitur hatte, nicht geradeaus. Ich war zunächst biologisch-technische Assistentin, habe aber rasch gemerkt, daß dieser Beruf nichts für mich war. Sehr schnell hatte ich erreicht, was in diesem Beruf zu erreichen war. Da Familie und Ehe keine

Alternative für mich waren, ich hätte gar nicht gewußt, wie ich eine Beziehung hätte durchhalten sollen, habe ich das Abitur nachgemacht und angefangen, Sozialpädagogik zu studieren. Das Studium hat mir sehr viel Spaß gemacht. Ich war unter den Mitstudenten – obwohl älter – sehr anerkannt, unter anderem auch weil meine Leistungen sehr gut waren. Ich habe mich dort aufgehoben gefühlt und war auch stolz auf meine Leistungen.

Mein nächstes großes Tief kam allerdings am Ende des Studiums, als ich überhaupt nicht wußte, was ich damit anfangen sollte. Ich hatte massive Lernschwierigkeiten und dachte wieder an Selbstmord. Wenn ich gekonnt hätte, hätte ich mich umgebracht. Aber ich konnte es nicht, ich hatte eine Blockade. Obwohl ich genau wußte, wie ich mich töten wollte: Ich wollte mich mit einem Dolch erstechen. Aber ich konnte es nicht; irgendwie brauchte ich eine Erlaubnis dazu. Ständig war da der Gedanke, das kannst du deinen Brüdern nicht antun. Zu diesem Zeitpunkt bin ich zu einem Psychiatrieprofessor gegangen, bei dem ich Vorlesungen gehört hatte. Ich habe ihn nicht aufgesucht, weil ich eine Therapie machen wollte, sondern ich wollte von ihm im Grunde nur hören, daß mir nicht zu helfen ist. Dann hätte ich mich umbringen können. Obwohl ich ihm nichts von meinen Selbstmordgedanken gesagt habe, hat er mir innerhalb von vierzehn Tagen einen Therapieplatz vermittelt.

Eigene Kinder wollte ich nie haben, weil ich Angst hatte, diese Kinder genauso abzulehnen, wie ich abgelehnt worden war. Schließlich habe ich mich selbst nicht geliebt, wie hätte ich ein eigenes Kind lieben können? Daß ich doch Liebe geben konnte, das hat mir ein vierjähriges, in einer Anstalt für geistig Behinderte dahinvegetierendes Kind gezeigt. Es galt als kaum behandelbar – und es war genauso verlassen, wie ich es als Kind gewesen war. In diesem Kind habe ich mich wiedererkannt. Es war sogar noch schlechter dran als ich, ich hatte ja wenigstens noch eine Familie, die mich äußerlich versorgte. Dieses Kind hatte überhaupt niemanden. Zunächst wollte ich den Jungen vermitteln, habe Bilder von ihm gemacht und gehofft, eine Familie für ihn zu finden. Aber der Junge hat sich im Rahmen seiner begrenzten Möglichkeiten an mich angeschlossen, und ich wußte genau, wenn ich ihn weggebe, kommt er mit großer Wahrscheinlichkeit wieder in die Anstalt zurück, weil die Pflegeeltern nicht mit ihm zurechtkommen. Wenn das passiert, das war mir klar, dann habe ich ihm seine letzte Chance genommen, denn dann dürfte er wirklich nicht mehr erreichbar sein. So habe ich den Entschluß gefaßt, ihn selbst zu adoptieren. Ich habe damals gedacht: Entweder gehen wir zusammen unter, oder wir schaffen es gemeinsam. Da war also wieder der Gedanke: Wenn ich es nicht schaffe, kann ich immer noch aus dem Leben scheiden.

Damals ging mir der Titel einer Geschichte, die ich als Kind gelesen hatte, nicht mehr aus dem Sinn: »Heb auf, was Gott dir vor die Türe legt.« Diese Geschichte handelte davon, daß man nicht nach etwas Unerreichbarem streben soll, sondern man soll das sehen und wahrnehmen, was in der Nähe ist, was ansteht zu tun. Und diesen Satz brachte ich in Zusammenhang mit diesem Kind. Irgendwie hatte ich das Gefühl: Das ist mein Kind, das ist mir zugedacht. Das kann ich jetzt nehmen oder nicht. Aber wenn ich es nicht nehme, dann, so spürte ich, werde ich mich mein ganzes Leben nach diesem Kind sehnen.

Ich hatte mein ganzes Herz an dieses Kind gehängt. Es war mir schon klar, daß ich nicht nur altruistisch gehandelt habe. Durch dieses Kind hatte ich jemanden, dem ich meine ganze Liebe geben kann, der zu mir gehört, der mich braucht – wie ich heute denke –, der mir auch nicht weglaufen kann. Denn dieses Kind braucht mich tatsächlich bis zu meinem Lebensende. Dadurch bin ich immer wichtig und nötig. Wenn ich ihn nicht hätte, dann wäre ich vielleicht wieder überflüssig.

Ich bin auch heute noch dankbar dafür, daß ich diesen Sohn habe. Er ist mir nie eine Last gewesen, obwohl es große Schwierigkeiten zu bewältigen gab. Als ich mich entschied, das Kind zu adoptieren, war ich noch in der Ausbildung, hatte nur eine Studentenbude, keine Möbel, niemanden, der mich unterstützt hätte. Ich wußte im Grunde gar nicht, wie ich mit einem Kind leben sollte. Und dementsprechend schwierig waren die Anfangsjahre. Da gab es niemanden, der mir Rückendeckung oder Entlastung hätte geben können.

Ein behindertes Kind fordert alle Energie und Kraft. Das hat dazu geführt, daß ich selbst fast nicht mehr existent war. Ich hatte keine Bedürfnisse mehr und gar keine Zeit, darüber nachzudenken, ob ich vielleicht irgend etwas für mich brauchte. Das führte dann langfristig zu einer weiteren Suizidkrise. Nur: Diesmal hätte ich den Jungen mitnehmen müssen. Ich hätte ihn vor mir umbringen müssen – und das war unvorstellbar. Wieder war da eine Barriere, die mich vom Handeln abhielt. Wenn ich damals auf der Autobahn fuhr, habe ich mir vorgenommen: Den nächsten Brückenpfeiler, den nimmst du. Aber ich fand dann keinen, auf den ich richtig draufknallen konnte. Das Kind konnte mir aus dieser Krise nicht helfen, denn ich war einfach erschöpft, weil ich alles allein machen und entscheiden mußte.

Wieder einmal an einem Tiefpunkt angelangt, suchte ich noch einmal Hilfe in der Therapie. Über einige Umwege habe ich dann auch einen Therapeuten gefunden, der mir sehr viel mehr helfen konnte als mein erster. Auch nach Beendigung der Therapie konnte ich immer, wenn ich es brauchte, eine Therapiestunde bekommen. Die Abstände wurden zwar größer zwischen den Stunden, doch ich hatte stets die Gewißheit, daß es Hilfe gab, wenn ich sie brauchte. In dieser Therapie habe ich gelernt, toleranter mit mir selbst zu sein. Damals habe ich mich geschlachtet, heute mache ich mich nicht mehr so kaputt. Ich habe einen Krieg mit mir selbst geführt. Das muß ich heute nicht mehr.

Ein Problem habe ich allerdings immer noch, und das zeigt sich vor allem im Umgang mit meinen Untergebenen. Wenn ich von etwas überzeugt bin, dann setze ich das auch durch. Ich bin nicht flexibel genug, um auf andere verständnisvoll einzugehen. Die Art, die sich meine Mitarbeiter von mir wünschen – mütterlich, verbindlich, charmant, geduldig –, das ist nach wie vor nicht meine Art. Über diesen Schatten kann ich noch nicht springen, denn ich bin immer noch eine Einzelkämpferin. Ich bekomme von nirgendwoher, von niemandem, Hilfe und Unterstützung – daran hat sich ja immer noch nichts geändert. Lob und Anerkennung muß ich mir selbst geben, und das vernachlässige ich momentan sehr. Deshalb fällt es mir schwer, meine Mitarbeiter zu loben, positiv zu bejahen, für sie die liebevolle Mutter zu sein, die sich viele von ihnen wünschen. Ich verhalte mich mehr wie ein Mann. Wenn ich einer wäre, dann hätte ich es in meiner Position mit meinem Verhalten auch leichter.

Ich bin im emotionalen Bereich ein Mittelweg zwischen Mann und Frau. Auf der Sachebene komme ich mit männlichen Kollegen, die die gleiche Position haben wie ich, gut aus. Mit ihnen gehe ich um wie mit meinen Brüdern. Das habe ich gelernt. Nicht gelernt habe ich, eine Liebesbeziehung zu haben, denn die erste Liebe im Leben eines Mädchens, den Vater, den habe ich früh verloren. Ich sehe durchaus das Defizit im Umgang mit meinen Mitarbeitern, aber ich sehe mich nicht in der Lage, etwas zu verändern.

Ich wollte früher nie alt werden; aber jetzt habe ich meinem Sohn versprochen, daß ich mindestens neunzig werde. Mut mache ich mir mit meinem Plan, nach meiner Pensionierung in mein Haus zu ziehen, das ich bereits in Norddeutschland besitze, dort im Garten zu arbeiten, zu lesen und mich, solange ich kann, um den Jungen zu kümmern. Darauf freue ich mich, ungebunden zu sein und Zeit für mich zu haben. Es ist vorausschaubar, was auf mich zukommen wird.

Hans: »Mutter sieht, was du vorhast«

Hans, sechsundvierzig Jahre alt, ist Psychotherapeut und Schriftsteller. Als Psychologe hat er sich natürlich besonders intensiv mit seiner Kindheit und der Beziehung zu den Eltern auseinandergesetzt, wobei die rationale »Aufarbeitung« wesentlich leichter und schneller gelang als die emotionale. Die hohe Qualifikation zur Selbstreflexion mildert keineswegs die Einflüsse des Elternhauses auf die Persönlichkeit, der psychologischen Einsicht in die Zusammenhänge folgten mühsame, langwierige Anstrengungen zur Überwindung von Komplexen und Problemen. Hans hat besonders lange mit seiner Schüchternheit und Ängstlichkeit in sozialen Situationen gekämpft – ein »Erbe« einer bindenden, vereinnahmenden Mutter. Gleichzeitig war er auch ihr »Hoffnungsträger«, dessen Mission es sein sollte, »etwas zu werden«. Der Vater war präsent, aber als Mann der Kriegsgeneration in seiner Autorität gebrochen. Durchaus liebevoll und interessiert an seinem Jungen, blieb sein Einfluß eher schwach, er wurde durch die dominierende Mutter an den Rand des Erziehungsgeschehens gedrängt.

Ein großer Teil von Hans' Erwachsenenleben war der bewußten und unbewußten Überwindung einer starken Mutterfixierung gewidmet, die ihn beispielsweise in den frühen Erwachsenenjahren an unbefangenen, »aktiven« Kontakten zu Frauen hinderte. Hinzu kommt der Status als Einzelkind: Wie viele seiner Generation war Hans das »ein und alles« seiner Mutter und hat in dieser exponier-

ten und prekären Situation gelernt, auf winzigste Zeichen und Signale von Wohlwollen, Liebesentzug oder anderen Stimmungen zu achten. Diese Sensibilität kann, wenn sie später auch in anderen, engeren Beziehungen wirksam wird, lähmen und blockieren – die Angst, etwas falsch zu machen, zu enttäuschen, sitzt in den Knochen.

Die Ehe meiner Eltern war eine ziemliche Streitehe. Mein Vater war sehr empfindlich, leicht kränkbar. Ich erinnere mich an einen bestimmten Streit, bei dem er erregt aus der Wohnung lief und erst nach Stunden wiederauftauchte. Wir machten uns die ganze Zeit Sorgen, wußten nicht, wo er steckte ... Wenn ich sage: »Wir«, meine ich damit mich, meine Mutter und meine beiden Großeltern mütterlicherseits, die bei uns wohnten.

Es waren sehr, sehr beengte Verhältnisse, Nachkriegsverhältnisse eben, eine winzige Wohnung von fünfzig Quadratmetern für fünf Personen. Ich erlebte also hautnah, aus allernächster Nähe, die Mimosenhaftigkeit meines Vaters und wie ihn meine Mutter traktierte. An Weihnachten war es immer ganz besonders schlimm, da war immer Stunk in der Bude.

Eine Ursache für diese Streitereien war sicherlich, daß meine Mutter aus sogenannt gutbürgerlichem Hause stammte, mein Vater war Buchdrucker, sie heiratete also »unterm Stand«. Für sie war es schlimm, daß mein Vater im Blaumann herumlief. Sie war unzufrieden. Ich war irgendwie immer in diese Streitereien hineingezogen worden, aber ich versuchte meist, mich »dazwischenzuwerfen«, denn für mich war es schwer erträglich, mit anzusehen, wie meine Mutter den Vater kränkte, wie mein Vater aber auch ungerecht sein konnte und überreagierte.

Mir gegenüber hatte er ganz bestimmte Dressurvorstellungen: Er paukte mir etwa seine »Lehrsätze« ein wie: Des Soldaten Pünktlichkeit ist fünf Minuten vor der Zeit. Pünktlichkeit war überhaupt ein ganz heikler Punkt, vor allem später, als ich schon etwas älter war. Entschuldigungen ließ er fast nie gelten und konnte sich fürchterlich aufregen, wenn ich beispielsweise zu spät zum Essen kam.

Was ich ihm aber hoch anrechne, ist, daß er sich sehr gut erinnern konnte, wie sehr er von seinem eigenen Vater geschlagen worden war – er schlug mich nie. Sein Vater hatte ihn oft unmotiviert und fürchterlich verprügelt.

Mein Vater wurde nach langer Arbeitslosigkeit 1935 Berufssoldat und hat den Zweiten Weltkrieg an fast allen Fronten mitgemacht: Rußland, Griechenland, Frankreich, Italien.

Zu meinen positiven Erinnerungen gehört, daß er sehr viel mit mir unternommen hat. Wir sind oft mit dem Rad weggefahren, sind zum Fußball und ins Kino gegangen. Allerdings konnte er später mit dem, was ich in Schule und Studium machte, nichts mehr anfangen. Meine Mutter habe ich als immer sehr besorgt in Erinnerung. Ich hatte in der Schule anfangs große Schwierigkeiten, hatte keine Lust zum Pauken, doch sie war da immer hinterher. Das war so ein verhaltener, versteckter Ehrgeiz bei ihr. Allerdings war es kein regelrechter Leistungsdruck. Es reichte, wenn ich irgendwie durchkam. Aber – sie war auch sonst »hinter mir her«. Wir lebten, wie gesagt, sehr beengt. Schon die Schlafsituation war kompliziert, ich mußte nächtlich »umgebettet« werden, nachdem ich zunächst im Zimmer meiner Eltern einschlief. Später wurde es immer deutlicher, daß sie in mich »verschossen« war, buchstäblich verliebt. Das war schon ganz schön inzestuös, die klassische Ödipuskonstellation.

Das wurde mir aber erst viel später so richtig deutlich. Was mir damals sehr viel mehr zu schaffen machte, war dieses ewige Besorgtsein: Wo gehst du hin? Wann kommst du nach Hause? Was hast du gemacht? Mit wem warst du zusammen? Was hast du vor? Ich fühlte mich immer gelöchert oder geröntgt.

Meine Mutter hatte auch das Talent, mir alles anzusehen, mich zu durchschauen. Das empfand ich als äußerst eng und einschnürend. Es war sehr schwer, mich dagegen zu behaupten und mir meinen eigenen Spielraum zu sichern. Immer war da dieses Gefühl: Mutter sieht, was du vorhast. Ich weiß gar nicht mehr, wie ich eigentlich das Masturbieren vor ihr verheimlichen konnte ...

1953 sind wir von Hannover nach Köln gezogen, aber es blieb fast genauso eng wie vorher. Ich schlief mit meinen Großeltern in einem Zimmer, als mein Großvater drei Jahre später starb, teilte ich das Zimmer mit meiner Großmutter. In meiner Erinnerung haben sich die einzelnen Mitglieder dieser Familie und auch die beiden Generationen kaum unterschieden, es war alles irgendwie ein Klumpatsch. Meine Mutter allerdings konnte kaum etwas ohne ihre Mutter machen, die war ihr großer Halt im Leben.

Ich habe mich auch während des Studiums räumlich kaum aus dem Elternhaus entfernt, ich wohnte auch weiterhin mit ihnen zusammen. In der Pubertät war ich ziemlich verknallt in meine Mutter, sie war für mich die schönste Frau, verführerisch, wenn sie im Unterrock herumlief, stolz war ich auf ihren schönen Busen – es war ganz schön hitzig, aufgeheizt.

In dieser Zeit habe ich dann ein großes Interesse für das Kino entwickelt. Ich habe wohl meine Form der Ablösung von den Eltern, von der Mutter, darin gesucht, daß ich die Göttinnen der Leinwand anhimmelte. Die spielten in meinen Masturbationsphantasien eine Rolle. Etwa Marlene Dietrich – ich phantasierte, ich sei ihr Sohn. Das war wohl ein Versuch, von meiner Mutter etwas wegzukommen. Später war ich dann in andere Kinoladies verknallt. Ich habe sehr intensiv eine Phantasiewelt entwikkelt, die durch das Kino stimuliert und angereichert wurde, was mich ja auch später weiter fasziniert und beschäftigt hat. Mein Rückzug aus dem Elternhaus, meine Versuche der Ablösung, fanden innerlich statt, in einer Phantasiewelt. Äußerlich blieb ich das Hänschen – mein Vater hieß auch Hans –, der kleine, nette Junge, der im Grunde keine Schwierigkeiten machte.

Wenn ich schon mal was anstellte, was selten genug vorkam, dann strafte mich meine Mutter mit Liebesentzug, die schlimmste Strafe, die ich mir vorstellen konnte. So blieb schon mal der Gutenachtkuß aus, der zum abendlichen Ritual gehörte. Wenn sie mir den nicht gab, dann fing ich an zu betteln und zu flehen. Die schlimmste Strafe, an die ich mich sonst erinnern kann, war, einmal in den Keller gesperrt worden zu sein. Ich weiß nicht mehr, wofür, aber ich habe so fürchterlich geschrien, daß ich bald wieder herausgelassen wurde. Auch den Versuch, das Essen in mich reinzuzwingen, haben meine Eltern bald wieder aufgegeben, denn ich habe das Zeug immer wieder ausgespuckt.

Im Jahr 1964 habe ich angefangen zu studieren, 1965 lernte ich meine spätere Frau kennen. Ich habe sie regelmäßig in ihrem Studentenwohnheim besucht, blieb aber zu Hause wohnen, wo ich in unserem Wohnzimmer eine Studierecke hatte. Ich hatte nie ein eigenes Zimmer. 1971 zog ich aus, im selben Jahr machte ich Examen, 1972 heirateten wir dann. Bis dahin hatte ich mich eigentlich nicht wirklich von zu Hause gelöst, selbst sonntags mußte ich Punkt ein Uhr zum Mittagessen antreten – und wehe, ich kam zu spät. Jetzt wurden meine Kreise etwas größer, und nach der Heirat zogen wir zusammen. Meine Ehe dauerte zehn Jahre.

Ich war ein Wunschkind, gezeugt in den Flitterwochen meiner Eltern, 1944 im Sauerland, als sie einen kurzen »Urlaub von der Geschichte« machten. Mein Vater hat in den zwanziger Jahren die KPD gewählt, danach »den Adolf«, wie er sagte. Im Krieg war er Feldwebel, und auf seine Art hat er wohl schon sehr früh durchschaut, was los war. Er versuchte, sich rauszuhalten, schwärmte aber oft von der Kameradschaft und den Abenteuern dieser Zeit. Nach dem Krieg hat er immer, ausnahmslos, SPD gewählt. Er hat in seinem Leben nie geklagt, auch wenn die Lebensumstände bedrückend waren. Meine Mutter hat sich dagegen ständig beklagt – über den Mangel an Geld, über die vielen Schwierigkeiten.

Durch zwei Lektüren bin ich zum Psychologiestudium gekommen. Einmal Freuds »Unbehagen in der Kultur« und zum zweiten Ludwig Marcuses »Mein zwanzigstes Jahrhundert«. Ich hatte die etwas unklare Idee, herauszufinden, was die Welt wirklich bewegt. Natürlich spielt in dieser Entscheidung für das Fach Psychologie auch mit, daß ich mir über das Tollhaus zu Hause etwas Klarheit verschaffen wollte. Pompös ausgedrückt: Ein unklarer Klärungswunsch, das war schon ein starkes Motiv. Dieses Projekt, die Welt und mein Elternhaus zu verstehen, ist mir heute so einigermaßen gelungen. Aber meine Einsamkeit zu ertragen fällt mir heute schon manchmal sehr schwer.

In den achtziger Jahren ist es mir gelungen, die Probleme meiner altgewordenen Eltern weitgehend zu regeln, so daß ich damit gut leben kann. Meine Mutter ist an einer schweren Depression erkrankt, mein Vater hat rapide abgebaut, litt wahrscheinlich unter Alzheimer. Das waren große emotionale und organisatorische Probleme, die mich lange beschäftigten. Und die habe ich gut gemanagt, ich muß mir da nichts vorwerfen. Ich habe heute auch gelernt, selbständiger zu sein, nicht mehr der gute Junge, der nur auf den Gutenachtkuß wartet. Das war ein langer Ablösungsprozeß, und so langsam habe ich das Gefühl, befreit, unabhängig zu leben. Heute denke ich, ein ganz guter Partner zu sein – in meiner Ehe war ich das noch nicht.

In dieser Ehe trug ich noch diese Geschichte mit der starken Mutterbezogenheit mit mir herum, diese enge Familienwelt war noch in meinem Kopf. Ich war ungeheuer in mich zurückgezogen, habe in der Ehe dann die ersten beruflichen Schritte gemacht und diese verkapselte innere Welt so nach und nach aufgebrochen.

Für meine Frau war ich ein »Verlebendiger«, sie war ebenfalls sehr in sich zurückgezogen und litt immer noch unter der Trennung ihrer Eltern. Diese Rolle hatte ich ja schon für meine Mutter gespielt. Meine Frau und ich sind uns immer möglichst viel aus dem Wege gegangen – auch sexuell. Ängstlichkeit und Scheu beherrschten uns, und jeder sexuelle Kontakt brauchte einen Riesenanlauf. Wahrscheinlich war ich so »vermauert« innerlich und so mit meiner Mutter beschäftigt, daß ich sehr lange gebraucht habe, um den sexuellen Verkehr zu genießen. Zu sehr war vieles noch auf dieser Phantasieebene, ich befriedigte mich sehr oft noch selbst mit diesen Phantasien, etwa aus Filmen. Das war das Erbe dieses engen, hitzigen, aufgeladenen, inzestuös gefärbten Klimas zu Hause. Dabei ging es vordergründig eigentlich sehr prüde und verklemmt zu, das Sexuelle wurde nie thematisiert. Ein Standardwitz bei uns ging so: Es klingelte, der Postbote stand vor der Tür, meine Großmutter lief noch im Unterrock herum, und mein Großvater rief durch die Tür: »Sie können jetzt nicht hereinkommen, meine Frau ist nackt.«

Ich kann trotzdem nicht sagen, daß ich wirklich sexuelle Probleme hatte; wenn es zu sexuellen Begegnungen kam, habe ich sie sehr genossen. Aber bis es dazu kam, hatte ich zuviel Angst.

Ich bin am 20. April 1945 geboren. Seit ich mich erinnern kann, war dies für die meisten Leute ein Anlaß zum Aufhorchen, und viele meinten dann auch begeistert: »Ah, Führers Geburtstag!«, als sei das wirklich etwas Besonderes. Nach und nach habe ich das erst verstanden, daß dies im Dritten Reich wirklich ein wichtiges Datum war. 1961 begann der Auschwitzprozeß, 1963 habe ich »Die Ermittlung« von Weiß gesehen, 1964 machte ich Abitur, und dann begann 1968 die Studentenbewegung. Ich habe die immer als von dem Wunsch getragen gesehen, sich an den Vätern für diese Scheißvergangenheit zu revanchieren. Das hat mich immer ungeheuer beschäftigt. Diese Abrechnung war mir immer als legitimes Motiv erschienen, auch wenn das manchmal sehr selbstgerechte Züge hatte. Ich kann mich ebenfalls noch daran erinnern, wie in den Bundestagsdebatten jener Jahre die Konservativen arrogant und gnadenlos mit den »Sozis« Ollenhauer und Erler umsprangen, wie sie die beschimpften und niedermachten.

Die Studentenbewegung war für mich auch der Versuch, die deutsche Enge, diese Dressur, zu überwinden und auch die Kommandosprache, die ich von meinem Vater kannte, diesen drohenden Unterton in der Sprache, der noch sehr typisch war in jenen Jahren ...

Früher litt ich sehr unter Angstanfällen, dann schoß mir der Schweiß nur so aus allen Poren, ich sah dann oft aus wie aus dem Wasser gezogen. Das konnte in ganz harmlosen Gesprächssituationen geschehen oder wenn ich etwas vortragen mußte, aber auch in Diskussionen. Es hat lange gedauert, bis ich das überwunden habe. Inzwischen, nach vielen Jahren, bin ich sehr viel sicherer geworden. Früher habe ich immer gedacht, ich wäre ein besonders fixer

Junge, aber in Wirklichkeit bin ich ein sehr langsamer Spätentwickler. Im Scherz habe ich mich mal als »prolongierten Spätadoleszenten« bezeichnet, um diesen langwierigen Prozeß auf den Begriff zu bringen.

Mein Grundproblem heute ist, obwohl ich mich ziemlich freigestrampelt habe und eigentlich das Leben auch genießen kann, daß ich immer noch nicht so richtig weiß, wohin. So ein inneres Gefühl, die Richtung im weiteren Leben noch nicht zu kennen, noch nicht zu wissen: Wo und wie richte ich mich ein? Mit einem Wort, ich bin eigentlich immer noch im Übergang. Vielleicht kriegt man das ja nie hin im Leben.

Ich war sechs Jahre in der Psychoanalyse, bin sechs Jahre lang zweimal die Woche auf der Couch gelegen. Das hat mir sehr geholfen. Das Thema waren meine Entwicklungsstörungen, auch Beziehungsschwierigkeiten, die Muttergeschichten. Mein Analytiker hat es so auf den Punkt gebracht: Ich hätte große Probleme zuzupacken – auch bei Frauen. Zu zurückgezogen, zu empfindlich, zu ängstlich. Zu viele »Filter« im Kopf. Heute macht es mir nichts mehr aus, aufzutreten und zu sagen, wer ich bin, ganz ohne diese Scham und Schüchternheit.

Literatur

Alexander-von-Humboldt-Stiftung (Hrsg.): Mit den Augen der anderen. Erfahrungen ausländischer Wissenschaftler in Deutschland, Bonn 1989

Amendt, G., und Schwarz, M.: Das Leben unerwünschter Kinder. Universität Bremen 1990

Bassyouni, Ch.: Macht oder Mündigkeit. Über den Zwang zum Gehorsam und die Sehnsucht nach Autonomie. Frankfurt a. M. 1990

Bateson, G., Jackson, D. D., Haley, J., und Weakland, J.: Toward a Theory of Schizophrenia. In: Behavioral Science, 1/1956

Becker, C.: Das unsichtbare Drama. Frauen: Erfolgreicher denn je und doch nicht glücklich. Für mehr Mut zum selbstbestimmten Leben. München, Landsberg 1989

Benard, Ch., und Schlaffer, E.: Sagt uns, wo die Väter sind. Reinbek 1991

Bettelheim, B.: Ein Leben für Kinder. Erziehung in unserer Zeit. München 1990

Bichsel, P.: Schulmeistereien. Neuwied 1985

Bloomfield, H. H.: In Frieden mit den Eltern. Reinbek 1990

Bolwby, J.: Mütterliche Zuwendung und geistige Gesundheit. München 1973

Bopp, J.: Vatis Argumente. Apo-Generation und heutige Jugend. In: Kursbuch 58, Berlin 1979

Borer, Ch., und Ley, K.: Fesselnde Familie. Realität, Mythos, Familienroman. Tübingen 1991

Boszormenyi-Nagy, I., und Spark, G. M.: Unsichtbare Bindungen. Die Dynamik familiärer Systeme. Stuttgart 1981

Broverman, I., Broverman, P., et al.: Sex Role Stereotypes. A Current Appraisal. In: Journal of Social Issues, 28/1972

Browne, A., und Finkelhor, D.: Impact of Child Sexual Abuse: A Review of the Research. In: Psychological Bulletin 1/1986

Bude, H.: Deutsche Karrieren. Frankfurt a. M. 1987

Caplan, P. J.: So viel Liebe, so viel Haß. Zur Verbesserung der Mutter-Tochter-Beziehung. Köln 1990

Chodorow, N.: Das Erbe der Mütter. Psychoanalyse und Soziologie der Geschlechter. München 1985

Darnton, N.: The Pain of the last Taboo. In: Newsweek Oct., 7/1991

deMause, L.: Hört ihr die Kinder weinen? Frankfurt a. M. 1978

Dowling, C.: Perfekte Frauen. Die Flucht in die Selbstdarstellung. Frankfurt a. M. 1989

Edward, J., Ruskin, N., und Turrini, P.: Separation – Individuation. Theory and Application. New York 1991

Ennew, J.: The Sexual Exploitation of Children. Cambridge 1986

Erikson, E. H.: Der vollständige Lebenszyklus. Frankfurt a. M. 1988

Ernst, H.: Sterben die Untertanen aus? In: Psychologie heute 10/1981

Fend, H.: Sozialgeschichte des Aufwachsens. Frankfurt a. M. 1988

Forward, S.: Vergiftete Kindheit. Vom Mißbrauch elterlicher Macht und seinen Folgen. München 1990
Freud, S.: Das Unbehagen in der Kultur. Frankfurt a. M. 1974
Gambaroff, M.: Die inneren Grenzen der Männer. Interview in: Psychologie heute 11/1986
Gilligan, C., Lyons, N. P., und Hanmer, T. J.: Making Connections. Cambridge, London 1989
Grossarth-Maticek, R.: Revolution der Gestörten. Heidelberg 1975
Großmann, K., und Großmann, K.: Ist Kindheit Schicksal? In: Psychologie heute 8/1991
Großmann, K.: Frühe verläßliche Bindungen als Grundstein seelischer Widerstandskraft. In: Sozialpädiatrie in Praxis und Klinik, 10, Nr. 9/1988
Groth, N. A.: Sexual Trauma in the Life Histories of Rapists and Child Molestors. In: Victimology 4/1979
Gruen, A.: Der Verrat am Selbst. München 1988
Grunert, U.: Selbstmitleid ist selbstschädigend. In: Psychologie heute 5/1991
Halpern, H. M.: Abschied von den Eltern. Hamburg 1988
Halpern, H. M.: Liebe und Abhängigkeit. Hamburg 1989
Hammer, S.: Töchter und Mütter. Über die Schwierigkeit einer Beziehung. Frankfurt a. M. 1977
Heiliger, A.: Alleinerziehende. Ohne Partner geht's oft besser. In: Psychologie heute 11/1990
Heimannsberg, B., und Schmidt, Ch. J.: Das kollektive Schweigen. Nazivergangenheit und gebrochene Identität in der Psychotherapie. Heidelberg 1988
Hohl, J.: Zum Symptomwandel neurotischer Störungen: Sozialhistorische und sozialpsychologische Aspekte. In: Keupp, H., und Bilden, H.: Verunsicherungen. Das Subjekt im gesellschaftlichen Wandel. Göttingen 1989

Hübner-Funk, S.: Die »Hitlerjugend-Generation«: Umstrittenes Objekt und streitbares Subjekt der deutschen Zeitgeschichte. In: PROKLA 80, September 1990
Huyghe, P.: Bilder, Stimmen, Streiflichter. Unsere ersten Erinnerungen. In: Psychologie heute 2/1986
Jäckel, U.: Partnerwahl und Eheerfolg. Stuttgart 1980
Kaiser, P.: Familien-Erinnerungen. Zur Psychologie der Mehrgenerationenfamilie. Heidelberg 1989
Keen, S.: Die Lust an der Liebe. Weinheim 1985
Knoke, H., und Reich, G.: Scheidung – Intimität am Ende? In: M. B. Buchholz: Intimität. Über die Veränderung des Privaten. Weinheim 1989
Kohut, H., und Wolf, E. S.: Die Störungen des Selbst und ihre Behandlung, in: Peters, U. (Hrsg.): Psychologie des 20. Jahrhunderts, Bd. 2, Weinheim 1983
Kohut, H.: Narzißmus. Frankfurt 1976
Kreisman, J. J., und Straus, H.: I hate you, don't leave me. Understanding the Borderline Personality. Los Angeles 1989
Lerner, H. G.: Das mißdeutete Geschlecht. Falsche Bilder der Weiblichkeit in Psychoanalyse und Therapie. Zürich 1991
Lerner, H. G.: Wohin mit meiner Wut? Neue Beziehungsmuster für Frauen. Zürich 1987
Levy, D. M.: Maternal Overprotection. New York 1957
Lieberz, K.: Familienumwelt und Neurose. Göttingen 1990
Liedloff, J.: Auf der Suche nach dem verlorenen Glück, München 1980
Lowen, A.: Narzißmus – die Verleugnung des wahren Selbst. München 1983
Mahler, M., Pine, F., und Bergman, A.: Die psychische Geburt des Menschen. Symbiose und Individuation. Frankfurt a. M. 1990

Mallet, C. H.: Untertan Kind. Nachforschungen über Erziehung. Ismaning b. München 1987
Mannheim, K.: Diagnose unserer Zeit. Zürich 1951
Masterson, J. F.: The Search for the Real Self. Unmasking the Personality Disorders of our Age. New York 1988
Miller, A.: Abbruch der Schweigemauer. Hamburg 1990
Miller, A.: Am Anfang war Erziehung. Frankfurt a. M. 1980
Miller, A.: Das Drama des begabten Kindes und die Suche nach dem wahren Selbst. Frankfurt a. M. 1983
Miller, A.: Das verbannte Wissen. Frankfurt a. M. 1988
Miller, A.: Der gemiedene Schlüssel. Frankfurt a. M. 1988
Miller, A.: Psychogramm der Grausamkeit. In: Psychologie heute 7/1990
Miller, A.: Und wer steht den Kindern bei? In: Psychologie heute 9/1991
Miller, A.: Vergeben und vergessen? In: Psychologie heute 4/1990
Miller, A.: Wie Psychotherapien das Kind verraten. In: Psychologie heute 4/1987
Miller, J. B.: Die Stärke weiblicher Schwäche. Frankfurt a. M. 1977
Mitscherlich, A., und Mitscherlich, M.: Die Unfähigkeit zu trauern. Grundlagen kollektiven Verhaltens. München 1968
Mitscherlich, M.: Erinnerungsarbeit. Zur Psychoanalyse der Unfähigkeit zu trauern. Frankfurt 1987
Moeller, L. M.: Die große Einsamkeit zu zweit. In: Psychologie heute 7/1989
Nirumand, B.: Leben mit den Deutschen. Reinbek 1989
Nuber, U.: Depression – die verkannte Krankheit. Stuttgart, Zürich 1990
Nuber, U.: Partnerwahl: Warum zwei sich finden. In: Psychologie heute 8/1987

Ohlmeier, D.: »Vaterlose Gesellschaft«: Heutige Tendenzen der Psychoanalyse des Mannes und des Vaters. In: Rohde-Dachser, Ch.: Zerstörter Spiegel. Psychoanalytische Zeitdiagnosen. Göttingen 1990

Olivier, Ch.: Jokastes Kinder. München 1989

Plath, S.: Briefe nach Hause. Frankfurt a. M. 1980

Plogstedt, S.: Niemandstochter. Auf der Suche nach dem Vater. München 1991

Ram Dass, B.: Be Here Now. Lama Foundation 1971, zit. n. Halpern, H.: Abschied von den Eltern. Hamburg 1988

Reich, G.: Partnerwahl und Ehekrisen. Eine familiendynamische Studie. Eschborn b. Frankfurt a. M. 1987

Richter, H. E.: Eltern, Kind und Neurose. Reinbek 1990

Rohde-Dachser, Ch.: Das Borderline-Syndrom. Bern, Stuttgart, Wien 1982

Rottmann, G.: Die vorgeburtliche Mutter-Kind-Beziehung. Diss. Salzburg 1974

Rush, F.: Das bestgehütete Geheimnis. Sexueller Kindesmißbrauch. Berlin 1984

Schellenbaum, P.: Die Wunde der Ungeliebten. München 1988

Schelsky, H.: Die skeptische Generation. Eine Soziologie der deutschen Jugend. Düsseldorf 1957

Schneider, U.: Wer sein Kind liebt ... In: Psychologie heute 11/1988

Schülein, J. A.: Die Geburt der Eltern. Opladen 1990

Schülein, J. A.: Symbiotische Beziehungen und gesellschaftliche Entwicklung. In: Psyche 11/1989

Schultz-Gerstein, Ch.: Der Doppelkopf. Frankfurt a. M. 1979

Sloterdijk, P.: Versprechen auf Deutsch. Reden über das eigene Land. Frankfurt a. M. 1990

Spatz Widom, C.: Long-Term Consequences of Early Childhood Victimization. Vortrag, gehalten auf der Jahrestagung der American Association for the Advancement of Science, 16. Februar 1991

Stierlin, H.: Delegation und Familie. Frankfurt a. M. 1978

Stierlin, H.: Eltern und Kinder. Das Drama von Trennung und Versöhnung im Jugendalter. Frankfurt a. M. 1976

Trube-Becker, E.: Sexuelle Mißhandlung von Kindern – soziologische Gesichtspunkte. In: Das öffentliche Gesundheitswesen 5/1987

von Minden, G.: Der Bruchstück-Mensch. Psychoanalyse des frühgestört-neurotischen Menschen in der technokratischen Gesellschaft. München, Basel 1988

von Westernhagen, D.: Die Kinder der Täter. Das Dritte Reich und die Generation danach. München 1988

Wardetzki, B.: Weiblicher Narzißmus. Der Hunger nach Anerkennung. München 1991

Watzlawick, P, und Weakland, J. H. (Hrsg.): Interaktion. Menschliche Probleme und Familientherapie. München 1990

Weber, G., und Stierlin, H.: In Liebe entzweit. Die Heidelberger Familientherapie der Magersucht. Reinbek 1989

Winkelmann, A.: Risikogruppe: Erwachsene Kinder von Alkoholikern. In: Psychologie heute 10/1990

Winnicott, D. W.: Kind, Familie und Umwelt. München, Basel 1969

Winnicott, D. W.: Transitional Objects and Transitional Phenomena. In: International Journal of Psychoanalysis, Vol. 24, 1953

Wirtz, U.: Seelenmord. Inzest und Therapie. Zürich 1989

Woititz, J. G.: Sehnsucht nach Liebe und Geborgenheit. Wie erwachsene Kinder von Suchtkranken Nähe zulassen können. München 1991

Woititz, J. G.: Um die Kindheit betrogen. Hoffnung und Heilung für erwachsene Kinder von Suchtkranken. München 1990